河北省社会科学基金资助项目（批准号 HB17FX019）
中国博士后学科基金第 62 批面上资助
河北省高等学校青年拔尖人才计划项目（批准号 BJ2016055）
河北省社会科学发展研究课题（201704030101）

中国影子银行体系监管的路径选择与制度构建

The Research on the Path Choice and
System Construction of the China's
Shadow Banking Regulation

潘　静　著

中国检察出版社

图书在版编目（CIP）数据

中国影子银行体系监管的路径选择与制度构建／潘静著. —北京：中国检察出版社，2017.11

ISBN 978 - 7 - 5102 - 1934 - 4

Ⅰ.①中… Ⅱ.①潘… Ⅲ.①非银行金融机构 - 金融监管 - 研究 - 中国 Ⅳ.①F832.39

中国版本图书馆 CIP 数据核字（2017）第 180410 号

中国影子银行体系监管的路径选择与制度构建

潘 静 著

出版发行：中国检察出版社

社 址：北京市石景山区香山南路 109 号 （100144）

网 址：中国检察出版社（www. zgjccbs. com）

编辑电话：(010)86423703

发行电话：(010)86423726 86423727 86423728
(010)86423730 68650016

经 销：新华书店

印 刷：河北省三河市燕山印刷有限公司

开 本：A5

印 张：9

字 数：239 千字

版 次：2017 年 11 月第一版 2017 年 11 月第一次印刷

书 号：ISBN 978 - 7 - 5102 - 1934 - 4

定 价：36.00 元

总　序

　　燕赵大地，人杰地灵。河北经贸大学就坐落在太行山脚下风景秀丽的滹沱河畔。它以经济、管理和法学学科为支柱，是省属综合性重点大学之一。生生不息的滹沱河水，孕育着一代代经贸学人，也孕育着法学院的法律学人和学子们。

　　正是这种无息的孕育，使法学院的学人们在这块田园里春夏秋冬不辞辛劳、辛勤耕作和无私奉献，也正是这种耕作与奉献，使得法学学科这棵幼苗得以快速成长，从1993年其前身经济法系成立到今天初具规模的法学院，经过12年的努力，已拥有民商法、经济法、国际法、刑法和法理学五个硕士点和法律硕士一个在职硕士点。年轻的法学院充满朝气与活力，集聚和培养了一群风华正茂、立志为学的年轻学者，他们分别毕业于不同的学校，汇集了全国各大重点院校的不同学术风格，吮吸着京畿大地丰厚的历史文化滋养。他们以无私无畏的精神白手起家，充分发挥着自身的后发优势，他们还利用环绕北京、贴近祖国心脏的地缘优势，关注和感受着法学前沿问题和法治社会的重大事件。他们与这个伟大的时代同呼吸、共命运。尽管他们所在的还算不上名门名校，但他们正在凭借自身的力量与智慧，努力争得一席之地。

　　法学院的发展关键在于学科建设，学科建设的基础关键在于学术成果的支撑，而学术成果的取得在于法律学人不断地发现问题、思考问题和解决问题，在于对学术价值的正确判断和刻苦追求。正是在这种理念下，法学院的学人们刻苦追求，努力奋斗，不断进取，在教学和科研上取得了可喜的成绩。为了展示和反映河北经贸大学法学院的科研实力和最新研究成果，发现和支持新人新作，鼓励和培养科研精神，加强学科建设，就要开拓一个固定的园地或搭建一个平台，给法学院学人们提供一个展示和创新的机会，这就是出版本论丛的目的所在。

河北经贸大学法学院与中国检察出版社共同组织出版这套《经贸法学论丛》。之所以命名为《经贸法学论丛》主要从两个方面考虑：其一，"经贸"是河北经贸大学之意，因为河北经贸大学是这套丛书的发起者；其二，"经贸"是经济贸易的简称，从选题范围来说，这套丛书主要包括民商法、经济法和国际经济法，同时也兼顾其他法律部门，不受部门法划分的局限。今后，我们计划每年陆续安排若干种课题的读物出版，使这套论丛更加完善和丰满。

在这套《经贸法学论丛》出版之际，我们衷心感谢中国检察出版社领导与编辑朋友们的信任与支持，是他们给我们创造了这个平台，提供了机会。我们也殷切期望这套丛书能得到社会各界的支持与关注，同时，真诚欢迎来自各方面的批评与指教，所有这些都将成为激励和鞭策我们继续前行的力量。

柴振国
2009 年 8 月

摘　　要

　　金融危机爆发以来，加强影子银行体系监管的呼声空前高涨，监管当局试图修正监管规则，以适应最新的金融产品结构和业务的变化。但是，影子银行体系凭借其创新性、自由化、复杂化，开创了一条"创新—监管制止—再创新"的监管套利模式，而政府监管滞后于金融创新。长此以往，影子银行体系可能促发整个金融业的系统性风险。对于影子银行体系进行有效监管具有相当的难度：首先，监管当局对于影子银行体系内涵的界定尚处于探索阶段。2014 年伊始，国务院办公厅下发了《关于加强影子银行业务若干问题的通知》（国办发〔2013〕107 号文），暂且不论此通知的法律层级如何，只就此内容而言，其并未给出中国影子银行体系的确切定义，仅仅将影子银行体系粗略的分为三类。其次，这三类影子银行体系只是简单列举式的分类，并不能覆盖中国影子银行体系的外延。对于概念尚未界定清楚的金融机构，何谈对其进行全面有效的监管？最后，影子银行体系本来就是金融创新的产物，随着金融产品的不断衍生，新型的影子银行机构和产品将推陈出新，而需要具有稳定性的监管规则何以能跟上影子银行体系更新的速度？此外，影子银行体系是如此的庞大，其囊括着庞杂的影子银行机构、业务以及产品，而且这些影子银行实体或准实体具有不同的金融属性，分属于不同的监管机构，甚至部分交叉性影子银行产品同时归属于多个监管当局。而中国实行分业监管，"一行三会"作为平行的监管机构，何以对纷繁复杂的影子银行业务和产品进行界分，对交叉性产品做出合理可行的应对策略？以上这些难题都不是监管当局出台几个

"办法"或"通知"所能够解决的。

本书将试图从内涵、外延、特征、演进、分类、监管等方面呈现中国影子银行体系的真实面貌，并以此为基础将影子银行体系的监管纳入合适的轨道。本书试着分析和解答以上问题，正文部分共六章，具体包括以下内容：

第一章对影子银行体系进行概念厘定，明确中外影子银行体系的内涵、外延、演进并对其进行现实性分析。将中国影子银行体系界定为：在传统商业银行体系之外，具有期限匹配、流动性服务、信用转换、杠杆功能，实体或准实体属性的信用中介体系。在充分认识研究主体之后，重点从金融监管理论角度对影子银行体系监管的必要性进行论证。影子银行体系作为现代金融系统的重要组成部分，同样具有金融不稳定性、信息不对称性以及挤提的风险，况且影子银行体系较之传统金融行业更具专业性和复杂性。从金融脆弱性、公共利益与公共强制理论角度出发分析，金融监管对影子银行体系的规范是必不可少的。同时，影子银行体系还需要监管机构进行金融约束，并弥补法律不完备的缺陷。此外，需要说明的是，影子银行体系监管理论不仅包括政府监管，还应将金融自我监管理论和市场约束理论囊入其中。

第二章基于影子银行体系的复杂性和创新性，对其进行类型化研究。类型化可谓是复杂事物认识过程中无法避免的思考过程，从不同的分类目的切入会产生不同的归类标准，因此在划定标准之前，先要明确分类目的。本书的类型化目的是对影子银行体系进行有效的金融监管，进而在分类时要以便于监管当局执行监管职权为前提。影子银行体系的划分按主体分类，便于监管当局清晰判断出哪一类影子银行属自己监管，以防止出现监管遗漏或监管重叠。因此，按照"主体"标准，中国影子银行体系大体可分为三类：影子银行体系中交叉产品和业务、非银行金融机构和业务、准金融机构。通过对以上三类影子银行子体系的具体机构和产品的运行模式、分布状况、规范情况等事宜的详尽剖析，总括出三类影子银行子体系的突出风险特征，以便于开展分类监管和重点监管。

第三章开展影子银行体系监管的比较研究。选取美国、英国、欧盟，以及巴塞尔委员会、20 国集团、国际货币基金组织的监管政策进行历史考察，从中探讨发达国家和国际金融组织开展影子银行体系监管的经验。之所以选取以上主体作为考察对象，是因为一方面，美英和欧盟是目前国际影子银行体系最为成熟的地区，金融危机以来，针对影子银行立法改革最为充分，改革步伐迈得最大，充分反映了后危机时代全球主要经济体对影子银行监管改革的最新趋势。另一方面，国际金融组织对影子银行体系的监管也相当关注，其中以巴塞尔委员会、20 国集团、国际货币基金组织为代表，均出台了一系列有关影子银行体系监管的制度和协议。综观美欧发达国家和国际组织监管变革，各监管主体对影子银行体系监管逐渐重视，监管新政也频频出台，给中国带来如下启示：正确引导影子银行体系发展并鼓励金融创新；厘定和监测影子银行体系的规模与风险；区分影子银行类别，实施分类监管和重点监管。

第四章找到中国影子银行体系政府监管的不足并进行成因分析和制度完善。在庞杂的中国影子银行体系中，仅靠政府的力量将难以应对不断创新或混业经营的影子银行，影子银行体系监管出现了不利局面：交叉性影子银行出现监管无效、非银行金融机构的业务违规造成监管困境、准金融机构的监管框架尚未形成。在深度剖析了传统政府监管模式不足的成因之后，本书提出监管制度改革的三条路径，即激进式、渐进式、保守式改革，并结合中国影子银行体系现阶段的发展情况，比较论证出渐进式改革更具优势。得出阶段性结论：为了有效规制影子银行监管套利、负外部性等行为，弥补影子银行机构经营和监管的专业性赤字，需对传统监管模式进行渐进式改革，构建宏观审慎监管框架，健全影子银行协调机制，根据各类影子银行子体系的突出风险特征对其实施分类监管，实现全面监控和重点矫正相结合的监管策略。

第五章论述影子银行体系监管中引入嵌入式自我监管的必要

性、结构性条件以及实施路径。嵌入式自我监管的核心要义是不脱离政府监管，自我监管是嵌入在政府监管之中，而不是纯粹的经济领域的私人规则或完全脱离任何政府监管。其具有政府监管威慑力和自我监管内发性的特点，对于影子银行这种带有套利性、隐蔽性的金融体系而言，应当具有明显的效果，可以作为政府监管的良好补充和配合。本章首先对嵌入式自我监管理论进行了深入的研究，从嵌入式自我监管的信息优势、应对跨界风险能力以及政府监管失灵和专业化赤字、管制俘获、规则导向监管弊端等正反方面，对引入嵌入式自我监管机制的必要性进行充分论证。然后，研讨嵌入式自我监管在影子银行体系中实施路径，从影子银行机构层面和体系层面设计符合嵌入式自我监管特性的实施工具。在影子银行机构层面引入原则监管和"自我承诺"类监管工具；在影子银行体系层面首先根据风险程度区分影子银行子体系，然后对可能造成系统性风险的影子银行子体系施行强制性"共同自我保险"机制。

第六章论证市场约束机制优化影子银行体系监管的效率。市场约束机制在建立高效的金融监管体系，弥补传统政府监管的缺陷等方面的重要性日益凸显，以市场约束理论切入，将对影子银行体系监管套利行为给出具有制度实践意义的学理回应：影子银行凭借其创新性、灵活性实施监管套利，而政府监管又存在固有的滞后性，制度设计上应充分利用市场约束的高效性弥补政府监管的不足，借助市场约束机理，激发利益相关人对影子银行体系进行监督的动机，以降低监管成本并提高监管效率。在论证市场约束在影子银行监管中的必要性之后，接下来探讨，中国语境下市场约束机制发挥作用的社会条件，即信息要件、权利要件、时间要件，并做出缺失要件的分析。最后，针对信息要件的严重缺失，从制度层面促进市场约束机制在影子银行体系中作用的发挥。

关键词：影子银行体系；政府监管；嵌入式自我监管；市场约束

Abstract

Since the burst of the financial crisis, it is unprecedented up-surge to strengthen the shadow banking supervision. The regulatory authorities attempt to correct the regulatory rules and adapt to changes in the financial structure of products and services of the latest. However, the shadow banks accompanying their creativity, freedom and complication, create an "innovation-supervision prohibition-innovation" regulatory arbitrage model, but the government left the financial innovation behind. If things go on like this, the systematic risk of the shadow banking system may damage the whole financial industry. It is quite difficult to take effective supervision for the shadow banking system: firstly, the regulatory authority for the definition of the shadow banking system is still in the exploratory stage. At the beginning of 2014, the general office of the State Council issued the "Notice of problems about strengthening the shadow banking" (Guo Ban Fa [2013] 107 article). No matter how the legal level of this notice is, as far as the content is concerned, the notice didn't figure out the exact definition of shadow banking Chinese system, roughly dividing the shadow banking system into three categories. Secondly, the three kinds of shadow banks are simply enumerative classification and do not fully cover the Chinese shadow system extension.

As the undefined concept of financial institutions, what about the comprehensive and effective supervision on it? Thirdly, the shadow banking system is the product of financial innovation. New shadow banking institutions and product will continuously derivate following the lasting derivation of financial products. But the regulation needs to have stability, how can the rule changes keep up with the update of the shadow banking system speed? In addition, the shadow banking system scale, including the shadow banking institutions, complex business and products, is so huge. These shadow banking entities or decided entities with different financial attributions belong to different regulators and even some cross shadow banking products also belong to multiple regulatory authorities. In Chinese, we carry out the implementation of separate supervision, "one of three" as a regulator of parallel, how can this regulators classify the complex shadow banking business and product, make reasonable and feasible strategies to the cross products? These problems are uneasy to solve by several "way" or "notice" issued by the regulatory authorities.

This paper will try to show the real shadow banking Chinese system from the connotation, extension, characteristics, evolution, classification, regulatory and other aspects, and on the basis of the shadow banking system supervision into the right track. This thesis will try to analyze and answer these questions and the main body is divided into six chapters, including the following parts:

The first chapterwill define the concept of the shadow banking system; make a clear definition on connotation, extension, and evolution; make an analysis on its reality. The shadow banking Chinese system is defined as credit intermediary system, apart from the traditional system of commercial bank, which has the maturity matching, liquidity, credit transfer, lever function, entity or decided entity attributions. After a full understanding of the subject, it is necessary to demonstrate the shadow banking system from the point of financial regulation supervision. The shadow banking system is an important component of the modern financial system, with financial instability, information asymmetry and run the risk. Furthermore, compared with traditional financial industry, the shadow banking system looks much more professional and complex. From the perspective of financial fragility, public interests and public enforcement theory analysis, the standards of shadow banking system need financial supervision. Meanwhile, the shadow banking system also requires regulators financial constraints to make up for the defect of incomplete law. In addition, we have to explain that the shadow banking system supervision theory not only includes the government supervision, but also the financial—self—regulatory theory and market constraints theory.

The second chapter is based on the complexity, creativity of the shadow banking system and makes a research on its classification. It is inevitable musing process to have a classification in complex recognition process. There are various classification standards according to various classification purposes. Therefore, it is wise to state the purpose before making the standards. The classification purpose of this paper is to take effective supervision on shadow banking system, so it is easier to execute supervision for the regulation when making a classification. According to the subjects, the classification of shadow banking system can facilitate supervision authorities to judge which kind of shadow banking system to be supervised in case of what his own shadow banking supervision, to prevent the emergence of regulatory overlap or regulatory vacuum. Therefore, we can divide the shadow banking China system roughly into three categories, namely, the cross product and business, the shadow banking system in non banking financial institutions and operations, decided financial institutions. We can conclude the risk feature of three kinds of shadow banking system after detailed analyzing on its operation model, distribution model and regulation about above three categories. What we have done aims to carry out the classification regulation and supervision.

The third chaptermakes a comparative research on the supervision of the shadow banking system. I will make a history research about regulatory policies among American, British, European, and the Basel Committee, the group of 20 nations, the international monetary fund and discuss the supervision experience between developed countries and international financial organizations. The reason why I choose these above as the main object of study, for one thing, the US, UK and EU are currently the most mature area about shadow banking system. Since the financial crisis, they are making sufficient reform and the makes a trend. For another, the international financial regulations pay much attention to the shadow banking system represented by the Basel Committee, the group of 20 nations, the International Monetary Fund which issued a series of financial supervision system and protocol. Thus, all the supervision gradually pay attention to the regulation of the shadow banking system and issue new regulations which bring the following enlightenments for China: correctly guide the shadow banking system and encourage financial innovation, distinguish the shadow banks category, implement of classification regulation and supervision.

The fourth chapter aims to detect the defects of China government's shadow banking system regulation and analyzes the reasons and improves the systems. Relying on the strength of the government will be difficult to deal with the continuous innovation of the shadow banking business model in the complex of the shadow banking Chinese system. At the same time, the regulatory authorities make poor effect on the regulation of the shadow banking system: cross shadow banking regulatory framework for regulation is invalid, the non bank financial institutions business irregularities caused by the regulators, decided financial institutions have not yet formed. In depth analysis of the causes of the defects of traditional government regulation model, this study proposes three paths of regulatory reform, that is, the radical, gradual reform, conservative, and combined with the development of the shadow banking Chinese system at the present stage, concluded gradual reform takes more advantages. The stage conclusion: in order to regulate the shadow banking regulatory arbitrage effectively, negative externality behavior, make up for operating the shadow banking institutions and regulatory professional deficit, we need to take gradual reform on traditional supervision model, construct macro supervision framework and improve the coordination mechanisms of shadow banking systems. According the risk characteristics of the shadow banking systems, we carry out supervise respectively, realizing the combination of comprehensive monitoring and correction of key regulatory strategy.

The fifth chapter discusses the introduction ofembedded—self—supervision on shadow banking system in the regulation of necessity, structural conditions and the implementation path. The core of embedded—self—supervision is not out of government regulation. In contrast, embedded—self—supervision is embedded in the government supervision, while not a pure economic field or completely out of any government regulation. It has the characteristics of government regulation and self—regulation in the deterrence of the shadow banks, the arbitrage, the hidden nature of the financial system, should have obvious effect, can be used as a good supplement of the government supervision and coordination. This chapter firstly goes to a deep research on embedded—self—supervision from both the positive and negative aspects of the advantages of embedded—self—supervision, deal with the ability of cross—border risks, he failure of government regulation and professional deficit, rules based regulation defects. The paper has a sufficient argument on the necessarity of embedded—self—supervision. Then, this chapter will research the implementation path of the shadow banking systems, from institution level and system level design. In the shadow banking institution into the principles of regulation and "self commitment" regulatory tools; in the shadow banking system level we distinguish the shadow banking system according to the level of risk, the shadow banking system and cause systemic risk to the possible mandatory "co—self—insurance" mechanism.

The sixth chapterargues the efficiency of the shadow banking system supervision in the market constrain mechanism. The mechanism of market based on an effective system of financial supervision, having increasingly prominent importance for making up for the defects and other aspects of the traditional government supervision. With the market constraint theory, the system practical significance arbitrage behavior given the shadow banking system supervision theoretical response: Shadow banking systems resorts to its innovative, flexible implementation of regulatory arbitrage, and government regulation always takes hysteresis quality. So the design of systems should make full use of effective market constrain to remedy the government regulation. With the market constraint mechanism to motivate and benefit related people to the motivation of shadow banking system in order to reduce the supervision cost and improve the efficiency of supervision. Finally, according to the serious lack of information, it plays an important role from the system level to develop the market constrain mechanism to the shadow banking system.

Keyword: Shadow Banking; Government Regulation; Embeded Self—regulation; Market Disciplines

目　　录

第一章 导 论

第一节 研究背景

一、问题的提出

　　美国具有全球最为庞大的影子银行体系，对于影子银行体系的全面考察需要从美国影子银行萌芽着眼。货币政策目标与金融监管框架之间存在的不一致性（Inconsistency），以及由此引发金融创新，是影子银行体系形成和发展的前提条件。1951 年 3 月，美国签署《财政部和联邦储备体系协议》后，美联储的货币政策目标，为政府财政赤字融资转变为保持物价稳定，而短期利率（如隔夜拆借利率）的调整成为其对抗通货膨胀的主要工具。20世纪 60 年代中期以后，美国通货膨胀率曾一度高达 20%，美联储为应对不断增加的通胀压力而持续抽紧银根，致使市场利率大幅攀升。《格拉斯—斯蒂格尔法》和 Q 条例①的执行结果是使银行存款对投资者的吸引力急剧下降，商业银行体系出现大规模的资金流出，即所谓的"脱媒"（Disintermediation）。为规避银行存款的限制，商业银行开始金融创新，货币市场基金应运而生。进入 20 世纪 70 年代后，美国金融市场和金融体系发生的一个重要变化是机构投资者的迅速崛起，它们持有数额庞大的现金，并

---

　　① 所谓 Q 条例，是指美联储按字母顺序排列的一系列金融条例中的第 Q 项规定。其内容是：禁止联邦储备委员会的会员银行对它所吸收的活期存款（30 天以下）支付利息，并对上述银行所吸收的储蓄存款和定期存款规定了利率上限。

对投资期限短、流动性好以及安全性高的金融资产有强烈的偏好。① 数量众多且资产规模不断扩大的机构投资者推动了影子银行体系的迅速发展。② 此后近30年的时间里，影子银行体系稳定而隐性的发展着，没有受到太多的关注。直到2007年次贷危机发生后，人们才发现金融体系出现了一个大盲区——影子银行。③

在2007~2008年，雷曼、美林和贝尔斯登相继倒闭，美国政府为了稳定市场情绪，推动高盛和摩根士丹利转化为银行控股公司。至此，由次贷危机、信任危机、影子银行体系链条的脆弱性引发的"蝴蝶效应"，引发了全球性的金融危机，直接导致金融体系的混沌并产生大规模的有毒资产。根据国际货币基金组织《全球金融稳定报告》测算，在金融危机爆发当年，全球金融体系的资产减计约达4.4万亿美元，其中仅银行业资产减计就有约2.8万亿美元，美国和欧洲地区的金融机构资产减计规模占GDP总和的13%。④ 自金融风暴爆发，西方大型金融监管坍塌以来，"骨牌效应"一直传递到欧亚国家。冰岛受到金融业连累成为第一个宣布"国家破产"的地区。时隔一年，迪拜又显现主权债务危机，接踵而至的是希腊、葡萄牙、爱尔兰、意大利、西班牙等国家出现主权债务危机。值得注意的是，无论是美国爆发的次贷危机，还是欧洲债务危机的促发，不可否认的都伴随银行偏离传统经营模式与融资渠道，过度依赖证券化市场与批发融资市场的变革过程。

从表面来看，欧债危机和全球金融危机的产生促发于美国

---

① Gorton G, Metrick A. Regulating the Shadow Banking System [J]. Brookings Papers on Economic Activity, 2010 (2).

② Pozsar Z. Institutional cash pools and the Triffin dilemma of the US banking system [M]. International Monetary Fund, 2011.

③ Krugman P R. Trade and wages, reconsidered [J]. Brookings Papers on Economic Activity, 2008, 2008 (1): 103 – 154.

④ IMF Global Financial Stability Report, October 2009.

次贷危机，但是根源却与近 30 年的金融经营模式的变革密切相关——从分业经营向混业经营模式变革。银行经营模式从"发起—持有"模式（originate-to-hold）向"发起—分销"模式（originate-to-distribute）转变。在"发起—持有"的传统模式中，商业银行吸收存款，以此为主要资金来源发放贷款，银行持有贷款直至到期收回，而在"发起—分销"模式中，银行可以将这类资产通过"证券化"（securitization）从资产负债表中转移出去。① 欧洲资产证券化市场规模从 1998 年的 400 亿欧元发展到 2005 年的 3200 亿欧元，庞大的证券化市场通过杠杆化创造出不透明且极其复杂的金融工具，② 这种影子银行的迅速扩张导致欧洲银行业杠杆率从 1995 年的 24 倍提升到 2007 年的 39 倍，资产泡沫不断膨胀。这种经营模式要建立在充裕的流动性基础上，当次贷危机爆发，大量债权人撤离批发融资市场，流动性的骤然紧缩就导致了资产负债表期限错配的金融监管无法借新还旧，信任危机将迅速传染到整个金融市场。由此可见，美欧以证券化为主要形式的影子银行体系肆意扩张，是带来金融系统性风险的重要来源，任其发展将埋下再次爆发金融危机的隐患。货币市场基金、资产证券化、对冲基金、资产支持商业票据（ABCP）、结构性投资实体（SIVs）、回购协议的风险隐患以及信用评级方式的缺陷等方面的问题在金融危机爆发以前曾并未受到应有的重视，金融监管当局低估了影子银行体系的系统重要性和系统性风险，忽视了影子银行体系与传统金融体系之间的传染性，疏忽了对影子银行体系的规模监测和风险识别，更未意识到树立宏观审慎监管观念的重要性。

在后危机时代，逐渐修复金融危机影响，促使金融业健康发展的当务之急是正确认识和评估影子银行体系，重视金融监管对

---

① 高弘：《基于私人部门债务通缩视角的欧债危机成因新解》，载《上海金融》2013 年第 4 期。

② Bank of England. Financial Stability Report ［P］, No. 2007a.

影子银行体系的导向作用。鉴于此，各国和国际金融组织在反思发达经济体金融机构经营模式的同时，相继加快了金融监管制度改革的步伐，其中美欧和主要国际金融组织针对影子银行体系推出了一系列金融改革方案。美国政府分别于 2009 年和 2010 年颁布了两个金融改革法案，即财政部 2009 年 3 月颁布《金融体系全面改革方案》和国会 2010 年 7 月通过的《多德—弗兰克华尔街改革与消费者保护法案》。2009 年 3 月，英国金融监管机构英国金融服务局（FSA）发布报告，改革英国现有金融监管体系，并于 2011 年 6 月发布《金融监管的一个新方法：改革的蓝天》白皮书。欧盟于 2009 年 4 月发布《另类投资基金经理指令》。此外，2009 年的 20 国集团（G20）伦敦峰会决定在原有的金融稳定论坛上建立金融稳定委员会（FSB），承担全球金融稳定的职责，以加强全球金融体系的监管和协调。在 2010 年的首尔峰会上提出，要加强国际层面的影子银行监管，由 FSB 负责提出影子银行监管的建议。[1] 会后，FSB 开始对全球影子银行体系进行评估和研究，并于 2011 年 4 月和 10 月分别做出评估报告：《影子银行：问题的界定》和《影子银行：加强监督和监管》。[2] 2009 年 7 月，巴塞尔委员会（BCBS）也发布了《新资本协议框架完善协议》，该协议在总结 2008 年金融危机的基础上指出：要提高资产证券化、表外交易活动以及风险暴露的信息披露要求；提高影子银行的资本充足率，[3] 以控制影子银行引发的系统性风险；提高债务抵押证券再证券化的风险权重。国际货币基金组织（IMF）于 2009 年发布了报告《危机的初步教训》，进一步提出

---

① See The Seoul Summit Document, November 12, 2010. http：//www. g 20. utoronto. cn/2010/g2Odeou l—doc. htm.

② FSB, Shadow Banking：Strengthening Oversight and Regulation，October 27，2011，available at http：//www. Financial stability board. Org/publications/r_ 111027a. pdf.

③ ［美］本·伯南克：《系统重要性金融机构、影子银行与金融稳定》，李志军、司马亚玺译，载《中国金融》2012 年第 12 期。

了解决影子银行监管的方案，并于 2010 年发布了《美国金融系统稳定评估报告》，对美国影子银行的占比进行评估。2012 年的《全球金融稳定报告》还对中国的影子银行体系进行了详尽评估。

中国影子银行体系起步较晚，目前规模尚小，仍处于发展的初级阶段，但发展速度很快。中国影子银行体系的构成与发达市场国家存在较大区别，对冲基金和特殊目的实体公司 SPV 尚未发展，主要是近几年发展起来的私募股权基金、私募投资基金，以及发展银信理财合作的投资公司、民间借贷机构等。① 国内影子银行体系可提供对传统商业银行业务的替代性、依附性及货币银行信用创造的特点进行确认，其中最有代表性的是金融业中的理财业务相关部门。② 中国商业银行自从 2004 年开始发行银行理财产品，该理财产品具备影子银行一些典型特征。2005 年才启动资产证券化试点，央行和银监会联合发布《信贷资产证券化试点管理办法》，随后建设银行和国家开发银行获准进行信贷资产证券化首批试点。在央行和银监会主导下，基本确立了以信贷资产为融资基础、由信托公司组建信托型 SPV、在银行间债券市场发行资产支持证券并进行流通的证券化框架。此时，中国影子银行体系才刚刚起步，初现雏形。2007 年 1 月，银监会发布了《信托公司集合资金信托计划管理办法》，将银行合作理财引向单一资金信托计划模式，此后银信合作理财模式发展迅猛。2008 年 5 月小额贷款公司首次得到官方认可，中国人民银行和银监会联合发布了《关于小额贷款公司试点的指导意见》，小贷公司规模开始日益壮大。③ 与此同时，担保公司、融资租赁公司、信托公司、典当行等影子银行机构也迅速发展起来，至今中

---

① 周小川：《健全宏观审慎政策框架》，载央行网站，2011 年 1 月 4 日。
② 袁增霆：《影子银行体系发展与金融创新》，载《中国金融》2011 年第 1 期。
③ 王浩云：《对我国影子银行的产生、现状与法律监管的思考》，载《福建农林大学学报》2012 年第 15 期。

国影子银行已经进入了快速增长期。

本书就是在发达经济体的影子银行体系发展较为成熟，而中国影子银行体系相对落后且研究不足的情况下开始进行研究的。美国影子银行体系的迅速膨胀可以作为次贷危机爆发的重要因素之一，从美国的影子银行体系发展历程来看，放纵其野蛮生长将累积金融业系统性风险。以此为戒，中国应在影子银行体系发展的初级阶段积极适当引导其发展方向，对影子银行体系中的监管套利、负外部性等运行不规范行为进行矫正，对于中国影子银行体系的监管进行完善更是当务之急。在此背景下，本书的研究主题——中国影子银行体系监管具有深远的理论意义和现实需求。

二、文献综述

从目前的研究现状来看，涉及影子银行体系的论著英文文献明显多于中文文献，研究国际影子银行体系的论文数量较多，且以金融学和经济学占主导地位，而专门论著中国影子银行体系的法学论文较少。在金融学领域，研究视角主要集中在影子银行体系与金融体系稳定性的关系、信用创造、风险评估与防范、系统性风险、信贷扩张与流动性创造等方面。在经济学领域，研究视角侧重于影子银行体系对宏观调控政策的影响、与经济增长的关系、与货币政策的关系、宏观审慎政策、利率市场化、资产池等方面。有限的法学研究主要集中在影子银行体系的法律关系、法制变革、法律监管等方面。以上有关影子银行体系的论文具体内容虽然涉及影子银行体系的概念厘定、演进、机构和业务特征、功能以及后危机时代的监管改革等内容，但是并未形成从监管制度建构视角下对中国影子银行体系的类型化分析，也尚未将政府监管、嵌入式自我监管和市场约束三条监管路径进行合理配置，构建成全方位针对中国影子银行体系的监管机制。

目前，以"影子银行"为研究对象的著作不多，且属于法学领域的著作更是凤毛麟角，但是这些著作对于本书的研究提供了不少的数据资料。其中包括隋平（2012）的《逍遥法外　金融危机后的影子银行监管》，该书从金融法角度，对国际影子银行监管改革、大型混业银行监管困境、基金监管、国有影子银行监管改革、保险监管、评级机构监管难题、金融创新监管中的问题、监管形式选择以及监管改革方向等方面进行了探讨。唐红娟（2012）的《影子银行体系：功能、脆弱性与监管改革》，该书从金融学的角度，对影子银行体系的运行、功能与脆弱性进行分析，阐释了影子银行系统监管的理论分析与总体思路、发展与风险监测以及监管改革的政策建议。此著作共八章，其中有 3/4 的篇章是针对国际影子银行体系的研究，而对于中国影子银行体系的研究篇幅仅占到 1/4。李建军、［美］徐赛兰（Sara Hsu）、田光宁（2012）主编的合著《中国影子金融体系研究报告》，从金融学角度，以研究报告的形式，将中国影子银行体系中各机构和产品发展的情况，以及数据进行整理发布。此著作的主体部分将中国影子银行体系分为四类进行介绍：影子银行系统的产品创新、准金融监管与产品创新、民间金融发展与创新、替代性汇款体系，通过列举式对四类中的具体机构和产品进行考察，并提出总结和展望。周莉萍（2013）的《影子银行体系：自由银行业的回归?》，对国际影子银行的兴起与发展、信用创造功能、宏观经济效应、系统性风险以及监管进行了金融学角度的解读和研讨，在最后章节简单介绍了中国影子银行体系与未来金融创新路径。殷剑锋、王增武（2013）主编的《影子银行与银行的影子》又是一部金融学的论著，该著作以主题报告的形式，对银行理财业务、银行同业业务、证券定向资管业务、保险资管业务、信托业、证券投资基金、股权投资基金和地方政府债务进行调查研究与评估报告。郭春松（2013）的《金融危机、影子银行与中国银行业发展研究》，从经济学视角研究中国银行业在危机中的成长、发展以及监管路径，对于影子银行的阐述篇幅较少，主要介绍国际影子银行的发展及其与金融危机的关系。尽管直接研究中国影子银行体系监管的法学著作有限，但是这些著作从多学科、多视角对影子银行监管的研究成果仍然给本书提供了源源不断的实证数据和理论支撑。以下从有关影子银行体系研究的三方面主题，对已有文献进行梳理：

（一）科学构建影子银行体系的监管机制首先要准确界定影子银行体系概念

影子银行体系（Shadow Banking system）概念源于太平洋投资管理公司董事保罗·麦考利（Paul McCulley）在 2007 年美联储年会上提出，意指游离于金融监管体系之外，从事类似于传统银行业务的非银行机构。[①] 而后，纽约大学经济学教授鲁比尼（2008）进一步指出，影子银行体系包括证券经纪自营商、对冲基金、结构投资工具和渠道、货币市场基金及非银行抵押贷款机构。[②] 2008 年，纽约联邦储备银行行长盖特纳（Geithner）提出"平行银行系统"（Parallel Banking System）概念。[③] 同年 10 月，国际货币基金组织（IMF）在全球金融稳定报告中，首次提出"准银行"（Near-Bank）的概念，这与影子银行体系、平行银行系统是类似的概念。[④] 金融稳定委员会（FSB，2011）认为可以将影子银行定义为"非正式银行系统实体和活动的信贷中介"。[⑤] 袁达松（2012）采用宽泛的定义，将影子银行界定为涉及传统银行体系之外的实体及业务的信用中介机构，涵盖传统银行之外的影子银行机构、应用影子银行方法的传统银行机构以及影子银

---

① McCulley. Paul：Teton Reflections, PIMCO Global Central Bank Focus, Sept. 2007. http://www.pimco.com/EN/Insights/Pages/GCBF% 20August – % 20September% 202007. aspx.

② 鲁比尼：《影子银行体系正逐步瓦解》，载《英国金融时报（中文版）》2008 年 9 月刊。

③ Geithner. Reducing Systemic Risk in a Dynamic Financial System, Federal Reserve Bank of New York, 2008.

④ 李波、伍戈：《影子银行的信用创造功能及其对货币政策的挑战》，载《金融研究》2011 年第 12 期。

⑤ FSB. Shadow Banking：Scoping the Issues. Background Note of the Financial Stability Board, 2011.

行工具或产品。① 中国人民银行行长周小川（2010）提出：影子银行是指行使商业银行功能但却基本不受监管或受很少监管的非银行金融机构，比如，对冲基金、私募股权基金、特殊目的实体公司（SPV）等。② 同时，又指出在我国影子银行的构成与发达市场国家存在较大区别，对冲基金和 SPV 尚未发展，主要是近几年发展起来的私募股权基金、私募投资基金，以及开展银信理财合作的投资公司、民间借贷机构等。从影子银行与传统商业银行的区别来看，影子银行在本质上发挥着类似商业银行的基本功能，包括期限转换、信用转换、流动性转换等。但影子银行不受监管或仅受较少监管，并且风险隐患更高。龚明华、张晓朴、文竹（2011）将其风险特征总结如下：一是影子银行杠杆率高；二是影子银行流动性风险高；三是影子银行与传统银行体系的业务界限日益模糊，打通了风险交叉传染的通道；四是影子银行风险易发生跨境传递。③

由于中国金融创新程度较低，资产证券化发展尚不成熟，金融衍生品市场还未健全，因此，中国目前还不具有像欧美成熟金融市场那样的影子银行系统，中国的影子银行体系还处于比较初级的阶段。综合而言，"影子银行体系"这个词汇在国内媒体和学术研讨会中频繁出现，但实务界和学术界对于"影子银行体系"内涵的界定依然莫衷一是，各方界定都从不同角度入手，在选取"影子银行体系"概念的构成要件时都有所侧重。一种定义方式是从功能角度入手，提出影子银行体系具有类似于商业银行的信用中介功能。袁增霆（2011）认为，国内影子银行体系可以通过对传统商业银行业务的替代性、依附性及其货币银行

① 袁达松：《对影子银行加强监管的国际金融法制改革》，载《法学研究》2012 年第 2 期。

② 邵延进：《影子银行资金流向图谱及风险——以河北省为例》，载《中国金融》2011 年第 18 期。

③ 龚明华、张晓朴、文竹：《影子银行的风险与监管》，载《中国金融》2011 年第 3 期。

信用创造的特点进行确认,其中最有代表性的是金融业中的理财业务相关部门。① 周莉萍认为,"影子银行体系是一组复制商业银行核心业务、发挥着商业银行核心功能(期限匹配、流动性服务、信用转换、杠杆)的非银行信用中介"。② 除了仅仅从功能入手界定影子银行体系内涵以外,还有学者认为其内涵的界定构成要件也包括监管程度。刘杨(2011)认为:"影子银行一般指行使商业银行功能却不受类似商业银行那样严格监管的非银行金融机构。"③ 另外,还有少部分文献仅将监管程度作为影子银行体系含义的构成要件,对其简单描述。李波、伍戈(2010)认为,影子银行是指"履行银行职能、逃避银行监管的类似银行的实体"。④ 辛乔利(2010)在其专著《影子银行》中这样描述影子银行,"即影子银行又称影子银行体系,指那些行使着银行功能却不受监管或少受监管的非银行金融机构,包括其工具和产品"。⑤ 此外,还有学者给影子银行体系下定义时,侧重于影子银行的法律属性。袁达松认为,影子银行体系涵盖传统银行之外的影子银行机构、应用影子银行方法的传统银行机构以及影子银行工具或产品,将影子银行界定为"涉及传统银行体系之外的实体及业务的信用中介体系"。⑥ 卢川(2012)指出:"影子银行概念的本质内涵不单指具备独立法人资格的金融机构,还涵盖

---

① 袁增霆:《中外影子银行体系的本质与监管》,载《中国金融》2011 年第 1期。

② 周莉萍:《论美国影子银行体系国际监管的进展、不足、出路》,载《国际金融研究》2012 年第 1 期。

③ 刘扬:《宏观审慎监管框架下中国金融监管的政策选择:基于巴塞尔协议 Ⅲ 的视角》,载《金融监管》2011 年第 7 期。

④ 杜亚斌、顾海宁:《影子银行体系与金融危机》,载《审计与经济研究》2010 年第 1 期。

⑤ 辛乔利:《影子银行》,中国经济出版社 2010 年版,第 6 页。

⑥ 袁达松:《对影子银行加强监管的国际金融法制改革》,载《法学研究》2012 年第 2 期。

了各种类似或替代传统银行业务的业务部门和金融工具。"①

（二）影子银行体系作为金融系统的重要组成部分，对金融业发展产生重要影响

Pozsar Z，Adrian T，Ashcraft A（2010）等人认为，影子银行体系的发展加速了美国金融体系向"市场型金融体系"（market-based financialsystem）的演进。② 在这一新型金融体系下，银行业与资本市场发展之间的关系变得如此紧密，以至于金融因素的变化将对美国的实体经济产生深远的影响。③ 从金融市场的角度来看，由影子银行进行的资产证券化与金融衍生交易，一方面极大地提高了金融市场的流动性，另一方面也使衍生金融产品的交易量和名义价值迅速增长。巴曙松（2009）④、吴晓灵（2010）⑤则从影子银行体系的多样性分析其对金融系统的影响，影子银行体系的存在有助于实现金融领域的多样化，对银行体系具有补充作用，并且其效率比较高，需求也比较大。影子银行业务的高杠杆性依赖于众多机构投资者的资金，金融机构大量拥有和参与影子银行的证券化产品，极大地推进了金融全球化进程。在流动性重组、资本流动稳定和资产价格稳定的基础上，影子银行资本的跨境投资和跨境活动有效提高了全球金融市场效率，促进了资本的全球配置。然而，Epstein，G. A.（2005）从历史经验中分析，过度金融创新导致的虚拟价值飙升非但无法真实反映实体经济的

---

① 卢川：《中国影子银行运行模式研究——基于银信合作视角》，载《金融发展评论》2012 年第 1 期。

② Pozsar Z，Adrian T，Ashcraft A，et al. Shadow banking ［R］. Staff Report, Federal Reserve Bank of New York，2010.

③ Adrian T，Shin H S. Financial intermediary balance sheet management ［J］. Annu. Rev. Financ. Econ.，2011，3（1）：289 – 307.

④ 巴曙松：《加强对影子银行系统的监管》，载《中国金融》2009 年第 14 期。

⑤ 吴晓灵：《从美国金融监管改革看"大而不倒"问题的处置》，载《中国金融》2010 年第 16 期。

运行情况，还会加剧美国经济的金融化。① 钟伟、谢婷（2011）指出，随着资本的跨境配置，风险也在全球范围内分散，外部冲击使得国际资本流动面临巨大风险。② 袁达松（2012）得出结论，影子银行的消极面主要表现为监管套利行为，以及系统性风险。③

影子银行的风险负外部性累积可能促发系统性风险。刘俊山（2011）指出，影子银行的业务链比普通商业银行更为复杂，商业银行的传统信贷业务一般是在银行内部完成，而影子银行是通过多家不同类型的金融机构，采用复杂的业务流程来进行信用中介活动。④ Pozsar Z, Adrian T, Ashcraft A（2010）等人对美国影子银行的业务流程进行了细致研究，发现其可以囊括七个步骤：（1）发起贷款；（2）贷款的仓储；（3）发行资产支持证券（ABS）；（4）资产支持证券的仓储；（5）发行 ABS 债务担保凭证（CDO）；（6）ABS 的中介业务；（7）批发型融资。商业银行、金融公司、房利美、房地美等政府间接担保企业、经纪交易商、特殊目的载体（SPVs）、结构性投资工具（SIV），证券套利管道、对冲基金、养老金及保险公司、直接投资者等不同类型的金融机构主体或非金融机构都会参与到业务流程中。⑤ 建立在如上业务流程基础上的影子银行体系是一个由性质不同的各类金融机构所组成的复杂的"链式"信用中介系统。尽管这一系统能够逐层分散交易风险，但其缺陷在于一旦"链式"系统中的某一环节出现问题，则可能导致整个系统的崩溃。王达（2012）

① Epstein, Gerald A., ed. Financialization and the world economy. Edward Elgar Publishing, 2005.

② 钟伟、谢婷：《影子银行系统的风险及监管改革》，载《中国金融》2011 年第 12 期。

③ 袁达松：《对影子银行加强监管的国际金融法制改革》，载《法学研究》2012 年第 12 期。

④ 刘俊山：《美国的影子银行系统》，载《中国货币市场》2011 年第 7 期。

⑤ Pozsar Z, Adrian T, Ashcraft A, et al. Shadow banking ［R］. Staff Report, Federal Reserve Bank of New York, 2010.

指出，金融机构的个体交易风险可能诱发系统性风险。① 单个影子银行的倒闭也会像 D－D 模型（戴蒙德—迪布维格银行挤兑模型）描述的银行破产一样，发生多米诺骨牌效应。由于债务资金的不稳定支持引发"债务—通缩—破产"的金融系统性风险，影子银行体系最根本的问题就在于其抗波动和抗风险的能力较弱，一旦出现大面积资金链断裂，其结果将变得更具有蔓延性和恐慌性，并很容易打击实体经济。但是，也有一种声音表示影子银行体系并不必然产生系统性风险，过去 30 余年的运行及其给美国金融体系带来的高效率、丰厚收益说明其风险是可控的。② 李扬（2011）从另一个角度来出发，提出影子银行体系一直都是金融技术、制度创新的产物，甚至可以说，影子银行体系就是金融创新自身，没有金融创新就没有金融发展。③

影子银行体系具有内生脆弱性。钟伟、谢婷（2011）指出，影子银行系统具有内生脆弱性，主要变现在：（1）信息不对称导致贷款机构逆向选择和借款人道德风险剧增。（2）影子银行不合理的金融产品设计放大了投资者承担的风险：影子银行系统中结构性金融手段使原始资产的特征在证券化产品中无法完全体现，证券背后的资产与实体经济的关系被扭曲；对证券化产品进行精确的风险评估非常困难。（3）自有资本金少和高杠杆交易导致信用过度扩张，加大系统性风险。④ 根据已有的研究成果，笔者将影子银行体系脆弱性的根源总结为：（1）期限错配。钟伟、谢婷（2011）指出，影子银行的负债主要是从短期资本市场获得融资，是期限较短的负债；在资产方，由于影子银行必须

---

① 王达：《论美国影子银行体系的发展、运作、影响及监管》，载《国际金融研究》2012 年第 2 期。

② 周莉萍：《影子银行体系的信用创造：机制、效应和应对思路》，载《金融评论》2011 年第 4 期。

③ 李扬：《影子银行体系发展与金融创新》，载《中国金融》2011 年第 12 期。

④ 钟伟、谢婷：《影子银行系统的风险及监管改革》，载《中国金融》2011 年第 12 期。

提供利息并获得利润，影子银行必须投资期限更长（从而收益较高）的资产，如资产抵押债券、股权等。在这个过程中，随着回购市场的高速发展，影子银行资产组成从原本具有高度流动性的国债等逐步转变为流动性较差的资产。这样，对于整个金融体系而言，信用的期限结构发生了改变，并产生了影子银行体系的期限错配。[①]（2）自我加强的资产抛售循环。Geither（2008）提出，影子银行体系存在一个流动性自我加强的资产抛售循环机制。（3）高杠杆率导致系统风险放大。Baily 等（2008）指出，影子银行在信息不透明的条件下进行高杠杆操作，致使流动性更加脆弱，加上这些行为都是规避性质的金融活动，系统风险将被显著放大。[②]（4）风险跨境传递变得更容易。盖特纳（2008）表示，影子银行体系不仅低估了市场的风险水平，还极大地增强了全球市场的关联度。

影子银行体系具有信用创造功能。英国 1958 年的拉德克里夫报告提出：金融创新带来更多的货币形式——流动性。金融中介就是有限存款准备金制度下的信用创造，它能将储蓄者与投资者联系起来。20 世纪 60 年代后，许多开始关注非银行金融机构的货币创造行为，提出非金融机构也具有信用创造功能。[③] Gurley 和 Shaw（1972）认为非银行金融机构都有一定的信用创造能力，与商业银行的区别越来越小。Gorton 在 20 世纪八九十年代曾零散地研究过各种非银行金融中介及其货币创造活动。金融危机后，Gorton 和 Metrick（2009）描述了一个以回购协议的运行为中心的影子银行体系的信用创造机制，高度抽象了影子银行体

---

① 钟伟、谢婷：《影子银行系统的风险及监管改革》，载《中国金融》2011 年第 12 期。

② Baily M N, Litan R E, Johnson M S. The origins of the financial crisis［M］. Initiative on Business and Public Policy at Brookings, 2008.

③ Tobin J. An essay on the principles of debt management［M］. Cowles Foundation for Research in Economics at Yale University, 1963.

系的货币供给机制。① 影子银行确实在发挥着事实上的银行功能，为次级贷款者和市场富余资金搭建了新的桥梁。巴曙松（2009）补充到，只是在交易模式、交易透明度、杠杆率方面与传统金融机构有很大差异。② 周莉萍（2011）③，李波、伍戈（2011）④ 指出，影子银行体系为代表的金融创新参与了信用创造机制，其存在就意味着一个新的货币创造机制存在。此外，有人认为，作为信用扩张的工具，"影子银行"的实质是通过不同的信贷关系进行无限的信用扩张，即表现为过度使用现有的金融体系，而过度的信用扩张是此次金融危机的根源。⑤ 也有人认为在能有效控制货币供给的情况下，应当让非银行的一些信用活动变得更活跃一些，这样有利于经济活动的展开。⑥ 信用扩张具有双面性：有利于提高货币使用效率，但增加了监管难度。要理性地看待影子银行，特别是在中小企业的生产经营过程中，民间借贷也一定程度上支持了实体经济的快速发展，正如李杨（2011）所言，影子银行在不改变货币存量的情况下，增加了社会的信用供给。⑦ 但是，学者们也认识到，影子银行体系的发展导致传统的信贷渠道被动地弱化和扭曲，货币当局通过调控商业银行的存款准备金不能正常地传导至实体经济变量，而且从根本上削弱了货币当局的调控基础，对货币政策产生系统性影响，直接冲击货

---

① Gorton, Gary B., and Andrew Metrick. Haircuts. No. w15273. National Bureau of Economic Research, 2009.

② 巴曙松：《加强对影子银行系统的监管》，载《中国金融》2009 年第 14 期。

③ 周莉萍：《影子银行体系的信用创造：机制，效应和应对思路》，载《金融评论》2011 年第 4 期。

④ 李波、伍戈：《影子银行的信用创造功能及其对货币政策的挑战》，载《金融研究》2011 年第 12 期。

⑤ 易宪容：《"影子银行体系"信贷危机的金融分析》，载《江海学刊》2009 年第 3 期。

⑥ 吴晓灵：《从美国金融监管改革看"大而不倒"问题的处置》，载《中国金融》2010 年第 16 期。

⑦ 李扬：《影子银行体系发展与金融创新》，载《中国金融》2011 年第 12 期。

币政策工具的效力，加大了货币政策调控的难度。[①]

（三）在影子银行体系监管的研究方面，不少研究对影子银行体系的监管原因进行分析

首先需要厘清金融发展与监管之间的关系，LaPorta，Lakonishok，Shleifer，Vishny（LLSV）四人组合在 1997 年合作用数据证明了，金融发展和法律、监管之间存在很强的相关性，要发展外部融资，投资者需要得到法律和监管的保护。[②] Dyck 和 Zingales（2003）指出在具有完善法律和监管的国家，内部人控制的私人收益比较低，金融市场也较为发达。[③] Demirgü-Kunt 和 Maksimovic（1998）指出，与法律体系运作低效的国家相比，在法律体系运作良好的国家中，企业更容易获得外部融资，长期融资比例也更高、期限更长。[④] Claessens 和 Laeven（2003）也论证出，与投资者权利法律保护较差的国家相比，在拥有较好投资者权利保护法律的国家中，抵押品较少的企业往往更容易获得外部融资。[⑤] 法律是内在不完备的，这意味着不可能制定出能准确无误地说明所有潜在损害行为的法律。当法律高度不完备且违法行为会导致重大损害时，将执法权分配给监管者而非法庭是最优的，因为监管者能主动开展调查，禁止损害行为或强制罚款。Pistor

---

① 周莉萍：《影子银行体系的信用创造：机制，效应和应对思路》，载《金融评论》2011 年第 4 期。李扬：《影子银行体系发展与金融创新》，载《中国金融》2011 年第 12 期。李波、伍戈：《影子银行的信用创造功能及其对货币政策的挑战》，载《金融研究》2011 年第 12 期。

② La Porta，R·Lopez-de-Silanes，F·Shleifer，A·Vishny R·W. Legal determinants of external finance ［J］. Journal of Finance，1997. 1131 – 1150. doi：10. 2307/2329518.

③ Dyck，Alexander and Zingales，Luigi. "Private Benefits of Control：An International Comparison." NBER Working Paper W8711，National Bureau of Economic Research，2003（Journal of Finance，forthcoming）.

④ Demirg – Kunt A. and Maksimovic V. Law，Finance and Firm Growth ［J］. Journal of Finance，1998，53（6）：2107 – 2137.

⑤ Claessens，S.，& Laeven，L.（2003）. What Drives Bank Competition? Some International Evidence. World Bank Policy Research Working Paper 3113.

和 Xu（2002）还指出，具有剩余法律制定权和主动法律执行权的金融市场监管者的出现是对高度不完备的法律和司法效率低下做出反应的结果。[①]

从影子银行体系与金融危机之间的关系来看，2008 年 3 月，在东南亚中央银行组织（South East Asian central banks, SEACEN）第 43 届会议上，时任巴塞尔委员会副总经理的赫维·汉努恩（Hervé Hannoun）直接将正在蔓延的全球金融危机归因于影子银行体系的过度发展。美国金融危机调查委员会在向美国总统和国会提交的《金融危机调查报告》中强调了此次危机是"本可避免的"（avoidable），而以美联储为代表的金融监管机构的失职则被总结为导致危机的重要原因之一。尽管此轮金融危机有许多问题来自"影子银行"体系，但目前多数应对措施都是针对银行机构。没有从系统的角度考虑"影子银行"在此次金融危机之前所扮演的角色，是全球监管者的"根本性失败"之一。晓凡（2011）指出，影子银行系统通过将不透明、具有风险的长期资产转化为具有货币性质和似乎无风险的短期负债，为金融市场提供了大量的廉价资金来源。[②] 金融海啸使整个结构投资工具市场、资金渠道体系和货币市场等遭遇灾难性垮塌，影子银行体系实际上遭遇了类似银行的"挤兑"，影子银行将最终瓦解，但由于美国经济对影子银行体系的依赖，影子银行体系需要重新复苏。影子银行体系可能继续遭遇萎缩的困境，但是该体系仍然是美国金融体系的主要组成部分，美国政府出台的问题资产疏困计划（TARP）救助的对象也包括了影子银行及其持有的"有毒资产"，这相当于是对影子银行体系提供了价格保障，有利于影子银行重新启动信贷活动，进而盘活整个信贷市场。也正因如此，世界多国金融监管机构呼吁将"影子银行"纳入监管体系。经济学家保罗·克鲁格曼（2009）质疑道：既然"影子

---

① Pistor K, Xu C. Incomplete law ［J］. NYUJ Int'l L. & Pol., 2002, 35: 931.

② 晓凡:《美国的影子银行系统》，载《中国金融》2011 年第 20 期。

银行"业务与银行相近，危机中与银行一同受到救助，就应当受到与银行相同严厉程度的监管。[①]

也有不少论著对影子银行体系的监管改革方案进行研究。美国国家保险协会（NAIC）在20世纪70年代提出了"市场行为监管"（market conduct regulation）的概念。"宏观审慎"的监管概念也于同期开始出现在国际清算银行的非公开文件中，但自1988年巴塞尔协议推出至2007年次贷危机爆发，微观审慎监管却一直是各国银行监管实践的主流。受限于监管当局对"金融稳定"这一目标理解上的"合成谬误"，以及对系统性金融风险本质的认识不足，宏观审慎监管并未引起广泛关注，其理论研究大多局限于概念的界定及理念的阐释，而具体实施方案本质上也未有较大进展。20世纪90年代，英国经济学家泰勒（Taylor，1995）提出监管有确保系统稳定（审慎监管）和保障消费者权益（行为监管）两大目标，即双峰理论（twin peaks）。其中，审慎监管强调对有可能危害金融系统安全或稳定的金融机构及其行为进行监管和处罚，关注金融机构的安全和健康发展；行为监管注重保护金融消费者，通过监督金融机构对待消费者的行为，保持市场的公正和透明，维持市场信心。在监管实践中，商业银行的监管主要偏向审慎监管，证券业监管则偏向于行为监管。进而，廖岷（2012）认为，由于影子银行体系涉及商业银行、证券、保险、期货等领域，直接增加了对整个影子银行体系的监管措施复杂性。[②]

金融消费者和学术界目前有重新认识和加强"行为监管"的意见。监管资源是有限，监管是有成本的，市场经济的一个重要特点就是少用慎用以公权力为保障的监管措施，监管是一把双

[①] 保罗·克鲁格曼：《萧条经济学的回归和2008年经济危机》，刘波译，中信出版社2009年版。

[②] 廖岷：《对危机后银行业"行为监管"的再认识》，载《金融监管研究》2012年第1期。

刃剑并且有成本，应当少用慎用。目前，美国、英国、欧盟、日本等国家和地区虽然都出台了诸多的监管新蓝图或者措施，但在具体细则上则慎之又慎，这其中当然有由于实务界的反对推行压力的原因，也可能是监管层本身对监管措施的实施效果有顾虑。宗良（2011）指出，即使就审慎监管本身而言，也存在宏观审慎监管与微观审慎监管之别，宏观审慎监管与微观审慎监管在中间目标、最终目标、政策工具、协调机制等方面都有区别。[①] 中间目标方面，宏观审慎监管关注防范金融体系的整体失败，而微观审慎监管则重在防止单个金融机构的破产。在最终目标层面，宏观审慎监管意在避免或降低因金融不稳定而引致的宏观经济成本，而微观审慎监管则旨在保护存款者的利益。

　　刘明康针对影子银行日趋活跃的问题指出，首先应坚持直接监管为主、间接监管为辅，从机制和源头上打消影子银行业务监管套利动机，防范风险传递。坚决清理规范银信合作业务，对于商业银行承担风险的，必须及时将银信合作业务表外资产转入表内，并计提相应拨备和资本；信托公司承担风险的，信托公司也必须比照同商业银行相同的要求计提风险资本。坚持对资产证券化、回购以及其他表外业务加强审慎管理。北京师范大学金融研究中心主任钟伟（2011）认为，必须强化对影子银行的预防性监管，并将其纳入存款保险制度的范畴。影子银行不受资本充足率的限制和存款准备金制度的约束，有必要加强对影子银行的预防性监管，主要包括建立严格的注册登记制度、设立逆周期的资本充足条件、促进资产与负债结构的期限匹配、限制业务活动和贷款集中程度等。[②] 为了应对挤兑风险，还应建立与传统商业银行类似的存款保险制度，积极引导经审查登记的影子银行办理商

---

① 宗良：《美国金融监管体制：特征与改革趋势》，载《银行家》2011 年第 7 期。

② 钟伟、谢婷：《影子银行系统的风险及监管改革》，载《中国金融》2011 年第 12 期。

业保险，对影子银行的部分业务提供必要保障，使其在非常时期能够获得保险机构的保险金支持和流动性援助。

从目前各国或地区对影子银行的监管情况来看，虽然存在诸多争议，主张对其进行有效甚至充分监管的声音占据主流，这也是《多德—弗兰克华尔街改革与消费者保护法案》顺利出台的社会基础。从 1933 年的《格拉斯—斯蒂格尔法》，到 1999 年 11 月 4 日的《金融服务现代化法》，再到 2010 年的《多德—弗兰克华尔街改革与消费者保护法案》，每一个关键性法案的出台都与其所处的社会背景紧密相关。其中，《格拉斯—斯蒂格尔法》的大背景是 1929～1933 年大萧条；《金融服务现代化法》大背景是经济金融化与金融全球化；《多德—弗兰克华尔街改革与消费者保护法案》大背景是金融脱媒与次贷危机。理解法案产生的背景，理解法案出台的目的，理解法案意图解决的问题，观察法案的实际运行状态，观察法案造成的实际影响，这都是不断改善政府的危机判断能力、危机处理能力和监管能力的前提。监管机制越符合社会实情，越符合社会发展的现实需要，就越能得到充分有效的执行或遵守。必须注意监管职责是一项市场经济条件下的崭新的政府职责，它不同于计划经济条件下政府的国民经济管理职责或改革开放初期政府的企业管理职责。

综上所述，从监管方案的设计与执行情况来看，虽然学术界、实务界以及金融消费者各方对于金融监管需要进行重大改革这一点已经达成共识，但在具体的改革方向和具体改革措施上各方存在诸多争议：一方面，监管目标是否能够实现？金融创新增加了资本市场的活性，提供了更多的工作机会，促进了经济繁荣，而监管一方面对既定活动形成约束，但另一方面会激发更多的创新。监管的有效性是否真的能够实现？应该怎样实现？实现的成本有多高？这些都是各方主体关注但又得不出一致意见的。因为监管措施不仅是约束现在，也是面向未来，而未来的不确定性也就决定了监管效果的非稳定性。遵循此逻辑将产生出对监管效果的质疑。另一方面，"宏观审慎监管"与"微观审慎监管"

如何平衡？因为"那些聪明的研究者没有把风险作为一个整体理解"，防范系统性风险是金融监管的共识。但在综合运用"审慎监管"与"行为监管"措施上存在争议，监管层会倾向于采用宏观审慎监管和微观审慎监管相结合的方式。2011年5月，中国银监会也在对外发布的《中国银行业实施新监管标准指导意见》中提出，将宏观审慎监管与微观审慎监管相结合的监管改革思路。2011年6月1日，周小川在中国金融学科发展论坛上发言称，从中国情况来看，有必要也有条件采纳和应用宏观审慎政策框架。在银监会2011年工作会议上，中国银监会主席刘明康在部署2011年重点工作时，明确指出，对银信合作等"影子银行"业务，要果断予以规范。要加强"防火墙"建设和并表管理，确保成本对称，坚决禁止监管套利。规范开展信贷资产转让，严格遵守真实性、整体性和洁净转让原则，防范"不当销售"，确保信贷资产转让真正服务于银行信贷风险管理的真实需要。由于影子银行体系涉及商业银行、证券、保险、期货等领域，直接增加了对整个影子银行体系的监管措施复杂性。并且每个领域在过去的经营管理和监管实践中，已经摸索出一套相对成熟的自我约束和市场协调机制，因此，为提高监管实效，要对中国影子银行体系进行类型化梳理，建构高效的影子银行体系监管模式。

三、研究目的

影子银行体系的迅速膨胀以及金融监管缺位作为2008年全球金融危机爆发的重要原因之一，已经得到大多数学者的认可。在后危机时代，深度认识和识别影子银行，准确把握和引导影子银行监管路径，将是推进金融监管改革的重要环节。中国作为新兴经济体，随着金融实践的发展，影子银行体系已初见端倪。中国商业银行自2004年开始发行银行理财产品。2005年启动资产证券化试点，央行和银监会联合发布《信贷资产证券化试点管理办法》，随后建设银行和国家开发银行获准进行信贷资产证券化首批试点。在央行和银监会主导下，基本确立了以信贷资产为融资基础、由信托公司组建信托型 SPV、在银行间债券市场发行资产支持证券并进行流通的证券化框架。然后，2007 年 1 月，银监会发布了《信托公司集合资金信托计划管理办法》，将银行合作理财引向单一资金信托计划模式，此后银信合作理财模式发展迅猛。2008 年 5, 月小额贷款公司首次得到官方认可，中国人民银行和银监会联合发布了《关于小额贷款公司试点的指导意见》，小贷公司规模开始日益壮大。① 与此同时，担保公司、融资租赁公司、信托公司、典当行等影子银行机构也迅速发展起来。然而，较之经济发达国家而言，中国的金融监管理论和针对影子银行体系的监管实践仍处于初步发展阶段。金融创新实践与金融监管理论之间产生鸿沟，影子银行机构和产品已迅速扩张而影子银行体系内涵与外延尚未厘清，影子银行混业经营与金融机构分业监管之间存在冲突，凸显出加强中国影子银行体系监管理论研究的必要性。

本研究目的有如下几点：第一，厘清影子银行体系内涵的构成要件，准确界定影子银行体系，通过比较研究区分中外影子银行体系的特点，通过考察影子银行体系的演进，对影子银行进行现实性分析。第二，由于影子银行体系具有复杂性、创新性，为了进一步对影子银行体系充分监管，防止遗漏影子银行机构或产品，要从监管制度建构视角下，对影子银行体系进行分类，并归纳出各类影子银行子体系的突出风险特征。第三，探究美欧国家和国际金融组织对影子银行体系的监管制度改革，通过比较发达经济体对影子银行体系监管规则的差异，并结合中国影子银行体系的发展阶段、运营模式、风险特征，提炼出发达国家和国际组织监管变革对中国的启示。第四，重点以构建中国影子银行体系监管机制。影子银行体系监管机制不仅包括政府监管，而且还包

---

① 王浩云：《对我国影子银行的产生、现状与法律监管的思考》，载《福建农林大学学报》2012 年第 15 期。

括嵌入式自我监管和市场约束。政府机关是监管影子银行体系的主要力量，探讨影子银行体系监管问题的目的是更合理的选择监管改革路径。而嵌入式自我监管和市场约束是政府监管的重要辅助工具，由于政府监管受到效率低下、专业化赤字、管制俘获、规则导向监管模式滞后、公共执法资源稀缺等方面的限制，为了提高政府监管的效率，将有必要引入自我监管和市场约束这两种监管手段。

第二节　研究方法和结构

一、研究方法

研究目的达成必须有科学的研究方法，本研究主要采用以下研究方法。

（一）类型化研究方法

对复杂的事物进行分门别类，并在此基础上设计制度，可以说是一般规则设计中不可回避的思考过程。由于影子银行体系纷繁庞杂且不断创新，导致其外延的边界模糊。本书从监控风险的角度，对影子银行体系的分类标准进行厘定，实现类型化研究，以提高监管实效。

（二）法经济学研究方法

本书采用成本—收益分析法这种法经济学的重要研究方法，对制度变革方案进行权衡取舍。这种分析包括三个方面：（1）某制度设立与该制度缺位在成本—收益方面的比较；（2）对同一制度安排和制度结构的运行收益与运行成本加以比较，一项新制度的初始必要条件是贴现的预期收益超过预期成本；（3）对可供选择的多种制度的成本—收益进行比较，选择净收益最大的一项制度。

（三）比较分析法

比较分析法是重要的法学研究方法，影子银行体系伴随金融全球化而产生发展，具有高度国际化的概念。虽然由于政治经济体制和传统历史文化等方面的差异，各国影子银行体系存在形态、运营模式、金融风险等不尽相同，但是各个存在影子银行体系的经济体均不可避免的面临影子银行体系监管问题。在金融全球化趋势下，中国作为新兴市场国家，可以通过比较国外和国内的影子银行体系运行的市场环境、政策环境、社会环境等因素，抽象出影子银行体系监管模式在不同约束条件下的不同作用，以便于为国内建构影子银行体系监管措施实行借鉴。

二、论证结构

本书关注的是中国金融行业中新兴的领域——影子银行体系，研究重点落在影子银行体系监管的路径选择和制度构建。本书由导论、正文组成，正文共分六章。以类型化为进路展开分析，首先，将影子银行体系的概念定义为：在传统商业银行体系之外，具有期限匹配、流动性服务、信用转换、杠杆功能，实体或准实体属性的信用中介体系。其次，将影子银行的主体作为分类标准，将其分为三类，即影子银行体系中交叉性金融机构和业务、非银行金融机构和业务、准金融机构。由于三类影子银行子体系的特征、风险点和监管程度都各有不同，因此类型化的进路有利于使监管当局对其进行分类监管和重点监管。例如，交叉性金融机构和业务易发监管套利、非银行金融机构和业务的日益复杂化造成监管困境、准金融机构的监管框架尚未形成，我们可以根据各类影子银行子体系的特征规划不同的监管路径，制定相应的监管策略。

在构建影子银行体系监管框架方面，本书以政府监管为主，辅之于嵌入式自我监管和市场约束。由于政府监管存在固有的不足，如监管效率不高、执法资源稀缺、专业化赤字、对市场失灵不能及时矫正等，因此引入辅助监管机制是有必要的。就中国金融业目前的政府监管模式而言，进行监管制度改进具有三条路径：一是激进式改革，功能监管取代分业监管。将监管机构进行重组，由先前的按金融业务部门进行监管，转变为按照业务性质来确定监管边界；二是渐进式改革，设立"金融协调委员会"。该委员会成员可由"一行三会"以及相关监管机构共同委派专家组成，按照功能监管模式设计机构部门，专司风险监控、信用评估、业务审核、监管统计和监管套利惩处等职能；三是保守式变革，现有的监管模式保持不变，各监管机构进行协调规制影子银行体系。根据监管机构主要职责划分，在现有的监管机构中，明确一个协调主管机构，负责牵头影子银行监管事宜，其他监管部门为协助机构。那么，上述三种监管模式的改革路径哪个更适合现阶段中国的选择呢？这是一个值得探讨的问题。

本书接下来详尽论证如何在影子银行体系中引入嵌入式自我监管。嵌入式自我监管属于一种新治理范式，其不同于自上而下的权力科层制监管模式，而体现为一种协商，合作范式。所谓嵌入式强调此种自我监管是嵌入一个更广阔的政府监管中。嵌入式自我监管的目的是防范系统性风险，努力实现影子银行金融实践行为与监管当局目标的激励兼容。嵌入式自我监管重新划定私人自由与社会责任之间的边界，使私人行为者的责任制度化，使金融实践行为嵌入更广泛的社会价值和监管原则中。实现嵌入式自我监管的关键是如何对影子银行实体进行激励。首先，要有政府监管的威慑；其次，要防止公共安全网产生的道德风险；最后，引入自我监管类工具，如"自我承诺"，"强制性共同保险"等。具体而言，自我承诺：若监管目标是防止监管套利，则要求金融交叉领域易出现套利行为的机构承诺，在开展的新业务中实施适当的风险管理，不单纯为追求套利而设计新产品。同时，监管机构通过指标跟踪和测算，在承诺期结束后对于金融机构的承诺履行情况进行评估。评估结果能够给监管者提供有效的分类监管信息，使监管重点和监管效率得以提高。对于完成承诺的金融机构给予激励，而对于未完成承诺的机构采取严厉的监管和矫正措施。这种"自我承诺"类监管工具，不但能够对影子银行的监管套利行为形成威慑，又能激励金融机构进行自我约束，降低监管机构的执法成本。

然后，论述市场约束运作机制在影子银行体系监管中的有效运用。市场约束主要是"依靠利益相关者的利益驱动，包括存款人、债权人、金融机构股东等在内的金融机构利益相关者出于对自身利益的关注，会在不同程度上关注其利益所在金融机构的经营情况，并根据自身掌握的信息和对于这些信息的判断，在必要的时候采取一定的措施"。在公共执法资源紧缺的约束条件下，如何提高政府监管实效？将是破解规制影子银行行为的关键。那么，"市场约束"作为提高政府监管效率的重要制度进入我们的视线。在金融市场中，有效的市场约束机制发挥效用需要有严格的社会条件。概言之：一是信息要件。影子银行产品或业务的收益和风险的信息，必须能够及时进入金融投资者的信息结构，能够成为投资选择的公共信息；二是权利要件。这里的权利是指金融投资者逆转博弈对手行为的能力，如果众多金融投资者获知购买影子银行产品的实际风险，就能够以自己的投资选择使得金融机构减轻产品风险、改善经营环境；三是时间要件。金融机构和投资者之间进行长期博弈，影子银行机构经营不利的行为可以借助双方再次相遇而得到惩罚。后两个要件基本上具有实现的基础，问题较多的是信息要件，本书将重点从实现信息对称方面进行制度建构。

第二章 影子银行体系监管的基本理论分析

第一节 影子银行体系的概念厘定

影子银行体系（Shadow Banking system）的概念，由太平洋投资管理公司董事保罗·麦考利（Paul McCulley）在 2007 年美联储年会上提出。[①] 而后，纽约大学经济学教授鲁比尼进一步指出，影子银行体系包括证券经纪自营商、对冲基金、私人股本集体、结构投资工具和渠道、货币市场基金及非银行抵押贷款机构。[②] 2008 年，纽约联邦储备银行行长盖特纳（Geithner）提出"平行银行系统"（Parallel Banking System）概念。[③] 同年 10 月，国际货币基金组织（IMF）在全球金融稳定报告中，首次提出"准银行"（Near-Bank）的概念，这与影子银行体系、平行银行系统是类似的概念。[④] 伴随着金融危机的影响在全球不断发酵，"影子银行体系"经常作为诱发金融风险的罪魁祸首被人们提及，这一新兴的金融概念被众多金融实务界和理论界人士越发关注。然而，就影子银行体系内涵和外延的准确界定学者们都莫衷

[①] McCulley. Paul: Teton Reflections, PIMCO Global Central Bank Focus, Sept. 2007. http://www.pimco.com/EN/Insights/Pages/GCBF% 20August – % 20September% 202007. aspx.

[②] ［美］鲁比尼：《影子银行体系正逐步瓦解》，载《英国金融时报（中文版）》2008 年第 9 版。

[③] Geithner. Reducing Systemic Risk in a Dynamic Financial System, Federal Reserve Bank of New York. 2008.

[④] 李波、伍戈：《影子银行的信用创造功能及其对货币政策的挑战》，载《金融研究》2011 年第 12 期。

一是，因此，对于影子银行影子概念的准确厘定仍然是研究此金融范畴的题中应有之义。

一、现有理论对影子银行内涵的表述

(一) 影子银行内涵的国外界定

影子银行是新近产生的一个范畴，从可以发现的文献来看，保罗·麦考利（Pa 在 2007 年提出"影子银行体系"概念，意指游离于金融监管体系之外，从事类似于传统银行业务的非银行机构。[①] 2008 年 3 月，在东南亚中央银行组织（SouthEastAsiancentralbanks，SEACEN）第 43 届会议上，时任巴塞尔委员会副总经理的赫维·汉努恩（HervéHannoun）径直将正在蔓延的全球金融危机归因于影子银行体系的过度发展。[②] 随着美国的次贷危机逐步蔓延为全球金融危机，影子银行对金融体系造成的巨大冲击越来越受到关注，相关文献也骤然增加。但此时，人们对于"影子银行体系"的表述尚未统一。

最初的概念表述差异逐渐缩小，趋于统一。从 2010 年起，"影子银行体系"的表述开始成为各国监管当局和国际金融组织文件中的正式用语，并对其给出初步的界定。2010 年 5 月，美国"金融危机调查委员会"（FCIC）在一份报告中将"影子银行体系"定义为：传统商业银行体系之外的"类银行"（banklike）的金融活动，即从储蓄人或投资者手中获取资金并最终向借款方融资；其中大多数金融活动不受监管或仅受轻度监管。[③] 2010 年 9 月 2 日，美联储主席伯南克在国会作证时将影子银行

---

① McCulley. Paul：Teton Reflections, PIMCO Global Central Bank Focus, Sept. 2007. http：//www. pimco. com/EN/Insights/Pages/GCBF% 20August － % 20September% 202007. aspx.

② 李扬：《中国影子银行体系发展与金融创新》，载《中国金融》2011 年第 12 期。

③ FCIC. Shadow Banking and the Financial Crisis ［R］. Preliminary Staff Report, May 4，2010.

定义为："除接受监管的存款机构以外，充当储蓄转投资中介的金融机构。"[①] 以上这些对于影子银行的界定，大部分以描述性分析代替准确定义。

美国纽约联邦储备银行（FRBNY）和金融稳定委员会（FSB）对于"影子银行体系"均作出相对全面的界定。其中，美国纽约联邦储备银行于 2010 年 7 月发布的名为《影子银行》的报告，将"影子银行"（Shadow Banks）界定为：从事期限、信用和流动性转换，但不能获得中央银行提供的流动性担保或是公共部门提供信贷担保的金融中介。[②] 2011 年 4 月，金融稳定委员会综合考量各方面因素后，FSB 发表了名为《影子银行》的报告。该报告对于"影子银行体系"的定义做出了较为规范的概述，其包含广义和狭义两个定义。在广义上，将影子银行界定为"非正式银行系统实体和活动的信贷中介"。为便于实际操作，FSB 在此基础上又提出一个狭义的概念，即"银行监管体系之外可能引发（i）系统性风险（具体是指期限错配、流动性风险、不适当的信用风险转移和高杠杆）或（ii）监管套利等问题，从而破坏金融监管效果的信用中介体系。"[③] 详细情况见表 2 - 1 ［资料来源：McCulley. Paul（2007）[④]；FCIC（2010）[⑤]；Zoltan Pozsar、Tobias Adrian、Adam Ashcraft、Hayley Boesky：

---

① 杨西水、赵相华：《打造金融体系玻璃体构建无影灯式监管体系》，载《财政监督》2012 年第 4 期。

② Zoltan Pozsar、Tobias Adrian、Adam Ashcraft、Hayley Boesky：Shadow Banking. Federal Reserve Bank of New York Staff Reports. No. 458 Jul – 10 2010.

③ FSB. Shadow Banking：Scoping the Issues. Background Note of the Financial Stability Board. 2011.

④ McCulley. Paul：Teton Reflections, PIMCO Global Central Bank Focus, Sept. 2007. http：//www. pimco. com/EN/Insights/Pages/GCBF% 20August － % 20September% 202007. aspx.

⑤ FCIC. Shadow Banking and the Financial Crisis ［R］. Preliminary Staff Report, May 4, 2010.

Shadow Banking（2010）[①]；FSB（2011）[②] 等。]

表 2 – 1　国外影子银行体系的主要定义

时间	来源	定义
2007	太平洋投资管理公司董事保罗·麦考利（Paul McCulley）	在 2007 年美联储年会上提出，意指游离于金融监管体系之外，从事类似于传统银行业务的非银行机构。
2008	巴塞尔委员会副总经理的赫维·汉努恩（Hervé Hannoun）	2008 年 3 月，"在东南亚中央银行组织（SouthEastAsiancentralbanks，SEACEN）第 43 届会议上，赫维·汉努恩（HervéHannoun）径直将正在蔓延的全球金融危机归因于影子银行体系的过度发展。"
2008	纽约联邦储备银行行长盖特纳（Geithner）	提出"平行银行系统"（Parallel Banking System），该系统中的非银行机构利用短期融资资金购买大量高风险，低流动性的长期资产。
2008	国际货币基金组织（IMF）	2008 年 10 月，国际货币基金组织（IMF）在全球金融稳定报告中，首次提出"准银行"（Near-Bank）的概念，此类机构职能与银行类似，但不受中央银行的监管，不在国家金融安全网的保护范围之内。

---

① Zoltan Pozsar、Tobias Adrian、Adam Ashcraft、Hayley Boesky：Shadow Banking. Federal Reserve Bank of New York Staff Reports. No. 458 Jul – 10 2010.

② FSB. Shadow Banking：Scoping the Issues. Background Note of the Financial Stability Board. 2011.

时间	来源	定义
2010	金融稳定委员会（FSB）	2011 年 4 月，发表名为《影子银行》的报告对于"影子银行体系"的定义做出了较为规范的概述，其包含广义和狭义两个定义。在广义上，将影子银行界定为"非正式银行系统实体和活动的信贷中介"。为便于实际操作，FSB 在此基础上又提出一个狭义的概念，即"银行监管体系之外可能引发（ i ）系统性风险（具体是指期限错配、流动性风险、不适当的信用风险转移和高杠杆）／（ ii ）监管套利等问题，从而破坏金融监管效果的信用中介体系。"
2010	美国"金融危机调查委员会"（FCIC）	2010 年 5 月，在一份报告中将"影子银行体系"定义为：传统商业银行体系之外的"类银行"（bank-like）的金融活动，即从储蓄人或投资者手中获取资金并最终向借款方融资；其中大多数金融活动不受监管或仅受轻度监管。
2010	美国纽约联邦储备银行	2010 年 7 月发布的名为《影子银行》的报告，将"影子银行"（Shadow Banks）界定为：从事期限、信用和流动性转换，但不能获得中央银行提供的流动性担保或是公共部门提供信贷担保的金融中介。
2010	美联储主席伯南克	2010 年 9 月 2 日，美联储主席伯南克在国会作证时将影子银行定义为："除接受监管的存款机构以外，充当储蓄转投资中介的金融机构。"

时间	来源	定义
2012	美联储主席伯南克	又将影子银行定义为能够共同执行商业银行职能但在传统的存款保险体系之外,影子银行体系的主要组成部分包括:证券化工具、ABCP 管道、货币市场基金、回购协议、投资银行和住房递延贷款机构。

(二) 影子银行内涵的国内界定

随着我国非银行金融机构及业务的不断拓展和风险的积聚,"影子银行体系"这个词汇在国内媒体和学术研讨会中频繁出现,但实务界和学术界对于"影子银行体系"内涵的界定依然莫衷一是,各方界定都从不同角度入手,在选取"影子银行体系"概念的构成要件时都有所侧重。一种定义方式是从功能角度入手,提出影子银行体系具有类似于商业银行的信用中介功能。袁增霆认为,国内影子银行体系可以通过对传统商业银行业务的替代性、依附性及其货币银行信用创造的特点进行确认,其中最有代表性的是金融业中的理财业务相关部门。[①] 周莉萍认为,"影子银行体系是一组复制商业银行核心业务、发挥着商业银行核心功能(期限匹配、流动性服务、信用转换、杠杆)的非银行信用中介"。[②] 还有学者指出,"可综合形成影子银行体系的定义,即不受传统货币调控和金融监管的信用中介组织、业务或产品,具有期限/流动性转换、杠杆化经营等传统银行的基本功能,其信用风险转移机制往往存在一定缺陷,没有中央银行流

---

① 袁增霆:《中外影子银行体系的本质与监管》,载《中国金融》2011 年第 1 期。

② 周莉萍:《论美国影子银行体系国际监管的进展、不足、出路》,载《国际金融研究》2012 年第 1 期。

动性支持的制度性安排，其溢出效应和传染性容易诱发系统性风险"。①

除了从功能入手界定影子银行体系内涵以外，还有学者认为其内涵的界定构成要件也包括监管程度。刘扬认为，"影子银行一般指行使商业银行功能却不受类似商业银行那样严格监管的非银行金融机构"。② 也有实务界人士将影子银行界定的更为宽泛，认为"影子银行是行使商业银行功能但却受很少监管的非银行金融机构或正规银行体系内外部的融资业务和工具，在我国主要表现为理财产品、委托贷款、表外业务及私募股权投资等民间金融活动"。③ 另外，还有少部分文献仅将监管程度作为影子银行体系含义的构成要件，对其简单描述。李波、伍戈认为影子银行是指"履行银行职能、逃避银行监管的类似银行的实体"。④ 乔辛利在其专著《影子银行》中这样描述影子银行，"即影子银行又称影子银行体系，指那些行使着银行功能却不受监管或少受监管的非银行金融机构，包括其工具和产品"。⑤

此外，还有学者给影子银行体系下定义时，侧重于影子银行的法律属性。周莉萍将相关实体和工具或产品都囊括进影子银行体系内，认为影子银行是指"游离于传统银行体系之外，从事类似于传统银行业务的市场型非银行机构，这些机构和相关产品形成的市场统称为影子银行体系"。⑥ 袁达松认为，影子银行体

① 雷曜、祝红梅、王亮亮：《客观看待影子银行体系的风险》，载《中国金融》2013 年第 4 期。

② 刘扬：《宏观审慎监管框架下中国金融监管的政策选择：基于巴塞尔协议Ⅲ的视角》，载《金融监管》2011 年第 7 期。

③ 中国人民银行杭州中心支行办公室课题组：《影子银行问题研究——以浙江为例》，载《宏观经济研究》2012 年第 4 期。

④ 杜亚斌、顾海宁：《影子银行体系与金融危机》，载《审计与经济研究》2010 年第 1 期。

⑤ 辛乔利：《影子银行》，中国经济出版社 2010 年版，第 6 页。

⑥ 周莉萍：《影子银行体系的机制及其脆弱性》，载《金融市场》2010 年第 10 期。

系涵盖传统银行之外的影子银行机构、应用影子银行方法的传统银行机构以及影子银行工具或产品，将影子银行界定为"涉及传统银行体系之外的实体及业务的信用中介体系"。① 卢川指出，"影子银行概念的本质内涵不单指具备独立法人资格的金融机构，还涵盖了各种类似或替代传统银行业务的业务部门和金融工具"。②

二、影子银行体系内涵的构成要件厘定

通过文献梳理，我们可以发现理论界和实务界对于影子银行体系内涵的确定，主要从"信用中介""监管程度""法律属性""四项功能"等构成要件方面进行界定。那么，论证以上几方面是否都属于影子银行体系内涵的构成要件，对于准确厘定其内涵至关重要。

（一）"信用中介"要件

信用中介是金融系统的一个基本属性，其通过信用创造调配金融资源，通过协调资金供需双方的不同金融需求和产生各种信用工具，从而实现资金在时间和空间方面的转换，并且进一步降低金融交易成本。③ 信用中介是一个广义的概念，能够履行或者部分履行信用融通、转化功能，具有居间联系信用双方功能的实体均可纳入信用中介的范围。金融系统中存在多条信用中介链，不同的信用中介链具有各自的融资方式，并涉及不同的金融实体和金融活动。

以商业银行为信用中介的融资链较为简单，在资金供给一方

---

① 袁达松：《对影子银行加强监管的国际金融法制改革》，载《法学研究》2012 年第 2 期。

② 卢川：《中国影子银行运行模式研究——基于银信合作视角》，载《金融发展评论》2012 年第 1 期。

③ 赵华：《我国商业银行信用中介功能缺失与中小企业融资难》，载《财政研究》2012 年第 5 期。

是银行存款人或债务证券投资人，在资金需求一方则是贷款机构的借贷人或债务证券发行人。资金的供需双方不存在直接的债权债务关系，需要通过银行这个媒介才能沟通起来。即在传统的间接融资渠道中，资金供需双方不依赖于资本市场或货币市场，仅通过存贷款或债券投资业务就能进行融资活动。除了传统的信用中介，如商业银行、储蓄所、信用社等储蓄类以外，还存在非银行类信用中介。那么，想要确定"信用中介"是否属于影子银行体系内涵的构成要件，我们就要考察影子银行体系与非银行类信用中介的关系。本书将选用资产证券化和银信合作理财这两种在美欧和中国最典型的影子银行产品进行具体考证。

1. 资产证券化

根据投资百科（Investopedia）的定义，证券化指将能够产生现金流的资产转化为可交易债券的过程。资产证券化的发起人将未来可以产生流动性的资产汇集重组成资产池，通过特殊目的载体（Special Purpose Vehicle，SPV）对资产进行分类打包、资产重组、风险分层、信用增级、切割包装等工作，将其转换为有固定收益的证券在二级市场交易，以达到融通资金、分散风险等目的。[①] 例如，甲先生想买车，经过银行审核同意提供贷款，甲先生的贷款记录在银行资产负债表上，由于此笔贷款存在信用风险，因此在计算银行的风险资本时，银行资本流动性变差。银行为了保持报表的流动性，减少资本金占有，欲卖掉此项贷款。于是，银行创立特殊目的载体，将甲先生和类似的成百上千笔贷款混合，并卖给 SPV。SPV 购买贷款的资金不是其自有资金，而是来自其发行的债券。SPV 是证券化过程中的最重要工具，因为它将流动性差贷款转化为能够在市场上交易的债券，完成了信用融通、转化功能。此外，在这个过程中，评级公司也非常重要，债券投资者依靠评级公司的评级了解甲先生贷款的质量，具有增信

[①] 何小锋等：《资产证券化：中国的模式》，北京大学出版社 2002 年版，第 11 页。

功能。可见，SPV、评级公司作为影子银行体系中重要的工具和机构，充分发挥了信用中介功能。

2. 银信合作理财产品

银信合作通常由银行发起，通过销售理财产品集合资金后，有银行作为单一委托人统一将资金委托信托公司管理，信托公司向借款人发放贷款。银信合作是银行通过信托理财产品的方式曲线为企业提供贷款。较之传统商业银行的信用中介链，银信合作理财业务的信用中介链中加入了信托公司，但其为资金供需双方提供信用融通的功能未变。例如，某企业如果需要贷款，可以将相关需要贷款的项目由信托公司"打包"处理成理财产品，然后经由银行出售给投资者。在这一融资过程中，银信合作理财充当了企业和投资人之间的信用中介。

综上所述，前述影子银行机构和业务、产品在金融市场上都发挥着与商业银行同样的信用创造作用，具有信用中介功能。虽然我们只是选取了两个影子银行体系中典型的产品进行考察，但是这两种产品具有代表性。资产证券化被美欧影子银行广为采用，银信合作理财产品在目前中国影子银行市场具有庞大的占有率。在此之外的金融市场中，影子银行机构或工具也大体是围绕"融资"和"信用创造"功能不断衍生和创新。

（二）"监管程度"要件

梳理已统计的国内外文献可以发现，超过半数的文献将"监管程度"作为影子银行体系概念的构成要件。这部分文献对影子银行体系概念的界定一般表述为："游离于金融监管体系之外""大多数金融活动不受监管或仅受轻度监管""银行监管体系之外""不受类似商业银行那样严格监管""不受监管或少受监管"等。

但是，笔者认为，影子银行内涵的构成要件包括"监管程度"值得商榷。原因有二：就法律角度而言，若将是否受到监管或者受到监管的严厉程度作为判断是否属于影子银行体系的标准，那么以前一些未受到监管或少监管的金融机构属于影子银行，而现在其受到法律监管后，就不属于影子银行了吗？例如，在 2009 年银监会发布《进一步规范银信合作有关事项的通知》之前，银信合作理财产品很少受到监管，但随着金融风险的累积，银监会在 2009 年、2010 年、2011 年连续 3 年对于银信合作业务颁布专门的监管通知，将其纳入法律规制体系，银信合作理财产品成为受到监管的金融产品。但是，银信合作理财并不能因为其纳入监管而退出影子银行体系。因此，"监管程度"作为衡量影子银行的标准，在法律角度上而言并不严密；就逻辑上而言，以"监管程度"作为衡量金融机构或金融活动是否属于影子银行体系的要件，存在因果颠倒的逻辑错误。对一个事物给出法律定义，其目的是确定法律适用。例如，根据定义判断某金融活动确属影子银行体系，对此金融活动适用规范影子银行的相关法律和监管工具。简言之，"判断是否符合影子银行内涵"是原因，"是否受到监管"是结果。若将"不受监管或少受监管"作为影子银行内涵的构成要件，那么影子银行体系中的机构和活动自然将不受监管或少受监管。可见，"监管程度"不能作为确定影子银行体系内涵的构成要件，否则将产生因果颠倒的逻辑错误。

（三）"法律属性"要件

现有文献对影子银行体系属性的界定各不相同，例如，分别将影子银行体系界定为"机构""产品""工具""市场"等。考察这些文献对影子银行体系内涵的界定，不难发现：对于影子银行体系"属性"的确立有逐渐扩宽的趋势。麦考利在 2007 年最早给出影子银行体系概念时，将其属性界定为"非银行机构"，到 2010 年，美国纽约联邦储备银行和金融稳定委员会在正式报告中，将影子银行体系的法律属性分别界定为"金融中介"和"信用中介"。可见，影子银行体系的法律属性从仅包括金融实体（机构）扩大到不但包括实体还囊括产品、工具和业务，这种属性界定的扩大与实践情况是相符的。

在法律监管框架下界定影子银行体系，就要明确其具有法律意义的属性。中国人民银行调查统计司将影子银行体系的法律属性界定为"实体或准实体",① 笔者认同这种表述,用"实体和准实体"来界定影子银行体系的法律属性更为准确。"实体"涵盖了影子银行体系中的各类金融机构,如信托公司、小额贷款公司、担保公司、投资银行等。"准实体"是指实体的内部部门、开展的业务以及研发的产品或工具,虽然其没有独立的法人机构,但是通过业务运作也产生资金融通和信用创造,并承担风险,如银行理财、信托产品、资产证券化等。影子银行体系是由多个金融子市场组成,在这个体系中充斥着大量的金融实体和内部准实体,他们通过各自的资产负债行为相互联系,形成了一个完整的信用中介链,甚至商业银行的某个业务或产品(如银行理财、银信合作等)也成为该链条中的一环。

(四)"四项功能"要件

影子银行具有期限匹配、流动性服务、信用转换、杠杆功能。② 具体而言,影子银行具有帮助企业实现期限匹配的功能,"期限匹配理论也称为免疫假设(immunization hypothesis),它是指将企业债务的期限与企业资产的期限对应起来"。③ 从克服投资不足的角度出发,资产和债务期限匹配可以避免财务的期限贴水,④ 影子银行具有促进企业资产和债务合理配置的功能。流动性的基本定义为:"将一种金融工具转化为现金这种交易媒介而不受损失的能力,金融工具的流动性一般与期限成反向关系,即

---

① 中国人民银行调查统计司与成都分行调查统计处联合课题组:《影子银行体系的内涵及外延》,载《金融发展评论》2012 年第 8 期。

② 周莉萍:《论美国影子银行体系国际监管的进展、不足、出路》,载《国际金融研究》2012 年第 1 期。

③ 袁卫秋:《债务期限结构理论综述》,载《会计研究》2004 年第 10 期。

④ Emery G W. 2001. Cyclical Demand and the Choice of Debt Maturity. Journal of Business, 74, 557～590.

剩余期限越长,流动性越低;反之,剩余期限越短,流动性越高。"[1] 巴塞尔委员会从银行的角度对流动性下了如下定义:"在可容忍损失范围内,银行为资产增长融资及偿付到期债务的能力。"[2] 影子银行也复制了银行此项功能,即当到期债务出现流动性短缺时,影子银行可以提供流动性服务。金融体系的信用转换功能可视为"金融体系将动员起来的社会闲散资金,以向经济单位发放贷款或购买各种直接证券的形式转换为投资"。[3] 金融中的杠杆化是指能够扩大受益或损失的技术。金融杠杆可以放大投资的结果,无论最终的结果是收益还是损失,都会以一个固定的比例增加。影子银行具有杠杆功能,即可以用少量的钱去做大量金钱能够做的各类交易。

(五) 影子银行体系内涵的界定

准确界定影子银行体系的概念内涵,对于厘定其外延具有主要的指导意义。介于影子银行体系中的金融业务、产品和工具不断衍生,则其内涵的界定既需要具有开放性,满足其创新性,又要具有准确性,防止其外延无限扩大。因此,在确定影子银行体系的内涵时,既要准确把握影子银行概念的构成要件,又要为不断衍生的外延留足空间。这一概念界定标准也正与 FSB 研究报告《影子银行的要素分析》("Shadow Banking: Scoping the Issues")中的建议不谋而合,即该报告指出:各国金融监管机构在界定影子银行体系的内涵与外延时,要注意尽可能大的扩展体系外延的同时,集中关注那些提供会带来重大风险的期限错配(maturity / liquidity trans formation)、不良信用风险转化(flawed credit risk transfer)和杠杆率等业务的非银行金融中介。

---

① 彭兴韵:《流动性、流动性过剩与货币政策》,载《经济研究》2007 年第 11 期。

② 陈道富:《提高我国银行流动性风险监管》,载《浙江金融》2011 年第 8 期。

③ 卢聪:《简析亚洲发展中国家的信贷配置》,载《亚太经济》1987 年第 4 期。

前文对影子银行体系内涵可能涉及的构成要件进行了详尽的梳理，从以上分析可以看出，"信用中介""法律属性""四项功能"可以作为影子银行体系内涵的构成要件，"监管程度"被排除构成要件之列。综上所述，影子银行体系的内涵应定义为：在传统商业银行体系之外，具有期限匹配、流动性服务、信用转换、杠杆功能，实体或准实体属性的信用中介体系。

三、影子银行体系的外延

（一）对于国外影子银行体系外延的界定

影子银行体系本身就是一个开放性的系统，对于影子银行外延的列举则不能穷尽。美国纽约联邦储备银行于 2010 年 7 月发布的报告《影子银行》指出：影子银行体系包括财务公司、结构化投资工具（SIVs）、资产支持商业票据通道、有限目的财务公司、信贷对冲基金、货币市场共同基金、融券机构以及政府支持企业等。[①] 美国"金融危机调查委员会"（FCIC）也在 2011 年的《初级行政报告：影子银行体系和金融危机》中对影子银行主体做出尝试性的列举，包括：货币市场基金公司、金融公司、对冲基金公司、结构性投资实体（SIVs）、投资银行、政府支持机构、资产支持商业票据管道、其他金融担保公司等。[②] 从以上两份官方文件对于影子银行体系外延的列举来看，其所涵盖的主要信用中介主体大体如此，但依然有许多金融实体和准实体未囊括其中，如私募股权基金、担保债务凭证（CDO）、信用违约互换（CDS）、再回购协议（REPO）等。

（二）对于国内影子银行体系外延的界定

我国部分实务界和学术界人士根据 FSB（2011）报告精神，

---

① Zoltan Pozsar、Tobias Adrian、Adam Ashcraft、Hayley Boesky：Shadow Banking. Federal Reserve Bank of New York Staff Reports. no. 458 Jul – 10 2010.

② FCIC：Preliminary Staff Report ：Shadow Banking and Financial Crisis, May 4 2011, p. 7.

参照 FSB 的定义，赋予中国影子银行宽泛的外延。[①] 也有实务界人士赋予中国影子银行体系相对狭义的外延，认为包括：私募基金、融资类准金融机构、开展银信理财合作的投资公司、信用评级公司，而民间借贷、地下钱庄被排除在影子银行体系之外。就连中国监管当局对于影子银行体系外延的界定存在较大分歧，"央行报告从社会融资总量的角度，认为中国影子银行体系包括商业银行表外理财、证券公司集合理财、基金公司专户理财、证券投资基金、投连险中的投资账户、产业投资基金、创业投资基金、私募股权基金、企业年金、住房公积金、小额贷款公司、融资租赁公司、专业保理公司、金融控股公司、典当行、担保公司、票据公司、具有储值和预付机制的第三方支付公司、有组织的民间借贷等融资性机构"，而"银监会则出于监管的角度，认为银监会所监管的六类非银行金融机构及其业务（信托公司、企业集团财务公司、金融租赁公司、货币经纪公司、汽车金融公司、消费金融公司）和商业银行理财等表外业务不属于影子银行"。[②]

在界定影子银行体系内涵时，笔者秉承了概念的准确性与开放性相结合，遵循 FSB 研究报告《影子银行的要素分析》的指导，采取了较为宽泛的界定原则。但是，将民间金融排除在影子银行体系之外。民间金融，即非正规金融（Informal Finance），世界银行将其界定为没有被中央银行或监管当局所控制的金融活动。[③] 在国内一般指"在政府批准并进行监管的金融活动（正规金融）之外存在的游离于现行制度法规边缘的金融行为"。[④] 主

---

① 中国人民银行调查统计司与成都分行调查统计处联合课题组：《影子银行体系的内涵及外延》，载《金融发展评论》2012 年第 8 期。陈南辉：《影子银行监管的国际经验及对我国的启示》，载《武汉理工大学学报（社会科学版）》2012 年第 12 期。

② 尹振涛：《影子银行监管更需要顶层设计》，载《中国金融》2013 年第 17 期。

③ 胡启志、高晋康等：《新视域金融领域法律规制》，法律出版社 2008 年版，第 1 页。

④ 黎友焕：《加强监控民间金融发展状况》，载《中国金融》2012 年第 3 期。

要包括：农村资金互助组织、民间借贷、"地下钱庄"、网络融资等。本文未将其划入影子银行体系理由有三：其一，影子银行的具有信用中介的属性，那些居间联系信用双方的实体均可纳入信用中介的范围，而民间借贷一般均是借方和贷方之间进行资金融通，不需要信用中介；其二，影子银行具有杠杆功能，而农村资金互助组织、民间借贷、"地下钱庄"、网络融资等并不具有此项功能；其三，民间金融活动偶发性强，广泛存在于社会生活中，不具有组织性，属于民事主体意思自治的市场行为，应受到民法的调整，不宜列入影子银行体系的金融监管范围。

根据以上范围厘定，中国影子银行体系大体包括：商业银行表外理财、基金公司专户理财、证券公司集合理财、私募基金、小额贷款公司、典当行、贷款公司、融资担保公司、开展银信理财合作的投资公司、信用评级公司、财务公司、汽车金融公司、信托公司、担保公司、货币市场基金以及各种金融机构理财等表外业务等。但是，由于金融创新层出不穷，笔者认为，应当尽量按照以上内涵的构成要件识别影子银行主体，而不是将影子银行限定在现有的金融实体和准实体中。

四、中外影子银行体系比较

（一）生成原因

美欧国家影子银行体系出现的一个重要原因是金融监管当局盲目乐观。在金融危机爆发之前，影子银行体系已经在金融系统中迅速蔓延，美国影子银行体系的资产规模已超过传统银行体系。[1] 金融业人士对于影子银行的迅速扩张一直抱以乐观的态度，甚至在危机爆发前夕，政策制定者、中央银行职员、市场参与者和学者都认为货币市场基金（MMF）对金融稳定具有显著

---

[1] Bengtsson E. Shadow Banking and Financial Stability：European Money Market Funds in the Global Financial Crisis ［EB/OL］. http：//ssrn. corn/abstract = 1772746，2011—02—28.

的积极作用。[①] 一方面是美国金融业对影子银行宽松、乐观的市场环境，另一方面是《巴塞尔协议》对商业银行8%资本充足率的要求，商业银行为了绕过最低监管资本要求的限制，降低经营成本，在金融领域研发了一系列金融创新产品，促使商业银行跻身于影子银行，加快了影子银行体系的发展。[②] 促成影子银行体系迅速扩张的另一重要原因是监管缺位。金融危机前，监管当局对于影子银行的监管过于宽松，如影子银行的证券化不但未受到资本准备金的要求，而且通过打包的资产其信用评级比政府债券的信用评级还高，证券化产品打包出售后还可以转移信用风险。在多重原因的诱使下，美欧国家的影子银行体系迅速扩张。

与危机前美欧国家的金融宽松政策相异，中国的影子银行体系的出现是宏观金融政策紧缩的结果。中国的影子银行体系是由于金融市场的发展水平落后以及制度障碍，金融生态环境的不完善，而"倒逼出来"的，影子银行体系解决的主要是传统的信贷问题。美国的影子银行体系则是金融创新发展的产物，虽然也有进行监管套利的动机，但不是主要因素。例如，金融衍生品的形成主要起因是分散风险，既在时间跨度上分散风险[③]，也在产品结构上分散风险[④]，还在参与主体之间分散风险[⑤]。而中国则不然，商业银行依然具有垄断地位或至少是主导地位，信贷渠道有限，政府干预存在，"正常的资本需求（符合市场正常发展）可能需要非正常的方式才能够得到满足，而非正常的资金需求（政府主导的信贷，可能并不符合市场发展）却可能通过正常的融资渠道得到满足"。资金供需矛盾催生了各类借道理财和所谓

---

① Kohn D. Money Markets and Financial Stability ［EB/OL］. hRp://www. federalreserve. gov/newsevents/speech/kohn2008—0529a. hun. 2008—05—29.

② 辛乔利：《影子银行》，中国经济出版社2010年版，第67~68页。

③ 如掉期、期权交易、对冲等手段。

④ 金融衍生品包含的不再是单笔贷款，而应是一些系列的贷款组合与"切块"。

⑤ 单一风险因为参与方的增加，承担风险的主体增加，当然这一过程可能增加整个系统的风险，事实似乎也是如此。

"创新"的"影子银行"活动，以及种种监管套利的行为。① 这才是中国式影子银行产生的基础，与美国影子银行体系有本质的区别。

中国的"影子银行体系"虽然具有不透明性，未被监管触及，高杠杆性，表外性，信用创造或信贷膨胀效应等广义影子银行的一般特点。② 但是，中国影子银行的成因和背景有其特殊性。中国的影子银行体系形成，虽有提高资金流动性之目的，但更多可能是因为金融市场本身发展不完善，甚至是畸形发展，导致资金流动渠道僵化，市场实质存在脱节情况，资金冗余与资金需求之间受限于传统渠道，不能有效互惠。即金融市场的发展不完善、封闭不开放的特点才是中国影子银行体系形成的根本原因，而美欧的影子银行体系则更多是为了将风险细化分割，以多样化的金融产品结构满足差异化的金融服务需求。

（二）运行机制

美欧的影子银行体系以证券化为核心，整个影子银行作为一个整体而存在。影子银行体系通过证券化连接起完整的信用链条，影子银行体系可以被看作是一个"在众多专业的非银行金融机构中重新分配商业银行体系三大功能的系统"。③ 系统中的每一个影子银行部门都发挥着某一个银行中介的功能，这种由众多影子银行组成的"链式"（daisy-chain）信用中介系统的发展不仅是各类金融机构监管套利的结果，也是自 20 世纪 80 年代以来美国金融体系的演进对风险管理、规模经济，以及专业化分工的必然要求。此外，美国金融市场在全球金融市场中的特殊地位决定了其影子银行体系也是全球化的。一方面，以德国的州银行

---

① 刘明康：《银监会规范银信合作中的影子银行业务》，载《金融时报》2011年 1 月 21 日第 005 版。

② 王晓雅：《次贷危机背景下影子银行体系特性及发展研究》，载《生产力研究》2010 年第 11 期。

③ Zoltan Pozsar、Tobias Adrian、Adam Ashcraft、Hayley Boesky：Shadow Banking. Federal Reserve Bank of New York Staff Reports. No. 458 Jul – 10 2010.

（Landesbanks）为代表的许多欧洲国家的商业银行购买并持有美国 AAA 级以上的资产支持证券和有担保的债权凭证，从而成为美国影子银行体系的"存款人"之一；另一方面，一些欧洲商业银行还通过出售信用卖空期权（credit put option）合约的方式成为美国"外部"影子银行体系中的私营信用风险承载方①，从而参与美国影子银行体系的信用转换。

美国影子银行体系的信贷中介过程比传统的商业银行体系更复杂，也更趋专业化。美国影子银行体系的不同子体系以及同一子体系下的不同机构之间，信贷中介程序和复杂程度都不尽相同。② 一般来说，原生信贷资产的信用等级越低、周期越长，那么其信贷中介程序就越复杂，可以归纳为如下基本步骤：

表 2-2　美国影子银行体系中信贷资产可能经历的中介程序③

内容＼步骤	交易主体	交易目的	融资方式	交易特点
步骤 1	仓储行	批量购入信贷合约并将其重组、打包成资产池出售	发行资产支持商业票据（AB-CP)	存在期限错配；提高了信贷资产的流动性与信用等级
步骤 2	特殊目的载体（SPV）	购入并持有信贷资产池，以此为基础发行证券（一级衍生）	发行资产支持证券	期限匹配；部分交易提高了信贷资产的流动性与信用等级

---

①　标准普尔公司的一项调查显示，截至 2007 年 3 月 31 日，在全球 15 家最大的信用期权交易商中，10 家为欧洲商业银行，5 家为美国商业银行。前者出售了总计约为 4500 亿美元的信用卖空期权合约，高于后者出售的 3500 亿美元信用卖空期权合约。数据转引自 Pozsar（2011）。

②　Zoltan Pozsar、Tobias Adrian、Adam Ashcraft、Hayley Boesky: Shadow Banking. Federal Reserve Bank of New York Staff Reports. No. 458 Jul - 10 2010.

③　资料来源：根据 Pozsar 等的研究成果整理。

步骤＼内容	交易主体	交易目的	融资方式	交易特点
步骤3	结构性投资载体等机构	购入资产支持证券后重组、打包后出售	出售回购协议（repo）或发行资产支持商业票据	存在期限错配；提高了上一级资产的流动性与信用等级
步骤4	特殊目的载体等各类经纪—交易商	购入经重组后的资产支持证券，以此为基础发行证券（二级衍生）	发行有担保的债权凭证	期限匹配；未提高上一级资产的流动性与信用等级

中国金融市场发育尚不成熟，证券化发展阶段相对滞后，中国影子银行在整个金融业中更多充当补充性角色，作为融资型金融机构。并且中国影子银行未形成一个整体信用链条，各类影子银行之间具有独立性，总体上呈现一种较为松散的状态，并没有一个体系能够囊括国内现有的影子银行运行机制。[1] 其中，表外理财产品通过发行权益份额进行融资，如银信理财产品一般具有两种模式发行权益进行融资：一种是信托贷款类银信合作，即由银行与信托公司联合推出信托贷款理财项目作为权益，再通过银行渠道销售给金融投资者以完成融资；另一种是信贷资产转让类银信合作，即通过信托公司的平台，将银行未到期的信贷资产转化为理财产品作为权益，销售给金融投资者实现融资。小额贷款公司、担保公司、金融租赁公司、典当行等通过权益和负债两者渠道进行融资，这类金融实体一般具有一定的自有资金，并通过银行信贷融入部分资金，然后为资金需求方提供融资服务。可见，中国影子银行实体并不像美欧影子银行一样成链式运行，中

---

① 郭永强等：《影子银行体系的内涵及外延》，载《金融发展评论》2012年第8期。

国影子银行实体还处在独立运行阶段。

（三）融资渠道

美欧影子银行通过货币市场基金、养老金、保险公司等机构实施批发性融资，影子银行体系严重依赖非银行间批发融资市场（non-interbank wholesale funding market）。批发性融资是指金融机构通过发行货币市场工具以及中长期债务工具而进行的资金融通方式。影子银行不像传统商业银行一样向社会公众吸收存款，而是向货币市场投资者发行商业票据、ABCP 等货币市场工具、向养老金、证券公司、保险公司等中长期投资者发行票据和债券或者进行回购交易以获得融资。批发性融资的资金需求方一般为机构借款人、金融借款人和非金融借款人，他们往往有资金缺口需要资金补缺。其中，机构借款人就包括房利美、房地美等影子银行，其融资工具有贴现票据、参考票据、基准票据等；金融借款人包括经济交易商和货币中心银行等影子银行，其以商业票据发行或回购交易融资。批发性融资的资金供给方为货币市场共同资金、养老金、资产支持商业票据、固定收益共同基金、短期资金批发市场等。批发性融资的资金供给方通过购买影子银行的负债而成为影子银行的"储户"。① 可见，资金供给方是影子银行体系运行的生命线，为影子银行信用创造的每一个过程提供资金。据统计，在金融危机爆发前夕，美国资金供给方为影子银行提供资金达 7 万亿美元，资金规模已超过了同期银行存款 0.8 万亿美元。②

中国影子银行采取与商业银行类似的零售性的融资方式，主要以向企业或个人募集资金的方式融资，且部分影子银行的资金来源直接通过银行渠道。例如，委托贷款、银信合作理财、同业代付、银银资产互换等产品，其内生于银行体系，以银行为中

① 刘俊山：《美国的影子银行系统》，载《中国货币市场》2011 年第 7 期。
② Zoltan Pozsar、Tobias Adrian、Adam Ashcraft、Hayley Boesky：Shadow Banking. Federal Reserve Bank of New York Staff Reports. No. 458 Jul – 10 2010.

介，资金来源也是通过银行渠道。从 2006 年起，银行体系内非贷款融资就迅速增长，到 2010 年银行体系内新增非贷款融资规模达 3.6 万亿元，占贷款融资规模的一半。[①] 可见，中国影子银行在银行系统内得到了迅猛发展。

(四) 风险和杠杆率

影子银行的业务链比普通商业银行更为复杂，商业银行的传统信贷业务一般是在银行内部完成，而影子银行是通过多家不同类型的金融机构，采用复杂的业务流程来进行信用中介活动。Pozser, Zoltan, Tobias, Adam, Hayley[②] 对美国影子银行的业务流程进行了细致研究，发现其可以囊括七个步骤：(1) 发起贷款；(2) 贷款的仓储；(3) 发行资产支持证券 (ABS)；(4) 资产支持证券的仓储；(5) 发行 ABS 债务担保凭证 (CDO)；(6) ABS 的中介业务；(7) 批发型融资。商业银行、金融公司、房利美、房地美等政府间接担保企业、经纪交易商、经纪交易商发起的特殊目的载体 (SPV)[③]、结构性投资工具 (SIV)、证券套利管道、对冲基金、养老金及保险公司、直接投资者等不同类型的金融机构主体或非金融机构都会参与到业务流程中。建立在如上业务流程基础上的影子银行体系是一个由性质不同的各类金融机构所组成的复杂的"链式"信用中介系统。尽管这一系统能够逐层分散交易风险，但其缺陷在于一旦"链式"系统中的某一环节出现问题，则可能导致整个系统的崩溃。金融机构的个体交易风险可能诱发系统性风险[④]。单个影子银行的倒闭也会像 DD 模型 (戴蒙德—迪布维格银行挤兑模型) 描述的银行破产一样，发生多米诺骨牌效应。由于债务资金的不稳定支持引发"债务—通

---

① 蔡真：《中国影子银行：特征、模式与监管》，载《银行家》2012 年第 11 期。

② Pozsar, Zoltan, Tobias Adrian, Adam Ashcraft, and Hayley Boesky. Shadow Banking [R]. Federal Reserve Bank of New York Staff Report No. 458, July, 2010.

③ 特殊目的载体 (SPV) 一般在海外成立 (补充解释一下)。

④ 王达：《论美国影子银行体系的发展、运作、影响及监管》，载《国际金融研究》2012 年第 1 期。

缩—破产"的金融系统性风险。影子银行体系最根本的问题就在于其抗波动和抗风险的能力较弱，一旦出现大面积资金链断裂，其结果将变得更具有蔓延性和恐慌性，并很容易打击实体经济。[①] 但是也有一种声音表示影子银行体系并不必然产生系统性风险，过去30余年的运行及其给美国金融体系带来的高效率、丰厚收益说明其风险是可控的。[②] 从另一个角度来看，影子银行体系一直都是金融技术、制度创新的产物，甚至可以说，影子银行体系就是金融创新自身，[③] 而没有金融创新就没有金融发展，多层次的金融市场是提高金融效率的关键。

而"中式"影子银行目前还没有系统性风险，但中国影子银行体系风险外部性应当谨慎看待。中国目前的影子银行体系具有很强的中国特色，其是与紧缩性宏观政策调控措施相联系的，并且整体规模还比较小，资产价格的下跌可能并不会导致资产负债表的恶化和资产被迫抛售的恶性循环[④]。而且目前商业银行内部具有影子银行特质的业务，如表外经营、银信合作及其他一些金融创新业务，都是不承诺回报的，损失直接由客户承担，风险和恐慌的传递性不高，银行体系的风险并不高。出现这种情况可能与中国银行或其他金融机构的垄断地位有关。此外，中国影子银行体系是在传统金融秩序的夹缝中生长和发展的，涉及面窄，参与主体没有"美式"那么广泛，具有地域性，如小额贷款公司、担保公司、典当行等。其资金供给方和需求方往往限制在一定的范围内。还具有保守性，如银行理财产品尽管种类繁多，但

① 刘利刚：《加强监管防范影子银行风险传递》，载《金融时报》2011年10月31日第002版。

② 周莉萍：《影子银行体系的信用创造：机制、效应和应对思路》，载《金融评论》2011年第4期。

③ 李扬：《中国影子银行体系发展与金融创新》，载《中国金融》2011年第12期。

④ 参见：《中国金融40人论坛研究部：影子银行的正功能与负作用》，载ht-tp：//www.cf40.org.cn/plus/view.php? aid=4975。

真正创新的产品比较少，尤其需要注意的是，我国金融产品普遍杠杆率低或者无杠杆。这些因素导致中国影子银行体系的影响力实际不强。最主要的影响可能是干扰了传统金融秩序，干扰了部分金融机构的垄断地位，干扰了国家的货币政策。

第二节　影子银行体系的演进及其现实性分析

一、影子银行体系的演进历程

20 世纪 70 年代，随着诸多国家金融技术和网络技术的进步以及国际金融业的融合，全球金融体系发生了显著的变化，尤其是在金融业发达地区金融体系更是发生了巨大的革命。正是在此时期出现了最早的影子银行体系的雏形，可以将 20 世纪 70 年代作为影子银行体系的雏形期。1970 年之后世界经济波动对金融体系带来了巨大的冲击，特别是在布雷顿森林体系崩溃以后，较为宽松的金融监管环境为不受到或较少受到监管的金融中介（主要是影子银行的雏形）的发展创造了良好的外部环境。新兴金融产品在金融业占有份额逐步增加，如共同基金和保险基金的数量日益增加，尤其是货币市场共同基金、资产证券化产品、商业票据、欧洲债券以及垃圾债券等迅速增加。①

20 世纪八九十年代，金融业发达地区的金融市场发生了实质性变化：由传统信贷市场主导转变为资本市场主导，这一阶段的证券化热潮推动影子银行体系进入发展期。在传统的银行信贷市场主导下，商业银行主要运用存款获得资金并发放贷款获得利差，其最为关心的是信贷市场信用风险管理以及异质性资产转化为同质性债务的途径，而资本市场主导的主要模式是利用证券化

---

① 何德旭、郑联盛：《影子银行体系与金融体系稳定性》，载《经济管理》2009 年第 11 期。

融资。① 此次发达金融市场的变革，使传统的以"零售并持有"为主的银行金融模式转变为以"批发并创造"为主的新型证券信贷模式，这种证券信贷的模式就是将传统银行借短贷长的经营模式结合证券化方式运用到资本市场，这种隐藏在证券信贷背后的金融制度创新就是"影子银行体系"。② Lall 等人对此次金融变革进行了深入的学术研究，并将传统银行信贷和新型证券化融资分别定义为高度关系型的金融交易和非关系型金融交易。③ 本次金融变革最大的特征就是证券化，从非市场化的信贷转化为市场化证券的过程。例如，房屋贷款、汽车贷款、自助贷款以及信用卡应收账款等可以被证券化并到证券二级市场进行交易融资。这种证券融资体系不同于传统银行的组织结构，但却具有传统银行的信贷功能，传统银行所具有的发行、持有、贷款分配等服务功能被新型金融机构所分享，在这一传统银行功能分化的过程中，货币市场基金、投资银行等影子银行体系迅速发展壮大。④

21 世纪以来，经济全球化和信息技术化推动了全球金融体系的高速发展，影子银行体系也日益壮大且重要性与日俱增，金融业发达区域进入了影子银行体系的扩张期。以美国为例，截至 2007 年年底，传统金融产品总值约为 70 万亿美元，而金融衍生品总值约为 165 万亿美元，1999 年至 2007 年，传统金融业年均增长率为 5.9%，而衍生品市场年均增长率高于传统金融业 15.2%，其为 21.1%，结构性产品的年均增长率更高，约为 74%。⑤ 立足于激烈的全球金融竞争和逃避金融监管，影子金融

---

① 易宪容：《"影子银行体系"信贷危机的金融分析》，载《江海学刊》2009 年第 3 期。

② 比尔·格罗斯：《支持核心资产价格》，载《证券周刊》2009 年第 4 期。

③ Lall 等：《金融体系如何影响经济周期》，载《世界经济展望》，中国金融出版社 2006 年版，第 91～96 页。

④ 恩格尔曼：《剑桥美国经济史（第三卷）》，中国人民大学出版社 2008 年版，第 36～51 页。

⑤ Bank for International Settlements, Credit Risk Transfer: Development from 2005 to 2007, April 2008.

机构创造出了许多新型金融衍生工具和金融子市场，这种影子银行机构在实施监管套利活动的同时，也提高了金融交易效率、降低金融交易成本，促进了全球金融市场一体化其聚集了系统性金融风险。影子银行体系凭借其低成本、高效率的优势迅速扩张，其规模最大区域要数美国金融市场，即影子银行的金融交易规模、资金占比，以及系统重要性等方面紧逼传统银行体系。例如，1997 年摩根大通首度发行转移信贷违约风险的金融工具 CDS，仅 10 年的时间 CDS 的全球市值就扩张到 45 万亿～62 万亿美元，2007 年 CDS 已成为交易最为广泛的信贷衍生品之一，[①] CDS 的系统重要性也是可见一斑，其拖垮美国国际集团这一全球最大保险公司就是最好的例证。正如美国财长盖特纳时任纽约联储主席所言，影子银行系统的规模和影响力巨大，其已成为与传统银行体系平行的金融体系。

　　中国影子银行体系起步较晚，目前规模尚小，但发展速度很快。中国影子银行体系的构成与发达市场国家存在较大区别，对冲基金和特殊目的实体公司 SPV 尚未发展，主要是近几年发展起来的私募股权基金、私募投资基金，以及发展银信理财合作的投资公司、民间借贷机构等。[②] 袁增霆认为，国内影子银行体系可提供对传统商业银行业务的替代性、依附性及货币银行信用创造的特点进行确认，其中最有代表性的是金融业中的理财业务相关部门。[③] 中国商业银行自从 2004 年开始发行银行理财产品，该理财产品具备影子银行一些典型特征。2005 年才启动资产证券化试点，央行和银监会联合发布《信贷资产证券化试点管理办法》，随后建设银行和国家开发银行获准进行信贷资产证券化首批试点。在央行和银监会主导下，基本确立了以信贷资产为融

---

　　① BIS. Annually Report 2008〔R〕. 2009.

　　② 周小川：《健全宏观审慎政策框架，提供货币政策有效性》，载央行网站，2011 年 1 月 4 日。

　　③ 袁增霆：《影子银行体系发展与金融创新》，载《中国金融》2011 年第 12 期。

资基础、由信托公司组建信托型 SPV、在银行间债券市场发行资产支持证券并进行流通的证券化框架。此时，中国影子银行体系才刚刚起步，初现雏形。2007 年 1 月，银监会发布了《信托公司集合资金信托计划管理办法》，将银行合作理财引向单一资金信托计划模式，此后银信合作理财模式发展迅猛。2008 年 5 月小额贷款公司首次得到官方认可，中国人民银行和银监会联合发布了《关于小额贷款公司试点的指导意见》，小贷公司规模开始日益壮大。[①] 与此同时，担保公司、融资租赁公司、信托公司、典当行等影子银行机构也迅速发展起来，至今中国影子银行已经进入了快速增长期。

二、影子银行体系的形成条件

在放松金融管制和金融自由化的背景下，影子银行体系萌芽并快速发展壮大。20 世纪 70 年代布雷顿森林体系的崩溃为金融业的创新营造了较为宽松的外部环境。美国在 70 年代末实施宽松的财政政策和紧缩的货币政策，在客观上降低了传统银行业的盈利能力，在来自各种非银行业的激励竞争下，传统银行业为了提高盈利能力并规避监管开始在资产负债表外寻求资金来源。银行通过对各类贷款和其他非市场化资产进行证券化加工，将相关资产和风险成功转移到了投资者的资产负债表中，[②] 进而早期的影子银行雏形产生。但是，《格拉斯—斯蒂格尔法》规定美国金融业实施分业经营，限制商业银行涉足高利润的投资银行和资产管理领域，因此影子银行发展较为平缓。直到 1999 年《金融服务现代法》和 2000 年《大宗商品期货现代化法》的颁布为其快速扩张扫清障碍，加之，2000 年纳斯达克股票泡沫破灭及 "9·

---

① 王浩云：《对我国影子银行的产生、现状与法律监管的思考》，载《福建农林大学学报》2012 年第 15 期。

② 张田：《影子银行体系的脆弱性、监管改革及对我国的启示》，载《南方金融》2012 年第 1 期。

11"事件,美联储为防止美国经济衰退而采取了完全宽松的货币政策,无疑为影子银行的快速扩张注入了一针强心剂。《金融服务现代化法》结束了自《格拉斯—斯蒂格尔法》实施历时长达66年的银行、证券、保险分业经营的格局,其立法原则强调效率和竞争,开启了金融业混业经营的新格局,自此商业银行开始介入投行和资产管理业务,扩大了资产证券化和信用衍生品业务;大型保险公司也开始开展投行业务,美国国际集团和联合保险公司大举参与信用衍生品交易。①

影子银行体系萌芽和发展的内部原因要归结为金融创新的推动力。影子银行体系的出现本身就是传统金融行业创新的结果,传统银行业通过证券化的方式对各类贷款和其他非市场化资产进行加工和打包,资产证券化产品在二级市场交易成为一种创新的融资手段。传统银行的这个金融创新过程即影子银行体系产生和逐渐壮大的过程。根据"机会成本"原理,当市场利率不断攀升而银行存款利率受到上限制约时,市场利率就是银行存款人的机会成本,即会导致市场利率越高,银行存款人将资金转移到非银行机构的动机就越强。20世纪60年代中期以后,美国面临日益攀升的通货膨胀,美联储为应对通胀压力而收紧银根导致了市场利率大幅上涨,但是《格拉斯—斯蒂格尔法案》中的Q条款对于商业银行定期存款规定了最高利率上限(禁止支付竞争性利率)。当市场利率超过银行利率上限时,部分存款人势必会将资金从商业银行转移出来,因此造成银行大规模资金流失,即所谓的"脱媒"(disintermediation)。② 商业银行为留住资金积极转变经营模式,进行金融创新,开发出资产证券化、银行理财产品等一系列影子银行产品,换言之,以信贷资产证券化、银行理财

---

① 周卫江:《影子银行的发展及其监管》,载《财经理论与实践》2012年第5期。

② 王达:《论美国影子银行体系的发展、运作、影响及监管》,载《国际金融研究》2012年第1期。

产品为主的金融创新是导致影子银行体系迅速发展的主观要素和
先决条件。

　　影子银行体系发展和扩张的客观原因是经济全球化带来的跨
境资本流动竞争和机构投资者的增加。随着全球化和金融业的全
面发展，那些原本属于地方性的金融机构开始参与国际竞争，开
展国际化业务。为了在激烈的国际竞争中利于不败之地，金融机
构努力提高自身盈利能力，逃避金融监管，开发低成本、高效率
的影子银行业务，进而传统银行业务在金融体系中所占份额逐步
减小，而影子银行类业务占金融业务资产份额逐渐提升，影子银
行体系的迅速扩张与全球化竞争是分不开的。此外，影子银行体
系迅速发展的另一重要客观因素是机构投资者的数量和资产规模
的不断扩充。影子银行的机构投资者包括货币市场共同基金、个
人养老保险金、保险公司等非银行金融机构，也包括通用、微软
等大型跨国集团。这些机构投资者拥有大量的现金，对于将现金
投入流动性好、期限短且安全性相对高的金融机构具有强烈偏
好。符合以上要求的投资工具主要包括活期存款、短期国债等短
期政府担保投资途径，但是这些投资工具总量不能满足机构投资
者的需求。[①] 据 Pozser 保守估计，在 2003～2008 年的 5 年间，美
国机构投资者对短期政府担保投资工具的总量缺口就高达 1.5 万
亿美元。[②] 进而，机构投资者将资金投向影子银行体系中流动性
强且信用等级高的金融产品，这些机构投资者成为高评价证券化
产品的购买者，为回购等批发融资市场提供资金，为影子银行体
系注入了大量的资金。

　　中国影子银行体系的萌芽和发展具有影子银行的一般性和特
殊性，主观上其产生也是金融创新的结果，商业银行进行金融创

　　[①] 王达：《论美国影子银行体系的发展、运作、影响及监管》，载《国际金融
研究》2012 年第 1 期。

　　[②] Pozsar, Zoltan. Institutional Cash Pools and the Triffin Dilemma of the U. S. Bank-
ing System [R] . IMF Working Paper, No. WP/11/190, August, 2011.

新的动力同样来源于防止存款人资金的流失；客观上，中国影子银行体系的出现并非投资者资金供给过剩，而是融资者资金需求旺盛，融资缺口不断扩大所致。从主观上来看，近年来，中国的高通胀率导致了银行存款负利率，加之，商业银行存款利率采取规定上限的浮动利率，银行存款利率不断突破上限而市场利率不断攀升，进而造成存款人"机会成本"不断增加，银行存款外流现象严重，商业银行为了吸收源源不断的资金，大量增发高于同期银行存款利率的理财产品。这种商业银行理财、银信理财、银证理财、银保理财等影子银行产品就是商业银行或商业银行与非银行金融机构合作创新的结果。从客观上来看，近年企业投融资缺口日益增大，由于货币市场传统银行受到资本充足率和存贷比的限制，资本市场通过股票和债券等标准化工具融资分流的增量有限，造成资金供应紧张。2009～2012年，年均社会融资总量在12万亿元至16万亿元，但是货币市场银行信贷年均供应量约为9万亿元，资本市场的标准化产品年均提供融资量不到1.9万亿元，其间存在的融资缺口为1.1万亿元至5.1万亿元，此缺口仅包括央行统计，若加上民间借贷市场则社会融资缺口将更加巨大。[①] 面对如此巨大的投融资缺口，传统货币市场和资本市场的信贷、股票、债券难以满足社会对资金的需求，影子银行体系顺其自然地成为社会融资渠道。

三、影子银行体系对国家货币政策的影响

（一）影子银行造成的金融不稳定因素影响货币政策

金融体系的稳定直接影响着货币政策的实施效果，货币政策一般要通过金融体系传递到经济领域，但是由于影子银行可能带来金融体系的不稳定因素，进而影响到货币政策的执行。[②] 影子

---

① 屈庆：《揭秘中国影子银行》，载《证券导刊》2013年第3期。
② 李波、伍戈：《影子银行的信用创造功能及其对货币政策的挑战》，载《金融研究》2011年第12期。

银行往往采取借短贷长的运营模式，从货币市场或者资本市场上获取短期借款，投资于流动性低、风险性高的长期贷款，这种模式可能产生流动性风险、市场风险和信用风险。加之，影子银行体系大多未在金融监管体系内，未受到金融安全网的保护，其面对抵押品价格下降和流动性紧张时，易产生挤兑。而影子银行多实行高杠杆操作，在经济繁荣期高杠杆率能给影子银行带来高收益，而在经济萧条期影子银行的损失也将成倍增加。影子银行体系与传统银行体系之间存在千丝万缕的联系，如银信合作、银保合作、银证合作理财等影子银行产品的风险直接传递到银行业、信托业、保险业和证券业中，造成了金融体系的不稳定，有可能进一步诱发系统性风险，甚至金融危机。面对金融危机，央行往往是最后贷款人，央行维护金融稳定的实现需要同时维护传统商业银行与影子银行体系的稳定，央行对于金融系统的救助，无法绕过对于影子银行的救助，其救助措施以及数量宽松政策很可能产生中长期通货膨胀，致使货币政策受到影响。

（二）影子银行给货币政策的目标实现带来挑战

影子银行的出现给信贷目标实现、流动性控制和利率调节等货币政策若干目标的实现产生威胁。首先，部分影子银行产品突破存贷比例，破坏信贷监管目标。例如，银信合作理财产品正可谓是银行利用信托业较宽松的监管规则进行变相实现信贷、规避管制的典型。借助信托的投资方式灵活、监管成本低廉的特性，银行与信托合作发行银信理财产品，以腾挪信贷额度和变相放贷，银信合作方式已成为实现信贷出表的重要工具。即使在监管当局收紧银信合作时期，银行依然通过金融创新转化产品结构，将贷款转化为投资等方式争取信贷额度。

其次，传统货币供应量恐怕难以完全涵盖货币流动性的真实水平，影子银行的流动性创造功能也不容小觑，运用传统的方法控制货币流动性，已不能真正对货币的流动性实现完全掌控，需要将影子银行创造的流动性纳入广义流动性的范畴，否则流动性控制将难以实现。例如，传统的流动性控制往往通过上调准备金或加息等方式实施，但是紧缩政策对流动性的控制仅体现在银行体系内部的人民币贷款上，而未考虑到影子银行的信贷活动，小额贷款公司、担保公司、信托公司等影子银行主体实施大量的信贷活动，据中国人民银行数据显示，2011 年第一季度新增人民币贷款以外融资已达 1.95 万亿元，占融资总量 4.19 万亿元的 46.5%。① 这表明，早在 2011 年这些影子银行的非银行金融机构的贷款规模已接近银行信贷规模。

最后，影子银行体系影响了在"利率"这种价格型货币政策工具的传导。我国目前实行存款利率规定上限基准利率规制，但是大部分影子银行产品未受到基准利率的管制，突破了基准利率的限制。例如，理财产品通常为存款人提供了高于存款基准利率的收益率；委托贷款允许企业在存贷款利率之间协商确定贷款利率；银行承兑汇票可以低于市场基准利率进行贴现。② 以上政策看似拓宽了企业融资的渠道，并通过影子银行帮助中小企业融资解决融资难问题，但是从另一角度观察，影子银行推高了资金利率水平，增加了中小企业资金获取成本。银行贷款利率往往低于影子银行放贷利率，银行有限的资金主要流向大型企业，而中小企业一般很少或不能从融资成本低的银行渠道获取资金，为了维持经营，中小企业不得不从融资成本高的小额贷款公司、担保公司、信托公司借贷。而面对巨大的利差，银行贷款又会通过种种套利渠道流向影子银行，以赚取高额利差。

（三）影子银行削弱了货币政策效果

影子银行具有银行信贷的替代功能，当银行信贷收紧时，信托信贷、小额信贷、担保贷款等影子银行形式将增加规模，以补充由银行信贷紧缩而产生的资金需求缺口。例如，2012 年银行信

---

① 姚军、葛新峰：《我国影子银行的发展现状及其对信贷调控政策的影响》，载《金融纵横》2011 年第 10 期。

② 张全兴等：《影子银行问题研究——以浙江为例》，载《宏观经济研究》2012 年第 4 期。

贷发放量紧缩，而影子银行反向扩张为企业的重要融资补充，信托等影子银行增长与货币量增速成反向相关[1]就是证明。可见，影子银行信贷规模与银行信贷规模负相关，使影子银行对冲了货币政策利用信贷调控经济的效果，其使中央货币政策调控部分失灵。

四、影子银行体系对金融危机的影响

影子银行体系成为诱发金融危机的因素之一，首先，影子银行发放大量的贷款，扮演着商业银行的角色，但是影子银行体系并未像商业银行一样受到严格的监管，由于没有像银行那样资本充足率和存款准备金的限制，因此其也不能享受公共安全网的保护。一般影子银行的自由资金不大，但是由于信用扩张可达几十倍，故影子银行的业务规模却相当大。当金融市场发生流动性紧缺时，传统商业银行可以得到存款保险制度的保护，但影子银行却没有存款保险制度保障，其往往会促发挤兑；其次，影子银行将贷款证券化的过程就是将风险外部化的过程。在资产证券化中，影子银行不需要将贷款持有到期，而可以将所持债权转移出去，同时转移的还有信用风险和利率风险。这种运作模式致使影子银行忽视贷款项目的风险监控，可能激励影子银行盲目放贷和借款人信贷扩张的动机，致使信贷风险的累积；最后，影子银行产品结构设计复杂，交易中信息披露不充分。在资产证券化的过程中，每一个交易环节都可能出现虚假包装，贷款银行如此，投资银行亦如此。[2] 面对复杂结构的产品风险最为精明的专业投资者都难以识别，更何况是普通的金融消费者。那些设计复杂的金融衍生品一般在柜台中交易，由于信息披露不充分，致使包括对手风险在内的风险信息不易被监管机构和金融投资者识别和预防。

金融危机会对影子银行体系产生冲击。本次金融危机的雏形

---

[1] 屈庆：《解密中国影子银行》，载《证券导刊》2013 年第 3 期。
[2] 易宪容：《"影子银行体系"信贷危机的金融分析》，载《江海学刊》2009 年第 3 期。

是美国次贷危机，次贷危机导致商业票据市场收缩，而商业票据市场是美国影子银行融资的重要渠道，一旦商业票据市场低迷，融资渠道受阻，反映到影子银行体系中便是流动性下降。[①] 2007年的次贷危机导致商业票据的价格急剧下跌，收益率大幅提升，致使商业票据发行困难，影子银行融资渠道收窄，流动性出现问题。次贷危机的出现使多数影子银行出现流动性困难，影子银行机构为提高流动性纷纷抛售抵押物，其资产方的证券价值大幅缩水，负债迅速增加。次贷危机给影子银行体系带来的巨大的冲击，加之，影子银行自身的脆弱性又加剧了危机的恶化。

当然，我们也要客观的认识到，影子银行体系的风险仅是金融危机系统性风险的一部分，而不能将 2008 年金融危机的爆发全部归责于影子银行的发展。金融体系存在内生的不稳定因素，金融危机的爆发也具有周期性，在影子银行出现以前就已爆发过若干次金融危机。因此，我们并不能将影子银行体系的发展看作金融危机的罪魁祸首，反而应该认识到影子银行存在的合理性，对于影子银行体系不能实施"一刀切"的扼杀，而应该对影子银行体系进行合理疏导、有效监管，规制其风险。

第三节　影子银行体系监管必要性的理论阐释

金融监管理论源自于经济干预理论，影子银行体系监管金融监管发展基于金融脆弱性理论，影子银行体系作为现代金融系统的重要组成部分，同样具有金融不稳定性、信息不对称性，以及挤提的风险，金融脆弱性理论也适用于影子银行体系。同时，影子银行具有传统金融行业的普通特征，甚至其信息不对称、不完全竞争、外部性、不确定性等市场失灵和金融脆弱性特征更为突出，况且影子银行体系较之于传统金融行业更具专业性和复杂

[①] 杜亚斌、顾海宁：《影子银行体系与金融危机》，载《审计与经济研究》2010 年第 1 期。

性，从公共利益与公共强制理论角度出发分析，金融监管对于影子银行体系的规范是必不可少的。此外，影子银行体系也需要金融监管进行金融约束，并弥补法律不完备的缺陷。

一、金融脆弱性理论

金融脆弱性（Financial Fragility）是指由于金融业高负债经营致使金融业更易失败的本性，金融脆弱是一种趋于高风险的金融状态，即包括信贷融资和金融市场融资在内的一切融资领域中的风险聚集。正因为金融业存在内在的脆弱性，进而促使学者们开始关注金融监管的研究，形成了金融监管必要性的理论基础。随着影子银行体系在金融领域的日益壮大，影子银行体系表现出来的金融不稳定、信息不对称和挤提风险，更充分的证实了金融监管的必要性。

（一）金融不稳定假说

海曼·P. 明斯基（Hyman P. Minsky）[1] 用经济周期与微观经济主体财务杠杆的联动变化说明了金融脆弱性，提出了金融不稳定假说（Financial Instability Hypothesis）。"金融不稳定假说"形成于1963年明斯基时任布朗大学经济学教授时发表的论文《"它"会再次发生吗?》（"它"指金融危机），其将金融危机很大程度上归于经济周期性波动，认为金融的内在不稳定性是金融危机产生的一个重要因素，不稳定性是现代金融制度的基本特征。金融沟通着"现在的货币"（Present Money）与"未来的货币"（Furure Money）之间的联系，现在的货币用来投资、生产产品，未来的货币就是预期收入。按照债务—收入的关系，明斯

---

[1]　明斯基是后凯恩斯主义的经济学家，或者更明确地说是后凯恩斯货币学派的经济学家，明斯基是凯恩斯传的作者，深受凯恩斯思想的影响。明斯基把金融不稳定假说看作"对凯恩斯'通论'宗旨的一个解释"。

基将经济主体分为三种类型：抵补型、投机型和庞氏型。① 在抵补型经济主体的融资结构中，股权融资比重较高，经济主体总是能够以收入抵还债务，这是最为稳健、安全的融资模式，面对瞬息万变的流动性紧缺，抵补型经济主体具有很强的抗冲击能力。而投机型和庞氏型经济主体则没有抵补型经济主体一般谨慎，投机型经济主体顾名思义是这类经济主体在某种程度上进行投机行为，其主要依靠债务滚动来偿还债务，其在短期内无法以现金收入偿还债务。投机型经济主体抗冲击能力较弱，较之投机型融资，更有甚者是庞氏型融资模式，此种经济主体不能依靠经营所得收入来偿还债务本金和利息，而是依赖于变卖资产或不断增加新债来偿还到期旧债来维持运营，其根本不具有抗冲击能力。

倘若抵补型经济主体占主导地位，总体经济形势趋于均衡，而投机型或庞氏型经济主体占主导地位，则经济趋势将背离均衡状态。与传统银行体系相比，影子银行体系具有特殊性的资产负债结构，借短贷长的期限错配现象更为严重，投机型和庞氏型金融主体日益增多，投资银行、对冲基金以及结构化金融工具等非银行金融机构发展起来，这些非银行金融机构或单独或通过资产证券化与商业银行组成信用中介发放贷款，通过杠杆操作持有或交易大量证券、债券和复杂金融工具吸收资金，利用资金融通的过程投机获利。同时，在影子银行体系中出现了通过借新债还旧债的银行理财资产池，借新还旧资产池的过度膨胀加剧了金融机构资产负债表的波动。加之，贷款资产证券化后，金融机构持有流动性更强的证券资产，同未证券化的长期贷款资产相比，尤其在实物资产市场价值计价的情况下，金融机构的资产负债表更容易受到金融市场波动的影响，金融市场不仅可能加剧金融机构资产负债表的不平衡，而且也难以维护金融机构资产负债表资产方

---

① 王东风：《国外金融脆弱性理论研究综述》，载《国外社会科学》2007 年第5 期。

的安全与稳定。① 在金融体系中，投机型和庞氏型融资模式比例的上升，加剧了金融不稳定性的凸显。

（二）信息不对称理论

信息不对称（asymmetric information）指交易中的各人拥有的信息不同，在社会政治、经济等活动中，一些成员拥有其他成员无法拥有的信息，由此造成信息的不对称。在金融领域，信息不对称问题可以作为影响金融系统功能发挥的主要障碍。② 米什金（Mishkin）认为，因为信息不对称可能造成事前的逆向选择和事后的道德风险，并且由于金融部门资产负债的恶化、不确定因素的增加、利率的提高或资产价格变化造成的非金融部门资产负债的恶化等将增加信息不对称问题的严重程度。除了造成逆向选择和道德风险的后果以外，信息不对称还可能造成理性效仿、搭便车和传染等问题。③ 巴里（Barry）、蔡（Chai）和舒马赫（Schumacher）认为，当金融系统面临冲击时，由于信息不对称所引起的问题会严重，加大识别有效信息的难度，因而在某些情况下，较小的冲击就可能导致金融危机。④ 基于信息不对称问题，建立了信息不对称监管理论。施蒂格勒（Stigler）从信息分配角度揭示了市场失灵，指出在信息不对称的环境下，金融投资者处于信息劣势，而金融机构占据信息优势，金融机构可能利用信息优势地位隐瞒金融产品风险，致使金融投资者面临金融效率低下和金融风险并存的局面。⑤ 在这种情况下，政府的外部监管

---

① 唐红娟：《影子银行体系：功能、脆弱性与监管改革》，知识产权出版社2012年版，第76页。

② Mishkin, F. S. , 1998, International capital movements, financial Volatility and financial instability , NBER Working Paper , No. 6390.

③ Barry, R. , Chai, J. & Schumacher , L. , 2000, Assessing financial system vulnerabilities, IMF Working Paper , WP/00/76.

④ 王东风：《国外金融脆弱性理论研究综述》，载《国外社会科学》2007年第5期。

⑤ 李成：《金融监管理论的发展演进及其展望》，载《西安交通大学学报》2008年第4期。

的作用则能凸显出来，金融监管能够督促金融机构在一定程度上实施信息披露、完善信息，降低金融风险、提高金融效率。

影子银行体系具有隐蔽性、不透明、复杂性的特征，其造成的信息不对称问题更为明显，为了应对其所促发的高风险更需要金融监管的矫正。根据影子的形成原理，直线传播的光被遮光物体遮挡，进而在物体背后形成影子，可见透明的物体不会形成影子。同影子的形成原理相同，影子银行的出现同样是由于不透明、不对称的信息所导致。首先，由于影子银行产品结构设计非常复杂，且信息披露不充分，致使金融市场的参与者难以识别包括产品风险、对手风险等在内的一系列风险。其次，由于影子银行没有资本充足率指标的硬性约束，虽然其自有资金很少，但业务规模却很大，潜在的信用扩张倍数可能达到几十倍甚至上百倍。[①] 最后，影子银行体系自身存在风险管理盲点，在准信贷模式（金融机构作为中介运用间接融资思路运营直接融资业务）中表现的尤为突出，以银信理财产品为例，在银信理财产品说明中一般仅简单的对产品风险进行级别评估，而投资者难以深入了解产品投资的具体项目，这些项目内生的风险是否与其风险承载能力相匹配。金融投资者面对设计复杂、不断创新且信息披露不到位的影子银行体系，较之传统银行系统，其信息不对称问题更为突出，实施金融监管矫正信息不透明的必要性尤为凸显。

（三）挤提理论

戴蒙德和迪布维格（Diamond 和 Dybvig）首先提出了银行挤提理论（D—D 模型）。[②] 挤提是存款人集中大量提取存款的行为，是一种集中性、突发性、灾难性的危机，由于挤提可能造成

① 李扬：《宏观审慎监管框架下中国金融监管的政策选择：基于巴塞尔协议Ⅲ的视角》，载《当代经济管理》2011 年第 6 期。

② Diamond Douglas W, Dybvig PhilipH. Bank Runs, Deposit Insurance, and Liquidity［J］. Journal of Political Economy, University of Chicago Press, 1983, 91（3）: 401 – 419.

银行破产倒闭，从而进一步加剧了货币信任危机，引发金融界的连锁危机。金融机构的破产及其连锁效应会通过货币信用紧张破坏经济增长，同时金融机构的财务杠杆率较之一般企业要高，由此导致金融机构与社会间的利益严重不对称，这一系列的连锁反应是市场自身所不能解决和控制的。金融领域的传染性说明单个金融机构的危机会诱发集体非理性，进而导致整个金融系统性风险。D—D 模型对银行遭挤提的原因和政府对保护银行遭受挤提所起到作用进行了分析，认为挤提的根本原因是信息不对称，挤提会造成"健康"银行受到传染，从而导致破产，进而得出的结论是，政府对脆弱金融体系的监管尤为重要，重点加强信息管理，预防金融机构遭受挤提的概率，维护金融体系的稳定和安全。

从 D—D 模型的论证过程，可以看出金融监管的必要性，尤其是针对不受监管或少受监管且具有严重脆弱性的影子银行体系，金融监管的必要性更加明显。美国次贷危机的爆发就能充分说明，影子银行体系存在严重的挤兑风险。在没有存款保险和最后贷款人等金融安全网的保障下，影子银行自我强化的资产抛售循环将致使更多的影子银行被拉到流动性危机的恶性循环中。2007 年年底至 2008 年年初，美林、瑞银、高盛等大型金融机构因次级贷款违约出现了巨额亏损，并进行大规模资产减计，市场流动性需求剧增而资金供给严重萎缩，货币市场也出现恐慌，基金投资失败引发投资者大规模赎回，美国短期货币市场崩盘导致影子银行体系的生存基础受到毁灭性打击，引发危机全面升级。[①] 从金融危机的整体过程来看，危机的爆发实际上是影子银行体系的崩溃，这样崩溃的过程源起于结构性投资工具和渠道的崩塌导致大型投资银行遭受挤兑，无偿还能力的杠杆机构的倒闭，进一步造成货币基金市场的恐慌。这种影子银行市场的挤兑与银行挤提其理论本质相同，为了预防再次出现影子银行体系的

---

① 郭春松：《金融危机、影子银行与中国银行业发展研究》，经济管理出版社 2013 年版，第 34～42 页。

恐慌和挤提，金融监管措施的介入具有必要性。

二、公共利益与公共强制理论

公共利益理论以市场失灵和福利经济学为基础，政府管制的目的是抑制市场失灵，维护公众利益。论证金融监管必要性的公共利益理论是以金融市场存在公共物品、信息不对称、不完全竞争、外部性、不确定性等市场失灵和金融脆弱为前提假设，为了矫正市场失灵，保护社会公众利益，由政府对金融业中的微观经济主体行为进行直接干预，从而达到维护金融稳定、保护公众利益的目的。由于存在市场缺陷的现实，如果不进行监管，那么市场机制的缺陷无疑会产生资源配置的低效和收入分配的不公，进而会对经济的稳定产生负面影响。公共利益理论认为，现代经济社会并不存在纯粹的市场经济，自由竞争的市场机制不能带来资源的最优配置，甚至造成资源的浪费和社会福利损失。[①] 公共利益理论是最早对政府监管作出分析的规范理论和实证理论，详尽分析了监管的必要性、范围和监管目标，该理论因而被普遍认为是论证监管正当性的重要理论基础，是目前最为完善的监管理论之一。[②] 当前金融领域的影子银行体系是传统金融机构和业务不断创新的产物，影子银行具有传统金融行业的普通特征，甚至其信息不对称、不完全竞争、外部性、不确定性等市场失灵和金融脆弱性特征更为突出。因此，从公共利益理论来看，为了增加社会福利，预防系统性金融风险，保障金融市场稳定，金融监管权有必要介入影子银行体系并对影子银行主体的各种行为进行监督和管理。

虽然公共利益对于政府监管提供了理论支持，但是公共利益理论建立在市场失灵和监管者处于公正、仁慈、高效的前提假设之上，而这种假设本身就值得质疑。在监管实践中，监管者具有

---

① 张炜：《中国金融制度结构与制度创新》，中国金融出版社 2004 年版，第 178 页。

② 熊伟：《银行监管权边界问题研究》，2013 年博士学位论文，第 35 页。

有限理性，为了获得自有利益，甚至有时会受到利益集团的俘获。可见，公共利益理论的前提假设存在缺陷，政府监管在一定程度上有利于解决市场失灵，但是监管是否能够达到预期的效果将存在质疑。波斯纳指出，判断解决市场失灵问题策略的有效性，需要在不同的环境下，考量多种控制方法的优劣。哈佛大学教授爱德华·L.格莱泽和安德烈·施莱弗提出了公共强制理论，并设计执法制度选择模型，论证了政府监管和法庭诉讼都能成为弥补市场失灵的方法，并且在执法过程中都有可能因个人为获得私人利益而试图扭曲制度策略。两者的优劣比较主要聚焦于执法者哪个更具有专业性、规制成本更低、规制效果更好。首先，在矫正金融市场失灵方面，监管者较之司法者更具有专业性。尤其是面对更强专业性、复杂性的影子银行体系，必然要求具有专业知识的执法者。法官虽然具有中立身份，但只能按照"谁主张，谁举证"原则被动执法，难以及时制裁影子银行机构违法行为，而监管者职能单一，监管业务熟练，专门查处金融机构违法违规行为。其次，私人诉讼成本过高可能影响私人起诉，进而降低对违法行为的规制力度。影子银行业务使个体蒙受的损失可能远远低于诉讼成本，而单个原告即使胜诉获得的赔偿可能低于付出的诉讼成本，从而打击受害人的诉讼积极性。但是，监管者可以将众多受损害个体的申诉汇总起来，一并对违法者进行惩罚，从而实现规则违法的规模经济，① 提高规则效率。最后，事前预防比事后惩戒所造成的危害更小。政府监管主要是以事前防范为主，兼具事后威慑，而司法诉讼则是在危害结果发生后进行损害赔偿。影子银行体系具有高度传染性，一个影子银行机构的倒闭可能促发全行业的恐慌，进而诱发系统性风险。对于影子银行体系这种高关联性的行业而言，个别金融机构的违规风险所造成的后果可能是难以弥补的损失，因此，事前防范较之事后赔偿更有

---

① ［美］丹尼尔·F.史普博：《管制与市场》，余晖、何帆、钱家骏、周维富译，格致出版社、上海三联书店、上海人民出版社 2008 年版，第 33 页。

意义。

三、金融约束理论

金融约束（Financial Restraint）是政府通过制定一系列金融政策，在金融部门创造租金机会，尤其是为银行部门创造租金机会（Rent Opportunities），政府进行金融约束使金融部门具有长期的动因，通过"租金效应"和"激励作用"发挥掌握企业内部信息的优势，避免潜在的逆向选择和道德风险行为，鼓励创新，减少由信息问题引起的、不利于完全竞争市场形成的一系列问题。[①] 自20世纪70年代以来，发展中国家掀起了金融自由化的改革浪潮，但是多数发展中国家金融自由化的结果与金融自由化理论倡导者麦金农和肖的预设结果相去甚远，直到90年代发生一系列的金融危机，金融自由化理论不断遭到质疑。就连麦金农本人也开始反思自由化在发展中国家水土不服的原因，他承认一些新兴市场经济国家在条件尚未成熟之时，急于过度开放金融市场导致了严重的后果。[②] 与此同时，金融监管理论不断取得新进展，受到东亚发展经验的启示，经济学家赫尔曼、穆尔多克、斯蒂格利茨等从不完全信息市场的角度提出了"金融约束"理论，重新审视了金融体制中的放松管制与加强政府干预的问题，认为发展中国家经济普遍存在信息不对称、道德风险等问题，即使在瓦尔拉斯均衡[③]的市场条件下，资金资源也难以实现有效配置，因此需要政府适当干预。

利用金融监管制度安排所产生的租金可以促进提高金融效

[①] 彭玉镯：《金融约束理论对中国金融改革的启示》，载《生产力研究》2008年第13期。

[②] 项卫星：《金融监管中的信息与激励——对现代金融监管理论发展的一个综述》，载《国际金融研究》2005年第4期。

[③] 瓦尔拉斯均衡（walrasian equilibrium）是指整个市场上过度需求与过剩供给的总额必定相等的情况。在完全竞争的市场体系中，在任何价格水平下，市场上对所有商品超额需求总和为零。

率，租金在减少信息不对称、防止过度竞争方面具有积极的作用。具体到影子银行领域，租金能够产生以下积极作用：一是租金能够为金融机构的持续经营创造利润流，租金激励金融机构具有长期经营的动力，促使其稳健经营，降低管理资金组合的风险；二是租金促使金融中介收益提高，新增投资的边际租金会激发金融机构增加投资，提高社会资金利用效率，届时，政府可以通过租金指定用于专项投资业务，引导金融机构开展一些市场条件不利但在纯粹竞争市场中可能供给不足的商品或服务；三是防止影子银行机构实施恶性竞争，影子银行体系与传统金融系统之间具有高度关联性，影子银行中个别机构或产品的失败可能会造成金融市场的恐慌，如果没有市场准入的限制，部分金融领域得不到特许权保护，会遇到激烈的市场竞争，而这种无效竞争往往会造成社会资源浪费，竞争所造成的影子银行机构倒闭，可能会危机金融体系的稳定。

四、法律的不完备性理论

"法律的不完备性"理论是由美国哥伦比亚大学法学院的皮斯托与伦敦经济学院的许成钢于 2002 年从"不完备合约"引申而来。他们论证了"既然法律通常被设计为要长期适用大量的对象，并且要涵盖大量迥然不同的案件，那么它必然是不完备的。只有当社会经济或技术变革的过程静止时，法律才可能完备"。[1] 所设计出来的法律之所以不能有效恐吓金融违法行为，主要是由于法律本身存在不完备性，由不完备性导致法律恐吓作用削弱。"导致法律不完备的原因是多样化的，一种情况是，法律没有对特定行为进行界定或仅列举了少数行为，使得对行为结果的限定很宽泛；另一种情况是，法律虽明确了应予制止的行

---

① 卡塔琳娜·皮斯托、许成钢：《不完备法律——一种概念性分析框架及其在金融市场监管发展中的应用，比较》，中信出版社 2002 年版，第 117 页。

为，却不能涵盖所有相关行为。"① 对于种类繁多、日新月异的影子银行体系而言，金融法律想要及时界定所有的金融行为几乎是不可能的，金融衍生品翻新的速度不是法律更新所能及的，况且制定法也需要具有一定的稳定性，不能够朝令夕改。

法律不完备性理论对于立法和执法制度的设计具有深远的影响。由于法律存在不完备性，引发了剩余立法权和执法权在不同机构之间的分配。那么，剩余立法权和执法权如何在司法者和监管者之间分配是合理的呢？"剩余立法权及执法权的最优分配取决于法律不完备性的程度及性质，对导致损害的行为进行标准化的能力，以及此种行为产生的预期损害和外部性的大小。在高度不完备的法律下，如果损害行为能加以标准化，并且该行为继续下去会产生大量的外部性，此时监管者优于法庭。"② 可见，标准化、预期损害和外部性大小是影响判断的重要因素。标准化"是指一种能力，即以合理成本对损害行为及结果进行描述，以便监管者能够行使主动式执法。主动式执法的有效性取决于监管者监督市场以及确定行为及其结果的能力（这类行为及结果在合理预期下，会导致损害性结果）"。③ 预期损害主要是指受害者的损害程度较高或是潜在的损害对象数量较多。当预期损害程度较低时，法庭司法可以应对，司法者可以通过判决违法者对受害者实施赔偿以示惩戒。但是在金融领域，金融机构的违法行为对金融投资者乃至金融市场的损害往往是巨大的，由于金融机构的违法行为可能造成众多金融消费者的损失，甚至金融系统的动荡，其预期损害程度可能奇高，违法金融机构根本无法弥补损失。当面临这种预期损害较高的违法行为时，法庭司法将会失

---

① 卡塔琳娜·皮斯托、许成钢：《不完备法律——一种概念性分析框架及其在金融市场监管发展中的应用，比较》，中信出版社2002年版，第117页。

② 项卫星：《金融监管中的信息与激励——对现代金融监管理论发展的一个综述》，载《国际金融研究》2005年第4期。

③ 卡塔琳娜·皮斯托、许成钢：《不完备法律——一种概念性分析框架及其在金融监管发展中的应用，比较》，中信出版社2002年版，第126页。

效，而金融监管者则可以通过设置市场准入、现场检查、专项调查等主动执法行为，力图防范损害发生。

此外，相较于法庭司法而言，金融监管应对金融机构的负外部性问题具有更好的效果。在金融领域中，尤其是影子银行体系的相关法律可能比其他领域的法律更加不完备。影子银行领域受到全球化、技术化、信息化变革的影响非常明显，新型金融衍生工具层出不穷，为了应对金融工具的快速创新，立法者有意将法律设计的不完备、具有原则性、开放性，而不是细致化，将剩余立法权留给司法者和监管者。司法者和监管者的主要不同就在于其执法方式相异，前者为被动执法者，当金融机构发生不法行为侵犯当事人合法权益，且受侵害方提起诉讼时，司法者才行使司法权，司法者之所以不主动发起调查，是因为这会削弱他的公正性和中立性。这种被动执法方式，当面对金融领域的大量负外部性行为时，将会发生被动式执法无效。而金融监管者主动发起调查，对于金融机构的违法行为进行主动性执法。影子银行体系的监管套利行为所累积的系统性风险具有明显的负外部性，金融监管者可以对类似的负外部性行为采取主动调查和惩戒措施。从这个角度上来看，主动执法（金融监管）较之被动司法的方式更加具有实效性。

因此，"只有当行为能够加以标准化，并且这些行为可能产生极大的损害和负外部性时，由于被动式执法无法对其进行充分救济，监管者主动执法所付出的代价才是合理的"。① 但并非满足以上条件施行的监管者执法都是合理的，从经济学角度分析，政府监管的合理性还需要具备以下两方面的条件：一是监管权介入预期损害或负外部性行为的成本不能高于此行为对公共利益造成的损失；二是要在法律不完备的情况下才能介入监管执法，倘若法律完备就没有必要让监管机构取代法庭进

---

① 卡塔琳娜·皮斯托、许成钢：《不完备法律——一种概念性分析框架及其在金融监管发展中的应用，比较》，中信出版社 2002 年版，第 126 页。

行执法。金融领域一般具备这两方面的条件，"金融市场法律的历史证明市场参与者确实诡计多端，他们策划的那些欺诈投资者的阴谋，已经再三被证实为超过现有法律能力所及。试图仅靠提高判例法或成文法的完备性来对这类行为进行阻吓，已证实是不成功的，因为法律总是滞后于新的市场发展，包括滞后于那些欺骗投资者的新方法。立法者仅仅依靠制定更完备的法律是无法预防未来的损害行为的，最终这一方式不得不让位于监管者的出现"。① 在金融领域的影子银行体系中，影子银行产品和行为的预期损害和负外部性以及法律的不完备性表现的更加明显，那么，在影子银行体系中的金融监管将更加具有合理性和必要性。

第四节　影子银行体系监管的相关理论

　　提及影子银行体系监管理论，人们往往着重于政府机构对于影子银行体系的监管，而忽视市场约束和自我监管对影子银行体系的作用。由于政府监管存在滞后性、专业化赤字、管制俘获等先天不足，需要市场约束和自我监管对其缺陷进行弥合。因此，全面的影子银行体系监管理论还要强调市场约束监管理论和金融自我监管理论在影子银行监管事务中的运用。

一、市场约束监管理论

　　随着金融监管理论的深入，研究者发现，金融体系中不但存在市场失灵，也存在监管失灵，在弥补和克服监管失灵的过程中，市场约束监管理论作出了重要贡献。该理论强调市场约束对政府监管的有效补充和改善作用，主张在金融监管中要将市场和政府结合起来。市场对于银行资产价值的评价在很大程度上影响

---

　　① 卡塔琳娜·皮斯托、许成钢：《不完备法律——一种概念性分析框架及其在金融监管发展中的应用，比较》，中信出版社 2002 年版，第 126 页。

政府监管的有效性，要想改善监管的效力，就要注重市场对银行的约束力，基莉（Keeley）在 1990 年用实证论证了这一点，在固定存款保险费率下，银行以及存款机构的风险激励在很大程度上取决于特许权价值与资产市场价值的比较。[①] 汤马森（Thomson）和考夫曼（Kaufnan）在先后的论证中指出，金融安全网这种政府监管工具使银行和存款机构的利益者怠于控制银行运作风险，影响市场约束金融机构控制风险，但是若缩小存款保险的规模和范围，使政府监管与市场约束结合起来，将能提高政府监管效率。[②]

　　发挥市场约束对政府监管辅助作用的关键是向监管者和社会公众提供金融机构和监管部门准确而及时的信息。一方面，要通过立法的形式，要求金融机构充分信息披露；另一方面，采取自报告和市场价值评估核算相结合的原则来评估和衡量金融市场风险。富兰纳瑞（Flannery）充分论证了市场约束的有用性，若在金融监管的过程中能够有效运用市场约束，就能够缩短监管当局认识监管问题和矫正监管问题的时滞，从而显著提高监管效率。[③] 特别是在金融业面临影子银行体系日益壮大，金融衍生品越发复杂，金融风险逐渐隐蔽的今天。监管套利的动机促使金融机构不断创新，影子银行创新产品层出不穷，这就加大了监管当局发现和矫正监管套利行为的难度，仅仅依靠政府的力量监管影子银行体系不法行为，那么在专业性和实效方面都有所欠缺。而

① Keeley M C. Deposit Insurance, Risk, and Market Power in Banking [J]. American Economic Review, 1990, 80: 1182 – 1200.

② Thomson A, Stanc life R J. Diagenetic controls on reservoir quality, eolian Norphlet Formation, So uth State Line Field, Mississippi in Sandstone Petroleum Reservoirs [M] // Bar wis JH, McPherson J G, Stud lick J R J. Springer Vrlag, 1990: 205 – 224. Kaufman G G. Bank Failures, Systemic Risk, and Bank Regulation1 [R]. CATO, 1996, 16: 17 – 45.

③ Flannery Mark J. Using Market In formation in Prudential Bank Supervision: A Review of the U. S. Empirical Evidence. Journal of Money [J]. Credit and Banking, 1998 (8): 273 – 305.

利用市场约束策略辅助政府监管，使政府监管与市场约束相结合将提高金融监管效率，弥补政府监管专业性不足和执法资源稀缺的缺陷。

二、金融自我监管理论

自我监管的概念由来已久，可以追溯到中世纪的贸易行会中对自我监管工具的运用。[①] 当代学术界和政治界对自我监管有不同的解读，且对其支持和反对的观点不一。支持者认为，市场主体自我监管取得的成效明显超过政府监管，因为自我监管具有灵活性和直接性，私人主体能够在受管制的市场活动中对不断变化的市场环境做出更加快捷的应对。[②] 自我监管的关键优势表现在其可以运用灵活和低成本的管理方法实现高效的目标。[③] 支持者明确指出，自我监管营造了一个"灵敏的、灵活的、信息对称且有针对性的监管体系，其使更多的自我承诺得以实现，并且充分鼓励了内部组织成员的自律和道德的遵守"。[④] 此外，支持者还强调自我监管有利于培养行业内成员的共同价值观，增强行业

---

① See, e. g. , CTR. FOR FIN. MKT. INTEGRITY, CFA INST. , SELF-REGULA-TION IN TODAY'S SECURITIES MARKETS 1 (2007), available at http: // www. cfapubs. org/doi/pdf/10. 2469/ ccb. v2007. n7. 4819 ("In a broad sense, the concept of self-regulation dates back to the medieval guilds, which had their origins in religious frater-nities. ") .

② See, e. g. , WOLFGANG SCHULZ & THORSTEN HELD, HANS BREDOW INST. FOR MEDIA RESEARCH AT THE UNIV. OF HAMBURG, REGULATED SELF-REGULA-TION AS A FORM OF MODERN GOVERNMENT B – 12 – B – 13 (2001) (arguing that self-regulation "can obviously be much faster than traditional regulation") .

③ See Michael, supra note 23, at 181 ("[S] elf-regulation can result in cost savings to the government, and these savings may be greater than the costs imposed on private groups, thus resulting in less costly regulation overall. ") .

④ Julia Black, Decentring Regulation: Understanding the Role of Regulation and Self-Regulation in a 'Post-Regulatory' World (footnote omitted), in 54 CURRENT LEGAL PROB-LEMS 103, 115 (M. D. A. Freeman ed. , 2002) .

参与者的职业责任感和遵守行业规则的自律性。[①]

自我监管的反对者则认为，根深蒂固的利益冲突存在于每个自我监管的安排中，这将导致自我监管内生性的无效。[②] 概括而言，自我监管具有自利性，缺乏制裁措施，可能产生"搭便车"或弄虚作假的情况。反对者质疑，若去除政府强有力的监管，私人企业将受到利益驱使。自我监管将面临无法克服的集体行动、政府权力弱化以及问责制失败等问题。[③] 除了以上问题外，反对方还指出，此方式的监管还存在一个问题，即自我监管并没有一个明确的界定。在实践中有多种自我监管的方式，在学术界和实务界也存在多种界定。"自我监管"又称"自我管理""共同监管""私人监管""软法""准监管"等。[④] 以上每个术语都强调自我监管有别于政府监管的不同特性，但其侧重点各不相同，其界定自我监管的概念难以准确把握。

金融自我监管开始进入金融监管理论研究者的视野，自我监管作为政府监管的重要补充，能够利用被监管者的信息优势弥补监管机构专业性不足、信息不对称、执法力量不足等方面的欠

---

① See Michael, supra note 23, at 183 – 84 (discussing how self-regulation "can provide greater incentives for compliance"); see also Jean J. Boddewyn, Advertising Self-Regulation: True Purpose and Limits, 18 J. ADVERTISING 19, 20 (1989) ("Industry self-regulation constitutes a form of private government to the extent that peers, rather than outsiders, formally control, or at least dominate, the establishment and enforcement of self-imposed and voluntarily-accepted rules of behavior.").

② See Black, supra note 36, at 115 (noting the negative opinion of certain critics of self-regulation).

③ According to one phrasing, "[s] elf-regulation is frequently an attempt to deceive the public into believing in the responsibility of a [sic] irresponsible industry. Sometimes it is a strategy to give the government an excuse for not doing its job." John Braithwaite, Responsive Regulation for Australia, in BUSINESS REGULATION AND AUSTRALIA'S FUTURE 81, 93 (Peter Grabosky & John Braithwaite eds. , 1993).

④ See Black, supra note 36, at 116 – 17 (explaining, for example, that "soft law" and "self-regulation" are sometimes used interchangeably in the context of European Union regulation because of the nature of the rules).

缺。激励金融机构实施自我监管能够提供监管信息的有效性。信息的有效性是信息规范的根本，规范信息披露是金融监管的必要内容，信息效率是有效金融机构的核心因素，对于金融业务和风险的信息最充分者就是金融机构本身。能够最为及时准确提供可靠信息的提供者要数金融产品的制作者和金融机构的从业人员，但这些业内人士为了攫取私人利益，所提供的金融信息并非是真实的。因此，金融自我监管有必要建立在严厉的政府规制的基础之上，即金融自我监管要嵌入政府监管之中，必须具有政府监管作为威慑和保障。金融监管当局面对复杂多变的影子银行体系，且遭遇政府监管失灵和市场失灵的双重困境时，金融自我监管的优势将会凸显出来，自我监管可以凭借其直接性和灵活性有效克服信息不对称、委托—代理等问题，自我监管的优势是显而易见的。但是，金融自我监管依然存在无法回避的内生性问题，即金融机构具有自利性，在自我信息披露的过程中为了一己私利难免会出现弄虚作假和"搭便车"等行为。因此，自我监管机制不能独立运营到金融监管中，而是要配合以政府监管的威胁和市场约束的监督，通过激励和威慑，才能够达到预想的效果。

第三章 监管制度构建视角下的中国 影子银行体系的类型化分析

第一节 影子银行体系的现有分类

一、中国影子银行体系的分类

通过对于近期发表文献的梳理，发现学者们对于中国影子银行体系的类型划分存在多种标准，其中主要集中以"影子银行机构类型""融资方式""货币创造中的作用""监管程度""主管部门"为标准对中国影子银行体系进行分类。

中国人民银行杭州中心支行办公室课题组按照"机构类型"，将中国影子银行体系划分为三种类型，即银行机构影子银行业务，包括委托贷款、理财、表外业务、信贷资产证券化；准金融机构信用中介，主要包括典当寄售行、小额贷款公司、融资租赁公司、担保公司等；民间金融，包含居民间直接借贷、民间合会、企业集资、企业间借贷、私募股权投资。① 雷曜等根据同样的标准对中国影子银行体系做出了类似的分类，将其分为：商业银行内部创新的影子银行产品；开展信用业务的非银行金融机构和产品；依托网络等新技术提供支付、结算、投资、融资等金融服务的新型信用中介。②

---

① 中国人民银行杭州中心支行办公室课题组：《影子银行问题研究——以浙江为例》，载《宏观经济研究》2012 年第 4 期。

② 雷曜、祝红梅、王亮亮：《客观看待影子银行体系的风险》，载《中国金融》2013 年第 4 期。

中国人民银行调查统计司与成都分行调查统计处联合课题组从"融资方式"角度,将影子银行分为四类:发行权益融资、依靠自身权益融资、权益和负债共同融资、依靠负债融资。并从另一角度,按照"货币"创造中的作用也将影子银行体系分为四类:货币发行机构、其他"存款类"、"非存款性"、促进"货币"创造机构。[1]

此外,还有学者以"监管程度"为标准,将影子银行体系简单分为两类:少监管(包括理财、委托贷款、非银行金融机构的融资业务等)和无监管(包括地下钱庄、民间借贷、典当行等)。[2]另有学者依"主管部门"不同,将影子银行体系划分为:非银行金融机构、准银行金融机构、其他融资机构。[3]

学者们对于中国影子银行体系做了较为细化的分类,对于我们进一步认识和把握影子银行体系具有指导意义。但是,部分分类存在覆盖面狭窄、类型概括指代不清等问题。例如,以"机构类型"为标准的分类中,未将影子银行体系的外延完全覆盖,其将"非银行金融机构"排除在外,如信托公司作为影子银行体系的重要组成部分,其不属此三类型的任何一种。又如,以"监管程度"作为分类标准,也存在明显的缺陷。从动态的角度切入,对于影子银行的监管程度不是一成不变的。以银信理财为例,银监会对于银信理财从起初的几乎无监管、到中期的一系列的监管通知,再到目前较为严厉的监管,[4] 经历

---

① 中国人民银行调查统计司与成都分行调查统计处联合课题组:《影子银行体系的内涵及外延》,载《金融发展评论》2012 年第 8 期。

② 何德旭、郑联盛:《影子银行体系与金融体系稳定性》,载《经济管理》2009 年第 11 期。

③ 邵延进:《影子银行资金流向图谱及风险》,载《中国金融》2011 年第 18 期。

④ 针对银信合作的监管套利行为,银监会在 2009 年、2010 年、2011 年连续三年对于银信合作业务颁布专门的监管通知,2009 年、2010 年又分别对于银行信贷转让问题出台了监管通知。在 2013 年银监会又出台了 8 号文,开始了对银行理财产品世上最严厉监管。

了一个变动的过程。可见,以监管程度作为分类标准虽然看似简便清晰,但明显不够准确。

二、美国影子银行体系的分类

(一) 按照设立主体分类

Pozsar 等人从发起设立的角度,将美国影子银行体系分为政府支持影子银行体系、"内部"影子银行体系和"外部"影子银行体系三个子体系。① 政府支持影子银行体系主要是指美国政府设立的联邦住宅贷款银行、房地美 (Fannie Mae) 和房利美 (Freddie Mae) 等政府支持的企业及其活动;"内部"影子银行体系主要包括金融控股公司旗下的从事信贷中介活动以及其表外信贷活动的财务公司、资产管理公司、全球银行网络和经纪商—交易商 (Broker-Dealers),其从商业银行体系中派生而来、一般附属于商业银行;"外部"影子银行体系主要是指多样的经纪人—交易商 (DBDs)、私营信用风险承载方以及独立的非银行专业机构等,这类机构在商业银行体系外部运作、与商业银行无直接关联,故冠之"外部"。前两类影子银行体系在一定程度上受到联邦政府的隐性担保,而后一类则不具有此特点。该分类同样也适用于国内影子银行,中国的长城、东方、华融、信达四大资产管理公司是政府发起设立的,近年来开始商业化转型,发展为综合金融服务集团,旗下拥有保险、证券、信托、租赁、信用评级和资产管理等多种金融服务业态。其中,银信理财、委托贷款等属于"内部"影子银行体系;其余大多数证券、保险、信托的实体和准实体划入"外部"影子银行体系。

(二) 按照官方支持程度分类

纽约联储将影子银行分为:官方提供隐性支持类 (Implicit-

---

① Pozsar, Zoltan, Tobias Adrian, Adam Ashcraft and Hayley Boesky. Shadow Banking [R]. Federal Reserve Bank of New York Staff Report No. 458, July, 2010.

ly-enhanced），指政府发起实体的中介活动，其发行的债券受到纳税人的隐性担保；官方提供间接支持类（Indirectly-enhanced），主要指金融机构的表外业务，得到官方部门的显性或隐性保证；官方不提供支持类（Unenhanced），主要指有限目的财务公司、非银行财务公司、受监管和不受监管的单独货币市场中介机构发行的净面值股份等。① 中国影子银行体系也可以进行同样分类，如央企旗下的全资融资租赁公司、国有资产管理公司全额注资的担保公司、信托公司等能够获得国家的显性或隐性支持；银信合作理财、银行作为受托人的企业年金可间接获得官方支持；其他大部分影子银行活动不能获得官方支持。

第二节　中国影子银行体系的类型化：从监管的角度入手

一、类型化研究的必要性

类型化研究作为一种重要的法学研究方法，一般应用于其概念的逻辑体系不足以掌握社会现象或脉络的多样表现形态时，学者通过借助某种"分类标准"的设定来诠释相关的类似情况。② 此种研究方法可溯源到马克斯·韦伯"理想类型"学说的法学方法论的应用上，此外，分析法学家约翰·格雷也指出，"分析法学的任务就是分类，谁能够对法律进行完美的分类，谁就能获得关于法律的完美知识"。③ 类型化可谓是复杂事物认识过程中无法避免的思考过程。社会科学研究过程可以看作是一个从个别

---

①　中国人民银行调查统计司与成都分行调查统计处联合课题组：《影子银行体系的内涵及外延》，载《金融发展评论》2012 年第 8 期。

②　杨日然教授纪念论文集编辑委员会：《法理学论丛——纪念杨日然教授》，月旦出版社股份有限公司出版社 1997 年版，第 302 页。

③　John Chipman Gray, The Nature and Sources of the Law, The Macmilian Company, 2ed, 1931. p. 3.

到一般，从具体到抽象的归纳过程，也是一个问题化、类型化、概念化的过程。确定某事物为真问题之后，对其进行准确定义之前，将该事物进行类型化分析有利于对其更准确的认识。类型化研究简言之就是分类，通过分类，我们可将混乱无序的现实变得井然有序。

类型化首先是对具有共性的研究对象进行整合，明确他们的共同特性；其次是根据每类的共同特征找到合适的归类标准，即事物所具有的典型代表性的共性。例如，在以往的研究中，学者们将影子银行体系以"影子银行机构类型""融资方式""货币创造中的作用""监管程度""主管部门"等为标准进行分类。需要注意的是，一方面，从不同的分类目的切入会产生不同的归类标准。因此在划定标准之前，先要明确分类目的。本书的类型化目的是对影子银行体系进行有效的金融监管，进而在分类时要以便于监管当局执行监管职权为前提。另一方面，类型化的意义在于为同一类问题找到一个统一的解决范式。影子银行体系复杂多变，各类实体和准实体的运营模式和风险程度相差甚远，采取"一刀切"的监管模式势必不利于监管效率的实现，根据各类影子银行的特性实施分类监管和重点监管有利于提高监管实效。

二、影子银行体系的分类标准

对于中国影子银行体系内涵和外延的厘定，归根结底是为了加强对其系统性风险和套利行为的法律监管，由于影子银行体系具有创新性、自由化、复杂化的特性，对于影子银行体系的规制可以进行类型化监管，以提高监管的实效。法律往往从主体和行为的角度切入社会关系的调整——要么根据主体设定规范，要么根据行为设定规范，要么结合两者设定规范。至于法律将在何时选择根据主体设定规则，何时选择根据行为设定规则，主要取决于何种安排更加稳定、更便于法律调整和类型化。[1]

就中国影子银行体系的类型化而言，我们选择影子银行的主体进行分类。原因在于：一方面，影子银行体系的主体较之行为具有更强的稳定性，中国人民银行于 2010 年发布了《金融机构编码规范》（以下简称《规范》），从宏观层面统一了我国金融机构分类标准，首次明确了我国金融机构涵盖范围。而影子银行行为总是随着技术改进、金融创新而变化，从固有的融资行为衍生出新的融资行为，金融产品和业务的不断创新过程充分的证明了这一点。另一方面，将影子银行体系类型化的目的是提高监管实效，在现有的监管框架下，监管部门一般是通过被监管机构的主体性质对应监管，如证券机构由证监会监管、保险公司由保监会监管、小额贷款公司和担保公司由地方金融办监管。影子银行体系的划分按主体分类，便于监管当局清晰判断出哪一类影子银行属自己监管，以防止出现监管遗漏或监管重叠。

三、从监管角度分类的意义

针对影子银行体系的主体进行分类具有一举两得的功效。一方面，每一类影子银行体系可以清楚的识别由哪些主管部门监管，监管当局在对影子银行分类监管中对号入座，避免监管盲区；另一方面，按主体对影子银行体系分类后，就可以根据每类影子银行体系的发展趋势、运行情况、监管现状等方面的信息归纳出此类影子银行体系的突出风险特征，使监管策略有的放矢。这种以主体标准进行分类的方式，就是从便于监管的角度切入，将影子银行体系划分为三类，即影子银行体系中交叉产品和业务、非银行金融机构和业务、准金融机构。这种分类方式正好迎合了重点监管和分类监管的目的。

影子银行体系容纳多种金融机构和活动，运用单一的金融监

---

[1] 蒋大兴：《商事关系法律调整之研究——类型化路径与法体系分工》，载《中国法学》2005 年第 3 期。

管措施规制庞杂的影子银行体系各种类型是不现实的。然而，针对各类影子银行体系的业务模式、对系统性风险影响的程度以及突出风险特征，区分对待影子银行，实施疏堵有别的监管策略，就可以制定差异化、针对性的监管措施，提高影子银行体系的监管实效。从监管角度对影子银行体系分类既可以发挥影子银行作为金融渠道的补充作用，也可以达到有效防止其风险的目的。对于未完成承诺指标的影子银行施行重点矫正，重点监管以套利性融资为核心的业务创新，如银信合作通过引入信托受益权、收益权信托、交换购买信贷资产等行为以实现变相信贷的行为。对于违规套利行为，不但能够及时矫正，而且可以充分扩大通报影响，对于其他影子银行的监管套利动机形成威慑和预防效应。

第三节　中国影子银行体系的具体类型

按照"主体"标准，中国影子银行体系的大体可分为三类：影子银行体系中交叉产品和业务、非银行金融机构和业务、准金融机构。

一、影子银行体系中交叉产品和业务

影子银行体系中交叉产品和业务是指银行与证券、保险、信托、基金之间的交叉业务，主要包括银信合作理财产品、银证合作理财产品、银保合作理财产品、银基合作理财产品。此外，还包括金融控股公司中具有交叉性质的业务。金融控股公司一般持有证券、银行、保险和其他金融资产的股权，是实现混业转型的最佳模式，在金融控股公司模式下，各种业务和产品时常形成交叉运营。理财产品之所以被认为是交叉性影子银行产品，主要原因在于：一方面，这些理财产品具备影子银行的一般特征，其具有期限匹配、流动性服务、信用转换、杠杆功能，并且理财产品通过信用创造调配金融资源，通过协调资金供需双方的不同金融需求和产生各种信用工具，从而实现资金在时间和空间方面的转

换，并且进一步降低金融交易成本。[①] 另一方面，目前的理财产品运作模式具有跨市场、跨行业的典型特征。所谓跨市场，是指理财产品的投资标的可能跨越货币、保险、信贷和债券等多个市场；所谓跨行业，则是指理财产品的运营涉及银行、保险、券商、信托甚至基金等多个金融行业。

（一）银信合作理财产品

早在银行理财业务发展之初，交叉性的特点并不明显，但随着理财市场的竞争日趋激烈，单一产品的投资标的收益率已不能吸引足够多的投资者，此时，银信合作理财产品迅速扩张。起初的银信合作形式为信托贷款类银信合作，此类合作方式为：由商业银行向社会公众公开发行理财产品，将通过发行理财募集来的资金委托给信托公司，由信托公司设立资金信托的方式向客户发放信托贷款。这种信托贷款的方式的实质就是利用银信理财产品这种信用中介，提供期限匹配的贷款资金，实现流动性服务和信用转换的过程，其原本就是商业银行为应对央行信贷政策收缩而发展起来的，其作为突破存贷比和利率管制的工具。

而后，银信合作形式拓展出信贷资产转让类银信合作，此类业务也是由银行向社会公众发行理财产品，而募集来资金设立的资金信托不是向客户发放信托贷款，而是用于向银行购买存量信贷资产。由于受到银监发（2009）25 号文《关于支持信托公司创新发展有关问题的通知》、（2009）111 号文《关于进一步规范银信合作有关事项的通知》、（2009）113 号文《关于规范信贷资产转让及信贷资产类理财业务有关事项的通知》、（2010）72 号文《关于规范银信理财合作业务有关事项的通知》、（2011）7 号文《中国银监会关于进一步规范银信合作理财业务的通知》等监管文件的限制，因此，商业银行发行理财产品所募集来的资金被禁止投向发行理财银行，而只能投向其他银行，

---

① 赵华：《我国商业银行信用中介功能缺失与中小企业融资难》，载《财政研究》2012 年第 5 期。

为竞争对手扩大信贷来源，进而信贷类银信合作业务受到压缩。

至此，上市公司股权收益权类银信合作形式开始兴起，该类业务也是由商业银行向社会公众发行理财产品，募集来的理财资金委托给信托公司设立资金信托，信托公司将资金用于购买上市公司股东持有的上市公司股权收益权，信托公司通过上市公司股东溢价回购股权收益权获得信托收益。此外，银信合作业务形式还有私募股权类银信合作、证券投资类银信合作等。私募股权类银信合作是有商业银行将理财计划与私募股权投资信托进行对接，运用发行理财产品获得的资金认购信托公司设立的私募股权投资信托计划，信托公司的主要任务是投资前景良好的拟上市公司的股权，待公司上市或者股权转让获得高额利润和信托收益。证券投资类银信合作是商业银行中私人银行部门的客户与证券投资信托产品的客户对接，由私人银行部分与私募机构合作发行产品。到 2010 年，银监会发布了规范银信合作的通知，要求银信合作在两业务年之内转入表内，此后银信合作占比急速下滑。"根据信托业协会的统计数据，2010 年年末银信合作占比达到 54.61%，到 2013 年 6 月末已经下滑到 22.05%。在过去两年半时间里，银信合作产品余额仅增加了 4241.54 亿元。"[①]

（二）银证合作理财产品

银信合作通道被严格监管以后，证券公司的资管业务迅速上位，券商成为银行与信托合作的桥梁。银证合作是银行和证券公司利用各自的专业优势，进行业务分拆、组合或相互代理，通过发展新业务或将现有业务进行交叉形成新的分工合作的关系。传统的银行与证券公司在资金托管、产品代销等方面的业务合作，具有代表性的银证合作产品有银证通、银证联名卡等。银证联名卡是银证通的更新换代的产品，其将集成多种业务功能，"首先客户需在证券公司开设资金账户，并选取此证券公司合作银行中

---

① 李静瑕：《交叉性金融产品爆发　金融机构共享混业盛宴》，载《第一财经日报》2013 年 8 月 9 日。

的一家作为资金托管银行，客户保证金与券商自有资金在银行处分账户管理；其次，券商为银行的资金负债主体，银行承担并仅承担资金出纳和保管的责任，资金明细将作为'簿记管理'由券商转达银行；再者，客户在银行和券商处均可查询交易信息和资金情况"。①

当今，新型银证合作模式有别于传统资金托管、产品代销等方面的银证业务合作。在新型银证合作中，商业银行通过与证券公司资产管理部门的合作，将以票据资产为主的信用类资产转移至表外，由于监管层相继叫停了信贷类银信合作业务和银信合作票据类业务，商业银行开始尝试与券商合作，发行类似于融资类信托的"类信托产品"。加之，证监会于 2013 年 2 月底发布了《证券公司资产证券化管理业务规定（征求意见稿）》，取消了此前有关证券公司分类结果、净资本规模等门槛的限制，具备证券资产管理业务资格、近一年无重大违法违规行为等基本条件的证券公司均可申请设立专项资产计划，开展资产证券化业务。② 此条规定一出更增强了券商资管在新资产证券化业务上与信托公司的竞争力。

目前，银证合作将银行表内信用资产转出表外的最为典型的业务类型为：银行与券商资管合作；银行、信托与券商资管合作。具体而言，在银行与券商资管合作模式下，银证合作的第一种典型模式是券商资管产品购买银行的票据受益权。证券公司风险理财产品，向投资者募集资金，获得的资金用于购买银行持有的未到期的票据受益权，银行通过出卖票据受益权获得更多的短期流动资金。由于证券公司资管产品只是购买银行票据的受益权，而不是票据所有权，因此，银行并未将贴现票据资产转移出表外。第二种银证合作的模式为券商资管产品买断银行票据所有

---

① 邹靓：《招行探路银证合作新模式》，载《上海证券报》2006 年 8 月 24 日。
② 陌上玉：《券商基金合围"类信托"业务》，载第一农经网，http://roll.sohu.com/20130308/n368172092.shtml。

权或信用证。由银行风险理财产品来募集资金，部分理财资金将委托证券公司资产管理部门管理，证券公司的资管部门用这笔理财资金直接买断银行已贴现的票据，并将票据资产仍交由银行委托管理，银行收取一定托管费用。同时，银行向券商支付一定的财务费用。第三种银证合作的模式为券商资管与银行投行部门合作，由银行提供项目和资金，以券商发行产品的形式将资金输送至待融资项目，达到将信贷类资产转移至表外的目的。[①]

在银行、信托与券商资管合作模式下，银行理财资金投资券商定向资产管理计划是银证信合作的典型业务范式，具体的合作主体一般由两个银行、一家证券公司和一家信托公司组成。假设，甲银行为融资方 A 获得资金而设计一款银证信理财产品。首先，由乙银行发行理财产品，募集来的资金投资于丙证券公司设立的定向资产管理计划，同时丙证券公司委托甲银行作为投资顾问，可以发布交易指令以及监管资金投资，为了保障乙银行理财产品的安全和收益，甲银行在向乙银行出具承诺函，承诺在乙银行理财产品到期、全额收回本金以及投资收益时，甲银行承担乙银行的本金和收益补足的义务。其次，融资方 A 发起设立财产信托，丙证券公司发起定向资产管理计划投向该财产信托收益权。最后，由融资方 A 和丙证券公司签订远期受让协议，承诺到期溢价回购信托收益权。在这个银行理财资金投资券商定向资管计划中，银行通过表外途径帮助融资方获得资金，银行、证券公司以及信托公司通过信托收益权溢价获得利益。

（三）银保合作理财产品

银保合作模式从合作主体上划分可以分为两种：一种是"一对多"的寄售模式，即保险公司将保险产品推荐到银行网点进行销售或保险人员进驻银行网点进行销售保险产品，保险公司借助银行网点广泛分布、客户资源丰富的优势，推销保险产品，

---

① 周轩千：《银证合作产品爆发式增长》，载《上海金融报》2013 年 1 月 8 日。

银行获得保险销售提成。另一种是"一对一"深度合作模式，这种精品店式的银保合作产品并不是仅由保险公司研发保险产品，而是由保险公司和银行共同研究制定符合银行客户口味的银保产品，并且针对银行客户提供全面的财富规划、财务分析以及产品建议，在银保产品设计方面注重在服务上实现银行和保险产品的互补。2010 年 9 月，汇丰银行与汇丰人寿成功发行"一对一"银保合作产品后，交银康联、平安、新华、太平等保险公司初涉银保专属产品陆续开发。①

从银保合作的方式来看，银行保险混业经营的模式可以分为三种方式：银行代理、战略联盟、金控集团内的银保合作。银行代理属于银保合作的初级阶段，在国内金融市场投资和理财方式非常有限，金融投资者理财观念保守的情况下，保险公司借助银行渠道提出具有理财功能的保险产品，保险公司借助银行平台销售理财产品可以利用银行网点广布、客户群体庞大的优势。"截至 2008 年年末，中国内地人民币存款总额达 21 万亿元，储蓄率接近 30%，居世界前列。在长期服务中，我国商业银行积累了大量的客户资源，这其中具有一定经济实力和理财需求的优质储蓄客户资源，将成为银行保险业务的重要目标客户群体。另外，银行营销网点已经成为我国金融发展中的稀缺资源。四大国有银行遍布城乡的营业网点达 8 万多个。"② 随着银保合作层次的加深，银行与保险逐渐建立起长期利益共享的战略联盟关系。银行和保险公司在共同目标的引领下，将在风险共担、利益共享的原则指导下，建立起更加紧密的战略合作关系，加强产品战略、技术战略、营销战略、售后战略和人才战略五方面的深度合作。

相较而言，银行代理和战略联盟模式是两个经济体之间的交

① 伍起：《发力"一对一"银保合作模式升级》，载《证券时报》2010 年 9 月 10 日。

② 降彩石：《银保业务的发展及其创新》，载《中国金融》2009 年第 16 期。

易关系，是市场行为，而金控集团内的银保一体化模式是在一个经济体内实现的，是企业行为，[1] 其使银保合作的更加紧密。金控集团内的银保一体化模式是银保合作的高级阶段，目前中国依然呈现出以银行代理和战略联盟银保合作模式为主，金控集团内银保合作一体化为辅的局面。而银保合作发展较快的国家倾向于采取较为高级的模式，如花旗银行、汇丰控股、瑞银集团、瑞士信贷银行、苏格兰皇家银行等纷纷开展银行保险的综合经营，在欧洲还出现了以荷兰国际集团（ING）、安联集团（Allianz）和富通集团（Frotis）为代表的典型银保一体化模式，为客户提供银行、保险和投资等综合金融服务，从而实现集团利益最大化。[2] 金控集团内的银保一体化能够实现多元化综合经营，研发综合性的金融产品，通过一站式服务，提高客户的信任度。但是，由于监管机构对银保混业经营的监管策略、关联交易的控制等方面的欠缺，金控集团内的银保一体化模式的综合经营可能带来的系统性风险也是不容忽视的。

（四）金融控股公司中的交叉性业务

金融控股公司（Financial Holding Company，FHC）是指"在同一控制权下，完全或主要在银行业、证券业、保险业中至少两个不同的金融行业提供服务的金融集团"。[3] 金融控股公司是以金融业为主要的企业联合体，其母公司控股专门从事银行、证券、保险等行业的子公司，这些子公司具有独立法人资格，拥有相关金融行业牌照，可以独立开展相应金融业务并承担相应责任。[4] 国内金融控股公司可以按照其公司组织形态分为三类：第

---

① 施强：《银保经营的第五种模式》，载《中国金融》2011 年第 16 期。

② 石兴：《试析我国银保合作及其发展取向》，载《国际金融研究》2007 年第 11 期。

③ 王自力：《金融控股公司监管的比较与借鉴》，载《武汉金融》2008 年第 11 期。

④ 杨东、石富元：《论次贷危机对金融控股公司法制的影响》，载《社会科学》2009 年第 9 期。

一类是由金融企业控股其他金融监管而形成的金融控股公司，如工商银行和中国银行分别通过香港的控股子公司控股其他金融机构。其中，工商银行控股西敏证券、工银亚洲和太平洋保险。中国银行控股中银国际、中银保险、中银香港。第二类是由工商企业出资成立金融控股公司或对原有股权整合成立金融控股公司，如山东电力集团下属的山东鑫源控股公司对于金融企业实施控股，其成功控股蔚深证券公司、英大信托投资公司以及鲁能金融期货公司。第三类金融控股公司更为典型，是由原金融企业根据分业经营原则通过对于原有股权整合演变而形成的金融控股集团，如中信控股公司、平安保险集团。其中，中国平安旗下拥有平安寿险、平安财险、平安银行、平安证券以及平安信托等子公司。

金融控股集团中的母公司与子公司之间以及子公司与子公司之间所开展的各类经营模式并非都属于影子银行体系范畴，更不能都归入第一类影子银行子体系（影子银行体系中交叉产品和业务），只有那些既符合影子银行一般特征，又具有交叉性质的金融控股公司业务属于此类影子银行子体系。具体而言，包括金融控股公司中具有银行、证券、保险、信托、投资管理等金融业务部门的内部合作，如业务代理、跨市场工具的创新以及资金的良性互动等业务。金融控股公司内部母公司与子公司之间以及子公司之间的交叉性影子银行活动可以实现协调与规模效应、提高金控企业整体盈利、降低企业运营成本，是企业内部合作的一种重要方式。但是，不适当的内部交易可能引发金融控股公司内部的监管套利和风险传递。"巴塞尔委员会、证监会国际组织和国际保险协会联合发布的《集团内部交易与披露准则》（Intra-Group Transactions and Exposures Principles）指出：金融集团内部关联交易可以加强集团各业务单元之间的协同效应，从而获得良性的成本效率和最大化利润，实现对资本和投融资活动的有效控制。同时，内部交易也使金融集团母子公司之间、子公司相互之间形成了各种有形联系（主要体现在债权债务关系和资金链条），成为集团母公司与子公司之间、子公司相互之间风险传递的渠道。"[1]

金融控股公司中交叉性产品和业务主要体现在金融产品创新的过程中，创新性金融产品和业务的形成常常涉及两种及其以上金融行业的组合运用。例如，金融控股公司可以为大型企业提供金融全方位的"一站式"服务或者为中小企业提供多元化和多样化的金融服务；银行控股公司处理在集中经营表内业务和中间业务以外，还能够代理金控集团内保险子公司的业务；证券控股公司在集中经营投行业务、资产管理业务以及经纪业务的同时，还可以与本集团中的其他金融行业的子公司合作拓展业务、代理保险业务等；保险控股公司在集中经营保险业务之余，也可以与本集团内部子公司合作经营资产管理业务、投资顾问业务等。

二、影子银行体系中非银行金融机构和业务

非银行金融机构是指未冠以"银行"和"信用合作社"名称，经营信托投资、融资租赁、证券承销与经纪、各类保险等金融业务的金融机构。[2] 当前，中国非银行金融体系所提供的信用规模平均约占到社会融资总量的 3 成多。由于中国实行金融分业经营，证券公司和保险公司处于发展的初级阶段，总体规模较小，且分别受到中国证监会和保监会的严格监管，因此，中国以证券公司为主体的投资银行和保险公司的大部分产品和业务还不具备国际影子银行体系的特征。[3] 中国影子银行体系中非银行金融机构主要包括：信托公司、证券公司、资产管理公司、货币市场基金（MMFs）、私募基金等。中国金融业发展不断深化，随

---

①　侯雅丽：《金融控股公司的内部交易及其风险防范》，载《金融理论与实践》2008 年第 4 期。

②　杨洋：《我国非银行金融监管退出规制改革研究》，辽宁大学 2010 年博士学位论文。

③　唐红娟：《影子银行体系：功能、脆弱性与监管改革》，知识产权出版社2012 年版，第 109 页。

着资产证券化、融资融券信用交易、股指期货和信用释放工具试点的推行，结构性金融产品和货币市场基金逐渐起步发展，外国投资银行和对冲基金逐步进入中国金融市场，[1] 这些非银行金融创新产品萌芽、发展并形成一定规模，非银行金融的影子银行子体系在中国经济金融体系中的地位日益增强，影响也与日俱增。

（一）信托公司

信托公司指以受托人身份，代理委托人管理委托资产的金融企业，一般以信任委托为基础、以代人理财为主要内容，以货币资金和实物财产的经营管理为形式，资金主要来源于委托人的委托资产。[2] 信托产品主要包括：单一资金信托产品和集合资金信托产品。其中，单一资金信托产品是向某一投资者提供的信托产品，此类产品主要包括银信合作理财产品、信托贷款和客户指定的特定投资规则的产品。单一资金信托中，大部分为银信合作理财产品，银信合作属于第一类影子银行子体系，此部分不再赘述。其中的信托贷款是指受托人接受委托人的委托，将委托人存入的资金，按其（或信托计划中）指定的对象、用途、期限、利率与金额等发放贷款，并负责到期收回贷款本息的一项金融业务。信托贷款和客户指定的特定投资规则的产品在单一资金信托中所占比重微小。

在信托公司所发行的信托产品中集合资金信托中有更多的产品可以划归入第二类影子银行子体系。集合资金信托是为了共同的信托目的，将不同委托人的资金集合在一起并建立一个信托计划，按照信托计划进行管理。按照资金运用方式可以将资金集合信托划分为：权益投资信托、股权投资信托、证券投资信托、信托贷款以及组合运用和其他投资。集合资金信托广泛向社会吸纳

---

① 李建军、田光宁：《影子银行体系监管改革的顶层设计问题探析》，载《宏观经济管理》2011 年第 8 期。

② 唐红娟：《影子银行体系：功能、脆弱性与监管改革》，知识产权出版社2012 年版，第 110 页。

资金、产品规模迅速发展，已经成为影子银行体系的重要组成部分。其中，权益投资信托规模增长速度最快，从 2009 年起权益投资信托成为增长最快的投资方式。据统计，2009 年权益投资信托规模还不到 500 亿元，到 2011 年权益信托投资规模逼近 3000 亿元，两年间翻了将近 6 倍。2011 年股权投资信托和信托贷款规模也达到 1500 亿元上下，证券投资信托、组合运用和其他投资已超过 500 亿元。[①] 集合资金信托具有显著的投资特点，其倾向于投资回报率高的行业，主要集中在房地产、金融市场和工商企业领域。根据用益信托网在线统计数据显示，2011 年投向房地产领域的集合资金信托产品规模居于首位，为 2741.85 亿元，占比达 36.41%；其次规模的投资领域为工商企业，为 1655.69 亿元，占比 21.99%。与此相对应的是 2011 年 12 月收益率前三的集合资金信托产品有两个投资于房地产行业、一个投资于工商企业。其中，收益率最高的集合资金信托产品的投资方式均为权益投资，分别为渤海租赁股权收益权投资集合资金信托计划和红星美凯龙·呼市鼎盛华特定资产收益权项目集合资金信托计划，收益率分别为 14.63%、12.50%。收益率排名第三位的是宣城中锐股权投资集合资金信托计划，此信托产品为股权投资方式，收益率为 12.33%。

　　自从 2007 年《信托公司管理办法》和《信托公司资金信托计划管理办法》（以下简称"信托新两证"）颁布以来，"受人之托，代人理财"已作为信托公司经营理念确定下来。尽管 2009～2011 年银监会出台了一系列规范信托行业的政策，引导信托公司规范发展，加强风险监控，注重主动型信托资产管理业务模式的发展。同时也引导开拓高端个人信托业务和理财管理服务业务市场，提升信托公司盈利能力，促使其由粗放型向专业

---

①　李建军、［美］徐赛兰、田光宁主编：《中国影子金融体系研究报告》，知识产权出版社 2012 年版，第 60～61 页。

化、高技术含量方向发展。① 我国信托行业取得飞速发展，规模不断扩张，信托机构和产品已经成为中国影子银行体系中最为重要的组成部分之一。

（二）证券公司资管计划

证券公司资管计划就是定向资产管理计划，即证券公司与客户签订定向资产管理合同，接受单一客户委托，通过该客户的账户，为客户提供资产管理服务。定向资产管理计划根据业务类型可以分为以下几种：与银行相关的定向资管计划一般为通道业务，即银证合作业务或者银证信合作业务；自主产品研发的定向资管计划，以并购重组、财务顾问、债券融资、管理咨询、资产证券化为主的非通道业务；现金管理类业务（券商保证金管理为典型的现金管理类业务，此项业务分流了存款客户）；场外交易（OTC）产品以及证券公司的消费支付业务。②

其中，通道类业务属于影子银行体系中交叉产品和业务范畴，应划入第一类影子银行子体系，而后面的证券公司资管业务可归入非银行金融机构的第二类影子银行子体系。非通道业务中，资产证券化为最典型的影子银行业务。资产证券化是资金短缺者通过资本市场或货币市场发行可交易证券的融资形式，其使融资者可以脱离对银行融资的依赖，属于一种直接融资的方式。资产证券化"以缺乏流动性、但能够在未来产生稳定、可预见收入的资产所产生的现金流为偿付基础，通过结构化安排、风险隔离和信用增级等机制，在金融市场上发行有资产支持且标准化的债券金融活动"。③ 美国影子银行体系的主要表现形式就是资产证券化，而中国的资产证券化正处在试点阶段。中国于2005

---

① 唐红娟：《影子银行体系：功能、脆弱性与监管改革》，知识产权出版社2012年版，第111页。

② 殷剑锋、王增武主编：《影子银行与银行的影子》，社会科学文献出版社2013年版，第74页。

③ 唐红娟：《影子银行体系：功能、脆弱性与监管改革》，知识产权出版社2012年版，第117页。

年 11 月 7 日颁布《金融机构信贷资产证券化试点监督管理办法》，标志中国的信贷资产证券化试点进入实施阶段。同年 12 月将中国建设银行和国际开发银行确立为试点单位，这两家银行分别开展住房抵押贷款证券化和信贷资产证券化试点。12 月 15 日，建设银行在银行间债券市场发行 30.17 亿元 "建元" 个人住房抵押贷款支持证券，国家开发银行发行 41.77 亿元 "开元" 信贷资产支持债券。到 2007 年 4 月，中国信贷资产证券化试点进入扩大阶段，此批试点机构上升为 8 家。同年 9 月，工商银行首单信贷资产证券化产品 "工元" 一期以及农业银行、民生银行、兴业银行等多家银行的资产证券化产品活动试点批准。资产证券化存在不可忽视的风险：资产证券化形成的资产池信贷风险高于表内贷款风险，易诱发银行道德风险导致的信贷审批标准降低；商业银行存在隐性担保，风险无法实质性剥离；市场参与方少，投资主体多为商业银行，交叉持有问题突出，导致信贷风险仍然留在商业银行体系内部。① 现阶段中国资产证券化还处在探索阶段，从总体上来讲，规模小、产品种类少、市场不活跃，同时存在一定风险。资产证券化既作为影子银行体系的重要组成部分，又作为证券公司资管业务的战略支点，要在控制其风险的基础上大力规范发展。

现金管理类业务中的券商保证金管理模式，是指券商与客户签订协议后，券商可以根据协议于每日收盘后自动获取客户证券账户中闲置的保证金，将保证金划转至债券类资产管理产品账户中，并将客户资金投资于货币或债券基金、银行通知存款等工具，再按照约定期限，在次日现金自动归还账户。这一流转过程中，在不需证券客户操作也不影响客户购买金融产品的情况下，实现股票市场投资与保证金固定收益投资的充分转化和利用，一方面旨在使客户获得利息收入，提高客户黏性，另一方面券商通

---

① 郭春松：《金融危机、影子银行与中国金融业发展研究》，经济管理出版社 2013 年版，第 34 页。

过收取管理费或收益分成，获得利润并提高自身与银行争夺潜在客户的竞争力。2011年11月，首款证券客户保证金现金管理计划产品问世，是由信达证券公司推出的"信达现金宝"。该产品的投资范围限定在商业银行定期存款和活期存款以及证监会认可的其他低风险投资产品，收益分配常常采取现金分红的分配方式，产品一般不设封闭期，在上交所和深交所正常交易日均开放。随后，华泰证券公司和银河证券公司也相继推出客户保证金管理计划产品"天天发"和"水星1号"。

OTC金融衍生品，即场外交易衍生品，指衍生品交易由买卖双方通过交易平台直接交易，而未通过交易所。签订双边协议是OTC金融衍生品市场交易的主流方式，衍生品的价值是由其他资产、事件、指数和条件衍生出来的。目前，中国OTC金融衍生品主要包括：利率衍生品、外汇衍生品、信用风险缓释工具等。其中，利率衍生品是以利率或利率的载体为基础的金融衍生品，国际上的利率衍生品主要有：远期利率协议、利率期货、利率互换、债券期权、利率期权等产品。中国利率衍生品从2006年推出至今保持着较快的发展水平，为了进一步提高银行间衍生品市场标准化程度、提高交易效率，于2011年3月推出利率互换电子化交易确认平台。外汇衍生品是一种金融合约，其价值取决于一种或多种基础资产或指数，这种金融合约的种类包括：外汇远期合约、货币期权、外汇期货和货币互换。外汇衍生品交易需支付一定比例的保证金，可以进行全额交易，合约终结一般采取差价结算方式。信用风险缓释工具，简称CRM，是中国对世界信用衍生品市场的创新产品，是中国版的CDS，指可交易、一对多、标准化、低杠杆率的信用风险缓释合约（CRMA）和信用风险缓释凭证（CRMW）。2010年中国银行间市场交易商协会发布了《银行间市场CRM试点业务指引》，10月在人民银行的推动下协会首次推出CRM，11月两款信用缓释工具（CRMA和CRMW）正式在全国银行间市场推出。以上金融衍生品的交易媒介包括中国外汇交易中心和货币经纪公司（包括上海国际、上海国利、平安利顺以及中诚 BGC），其中，中国外汇交易中心是中国 OTC 衍生品最主要的电子交易平台，而货币经纪公司主要提供声讯经纪服务。[①] 金融衍生品的交易具有杠杆效应，即保证金越低，杠杆效应越大，风险也就越大。

（三）货币市场基金

货币市场基金（MMFs），指投资于货币市场上短期货币工具，如国库券、银行定期存单、政府短期债券、商业票据、企业债券等有价证券的一种投资基金。货币市场基金可以随时赎回资金的前提下，获得高于银行活期存款的收益。货币市场基金具有以下特点：其一，流动性好且投资安全性高，由于该基金的投资对象为流动性强、风险较低国库券、存单、政府债券等项目，投资者可以不受到期日限制，随时根据需要将基金转让出去；其二，风险性低、收益稳定，货币市场工具一般到期日较短，货币市场基金投资组合的平均期限一般为 4～6 个月，投资对象流动性高，其基金价格通常只受到市场利率的波动，所以收益率较为稳定；其三，购买限额低，银行理财产品的购买限额一般为 5 万元，而货币市场基金的最低购买限额可低至 1000 元，即放开了限制购买者的门槛，降低了投资者的进入限制；其四，投资成本低廉，货币市场基金没有赎回费用，即使收取管理费也较之传统基金低得多，传统基金管理费率为 1%～2.5%，而货币市场基金的年管理费是 0.25%～1%。

美国 20 世纪 70 年代初期就出现了货币市场基金，80 年代初期，银行为了规避 Q 条款存款利率不能超过 5.25%的限制以及储户为了应对通货膨胀和货币贬值的风险，货币市场基金迅速扩张，投资者纷纷将资金投资于货币市场基金。因此，货币市场基金在与银行争夺客户的过程中大获全胜。自从 2003 年开始，中国的货币市场基金逐渐起步，9 月 21 日，中国证监会发布了

---

① 唐红娟：《影子银行体系：功能、脆弱性与监管改革》，知识产权出版社 2012 年版，第 129 页。

《货币市场基金管理暂行规定（征求意见稿）》。2003 年 12 月 10
日，经中国人民银行和证监会批准，华安、博时和招商三家基金
管理公司设立国内首批免收认购费、申购费和赎回费的开放式货
币市场基金，于四日后中国第一支货币市场基金——华安现金富
利基金发行。随即一系列货币市场基金发行和上市——博时现金
收益基金、招商现金增值基金、泰信天天收益基金、南方现金增
利、长信利息收益基金、华夏现金增利基金等。[①] 2005 年 2 月，
银监会颁布了《商业银行设立基金管理公司试点管理办法》，商
业银行可以进入基金管理领域。同年 4 月，工商银行、建设银行
和交通银行获批设立了基金管理公司。货币市场基金进入了发展
阶段。但是，较之于发达地区货币市场基金领域，中国的货币市
场基金的规模依然较小，基金种类较少，尤其是在证券投资基金
市场占比很小，只有大约 5%。2013 年货币市场基金规模不断扩
大，"2013 年上半年我国境内 81 家基金公司旗下共发行货币市
场基金 73 只，最高净值规模曾达 5640.54 亿元，占公募基金资
产比重为 18.78%"。"近年来，我国货币市场基金的收益率水平
大概达到活期存款利率的 5 倍以上。2013 年以来，货币市场基
金的 7 日平均年化收益率约 3.6% 是活期存款利率的 10 倍。"较
高的收益水平，获得了大量的金融投资者的资金，分流了很大一
部分商业银行存款，在未来的一段时间里中国的货币市场基金将
凭借稳定的高收益争夺更多的存款，其影子银行的作用日趋
凸显。

（四）私募基金

私募基金（Private Fund）是指为追求投资收益或实现其他
投资目的，私下或直接向特定群体募集的资金，形成一项独立资
金，由专业基金托管人托管，基金投资者按照持有基金比例或基
金合同约定获得收益并承担风险的投资机制。根据中国《证券

---

① 唐红娟：《影子银行体系：功能、脆弱性与监管改革》，知识产权出版社
2012 年版，第 116 页。

法》将向不特定对象发行或向特定对象发行证券累计不超过 200 人的基金界定为私募基金，同理，将向不特定对象发行或向特定对象发行证券累计超过 200 人的基金界定为公募基金。

公募基金的信息披露要求较高，而私募基金由于运行的透明度不高，且给予基金管理人的权限较大，故而，私募基金容易产生诸多影子银行套利机会。首先，私募基金可能引导信贷资金违规入市。由于商业银行存款长期处于负利率，实业投资利润往往有限且伴随风险，而中国一级市场申购新股的收益率较之银行存款和实业投资要高得多且几乎无风险，于是要想吸引更多的金融投资者将资金投入二级市场的私募基金就需要有更高的回报率。在私募基金高收益率承诺的激励下，部分能从银行贷款的企业和个人纷纷将信贷资金投入私募基金，私募基金代客理财将大量的资金投入股市，因而通过私募基金这个媒介将信贷资金违规投入股市。其次，私募基金可能操纵股票套利。私募基金为通过股市获得高额利润，往往会运用操纵股价和内幕交易的手段实现高位套现。在套现的过程中，私募基金公司会选择价低、盘小的股票大量买入，从而快速推高股价，使此股票处于高价，此时再高位卖出套取资金。这些价低、盘小的股票往往经营业绩一般，对于这些股票强势买入使其长期走牛，而对于绩优蓝筹股长期冷落，将严重扭曲市场的价值投资理念，削弱市场的资源配置功能。[①] 最后，私募基金违规承诺保底扩大信用风险。所谓保底条款，是私募基金管理者向金融投资者对其所投资金保障一定比例收益率的承诺。现存的大部分私募基金都有保底收益，而一旦发生系统性风险，私募基金将无法按照承诺支付收益率，甚至可能造成投资本金的亏损。同时，中国现行法律法规也不支持保底条款。例如，《证券法》第 144 条规定："证券公司不得以任何方式对客户证券买卖的收益或者赔偿证券买卖的损失作出承诺。"该条款

---

① 余四林：《论我国私募基金的发展现状及展望》，载《财会通讯》2009 年第 4 期。

虽然没有直接规定委托理财合同中保底条款的效力，但对证券公司行为的禁止性规定，属于强制性规范。证监会于 2001 年 11 月 28 日颁布的《关于规范证券公司受托投资业务的通知》第 4 条第 11 款规定："受托人（证券公司）不得向委托人承诺收益或者分担损失。"实践中，证券公司与客户在委托理财合同中签订保底条款的，法院都以该条为依据认定保底条款无效。私募基金公司一旦出现重大风险，基金管理者无法兑现承诺造成违约，将产生客户对私募基金的信任危及，由于金融违约和信任危机具有传递性，进而信用风险可能波及其他金融领域。

私募基金的运行方式主要以非公开方式建立资金池，并将资金投资于公开上市权证或非上市的企业。根据投资方式不同，私募基金可以划分为私募证券投资基金和私募股权基金。前者以投资证券以及其他金融衍生品为主，后者以投资产业为主。其中，私募证券投资基金是通过非公开方式向少数机构投资者和富有的个人投资者募集资金而设立的基金，其销售和赎回都是基金管理人通过私下与投资者协商进行的。"投资于证券市场的私募证券投资基金的存在并有效运作是成熟证券市场的一个重要特征。"[1] 2013 年 6 月 1 日施行了《证券投资基金法》（修订），此法第二条规定，"在中华人民共和国境内，公开或者非公开募集资金设立证券投资基金（以下简称基金），由基金管理人管理，基金托管人托管，为基金份额持有人的利益，进行证券投资活动，适用本法"。第十章"非公开募集基金"用了 10 个条文对非公开募集基金从基金募集（对象范围、宣传推介等）、基金托管、基金合同、基金管理人登记等方面作了具体规范。[2] 可见，《证券投资基金法》的颁布实施不但使私募基金合法化，而且也促使私募证券投资基金规范化。

私募股权基金（Private Equity Fund，PE）一般是从事私人

---

① 倪明：《我国私募基金运行现状及风险》，载《中国金融》2010 年第 3 期。

② 刘道云：《论我国私募基金法律规制的完善》，载《新金融》2013 年第 6 期。

股权投资的基金，可以发挥资本平台作用，运用产融结合的方式，通过并购重组的形式，推动产业结构调整和优化升级。①
2006 年 1 月 1 日修订实施的《证券法》、《公司法》和 2007 年 6
月 1 日实施的《合伙企业法》为股权基金的设立提供了法律依据。"2008 年 12 月国务院出台的'金融 30'条中，在国家级的层面上出现了股权投资基金的提法。2009 年 3 月 31 日，证监会发布《首次公开发行股票并在创业板上市管理暂行办法》，办法自 2009 年 5 月 1 日起实施，筹备十余年之久的创业板正式开启，更是为本土私募股权基金的发展注入了强劲活力。"② 2011 年 12
月国家发改委办公厅发布《关于促进股权投资企业规范发展》的通知规定，"股权投资企业的资本只能以私募方式，向特定的具有风险识别能力和风险承受能力的合格投资者募集，不得通过在媒体（包括各类网站）发布公告、在社区张贴布告、向社会散发传单、向公众发送手机短信或通过举办研讨会、讲座及其他公开或变相公开方式（包括在商业银行、证券公司、信托投资公司等机构的柜台投放招募说明书等），直接或间接向不特定或非合格投资者进行推介。股权投资企业的资本募集人须向投资者充分揭示投资风险及可能的投资损失，不得向投资者承诺确保收回投资本金或获得固定回报"。进一步规范了在国内设立的从事私募交易企业股权投资业务的股权投资企业的运营和备案管理。然而，私募股权基金未纳入《证券投资基金法》的监管范畴。
2012 年 8 月 25 日股权创业投资协会联名上书全国人大常委会，反对将私募股权基金纳入《证券投资基金法》管辖，同年 12 月十一届人大常委会第十三次会议中，私募股权基金未纳入《证券投资基金法》修订。此外，虽然私募股权基金能够给企业带

---

① 艾西南、周军：《本土私募股权基金——产业整合资本的新通道》，载《现代管理科学》2008 年第 5 期。

② 张杰：《后危机时代加快私募股权基金发展之策》，载《现代财经》2010 年第 2 期。

来丰厚的发展资金，也可以使金融投资者获得专业团队资本运作并可能给金融投资者创造获得高额利润的机会，但是私募股权基金也存在巨大的风险隐患。私募股权基金的投资周期一般较长，并且投资于成长期的企业，企业成长本身就受到行业发展和自身条件的影响，其发展前景还未定数，一旦私募股权基金所投资的企业发生破产，则私募股权基金和金融投资者可能血本无归。

三、影子银行体系中准金融机构

准金融机构不同于传统的银行、证券、保险、信托类传统的金融机构，没有金融牌照，但是从事的业务属于金融业务，不受人民银行、银监会、证监会、保监会直接监管，资金来源于私募而不是公募，涉及公众利益有限。根据以上特征，影子银行体系中的准金融机构可以包括：小额贷款公司、融资性担保公司、典当行等。

（一）小额贷款公司

小额贷款公司是指由自然人、企业法人与其社会组织运用自有资金投资设立，不吸收公众存款，经营小额贷款业务的有限责任公司或股份有限公司。2005 年的中央一号文提出"有条件的地方，可以探索建立更加贴近农民和农村需要、由自然人或企业发起的小额贷款组织"。依此中央指示人民银行转变思维，开始鼓励设立小额贷款公司，大力发展民间金融，并且在山西、内蒙古、四川、贵州、陕西五省（区）设立试点。2008 年 5 月，中国银监会与中国人民银行联合发布《关于小额贷款公司试点的指导意见》，推进了小额贷款公司在全国范围内试点的发展。[1]此后，小额贷款公司在全国各省蓬勃发展，根据央行公布的《2012 年小额贷款公司数据统计报告》显示，截至 2012 年年末，

---

[1] 王劲屹、张全红：《小额贷款公司跨越困境之路径探析》，载《管理现代化》2013 年第 1 期。

全国小额贷款公司数量已经达到 6080 家，贷款余额达到 5921 亿元人民币。相较 2011 年 4282 家小贷公司 3915 亿元的贷款余额，2012 年全年新增小贷公司 1798 家，新增贷款规模高达 2007 亿元。[①]

《关于小额贷款公司试点的指导意见》作为小贷公司不断发展的纲领性文件，明确了小贷公司的运营原则，其规定："小额贷款公司在坚持为农民、农业和农村经济发展服务的原则下自主选择贷款对象。小额贷款公司发放贷款，应坚持'小额、分散'的原则，鼓励小额贷款公司面向农户和微型企业提供信贷服务，着力扩大客户数量和服务覆盖面。"为了规范小贷公司的规范运营、降低经营风险，《关于小额贷款公司试点的指导意见》对于小贷公司的经营进行适度限制：首先，限制小贷公司向社会公众吸收存款，将小贷公司明确限定为"只贷不存"的机构，以防止小贷公司向公众吸储，一旦倒闭造成社会恐慌和金融风险；其次，限制小贷公司向银行融资的比例，一方面不能向超过两家以上的银行融资，另一方面融资余额不得超过小贷公司资本净值的一半，其目的是在保障小贷公司融资渠道的同时，防范小贷公司的经营风险向银行过度传递；再次，限制单一股东持有超过小贷公司注册资本 10% 的股份，以防止大股东操纵关联贷款；最后，在放贷对象的筛选方面，限制小贷公司对同一对象放贷超过资本净值的 5%，以避免违约风险的过度集中；在贷款利率的控制方面，将贷款利率限制在央行公布基准利率的 0.9 ~ 4 倍。

小额贷款公司经历几年的发展，在全国各省区分布数量的差异性较大。根据中国人民银行调查统计司最新公布的 2011 年 12 月小额贷款公司分布情况统计表来看，小贷公司机构数量排名前十的分别是：内蒙古、江苏、辽宁、安徽、云南、山西、河北、

[①]　刘翔：《小贷公司跳跃式扩张》，载《经济导报》2013 年 2 月 6 日。

山东、河南、吉林（见表 3 - 1）。[①]

表 3 - 1　2011 年小额贷款公司机构总数排名前十的省份[②]

排名	地区名称	机构数量（家）	从业人员数（人）	实收资本（亿元）	贷款余额（亿元）
1	内蒙古自治区	390	3765	313.29	331.21
2	江苏省	327	3019	559.78	805.16
3	辽宁省	312	2334	144.3	122.83
4	安徽省	278	3122	160.25	189.54
5	云南省	213	1857	83.47	83.94
6	山西省	209	2098	121.49	114.68
7	河北省	186	2215	109.15	117.89
8	山东省	184	1985	186.01	222.53
9	河南省	181	2425	63.74	64.87
10	吉林省	179	1479	40.49	30.51

从以上 2011 年小额贷款公司在全国各省区的分布以及机构数量排名前十的数据可以看出小贷公司在中国发展的特点：各省区小贷公司分布存在明显差距，且分布的密集程度与金融业的发达水平存在较大差异。金融业发达的城市，如上海、北京，其小贷公司规模在全国 31 个省份中仅分别排列第 23 位和第 27 位。小贷公司发展规模与地区经济状况发达程度不吻合，在小贷公司规模排名前十的省份里，既有东部经济发达省份，如江苏、山东，也有中西部经济欠发达省份，如内蒙古、云南。究其小额贷款公司规模差异显著的原因，从机构资本运营来看，由于小额贷

①　朱乾宇、徐健鹏、吕成哲：《我国小额贷款公司的发展与效果评价》，载《投资研究》2012 年第 6 期。

②　资料来源：中国人民银行调查统计司。

款公司执行"只贷不存"业务模式，因此其发展条件与该地区的信贷需求呈正相关，而与存款总量关系不显著，即此地区经济活动对于资金的需求越旺盛，小贷公司的规模发展越快，而此地区存款供应量与小贷公司规模无关。从政策性扶持来看，小额贷款公司规模分布的地域特征与地方政策对小贷公司的扶持力度相关。那些率先获得试点权的地区和给予小贷公司优惠政策的地区，小贷公司的发展势头和力度要明显高于未获优惠政策的地区。[①] 例如，内蒙古、山西、陕西、贵州、四川五省份作为 2005 年第一批批准的试点，到 2011 年 12 月小贷公司数量分居第 1、6、14、15、20 位，其中四省分居全国小贷公司总数的前半段。又如，江苏省出台农村小额贷款公司税收优惠政策，2007 年发布的《省政府办公厅关于开展农村小额贷款组织试点工作意见（试行）》（苏政办法〔2007〕142 号）规定，江苏"省农村小额贷款公司的税率参照农村信用社改革试点期间的相关税收政策执行，即所得税按 12.5%、营业税按 3% 的税率征收"。而后，江苏省 2009 年另发布《省政府办公厅转发省财政厅关于促进农村金融改革发展若干政策的通知》（苏政办发〔2009〕32 号）规定，"对新型农村金融组织为农服务业务缴纳的所得税地方留成部分和营业税，省财政按 50% 给予激励。各地农村小额贷款公司按照实际纳税额享受税收奖励政策"。通过一系列优惠扶持政策的激励，江苏省小额贷款公司总数在 2011 年就跃居第二，实收资本和贷款余额跃居首位，成为小贷公司规模发展最快的省份之一。

（二）融资性担保公司

融资性担保公司是经营融资性担保业务的有限责任公司和股份有限公司，融资性担保公司作为担保人与银行业金融机构等债权人签订契约，一旦被担保人对债权人不履行由担保公司担保的债务时，融资性担保公司须承担合同所约定的担保责任。近年

---

① 张翼：《小额贷款公司的区域差异及其成因——基于省际数据的比较分析》，载《上海金融学院学报》2012 年第 6 期。

来，中国融资性担保行业发展迅速，其推动民营经济的发展、缓解中小企业融资难、扶持"三农"发展、提高了社会资金融通的效率。然而，由于融资性担保公司扩张迅速，而法律制度和监管体系建立滞后，造成了融资性担保行业出现机构和业务运行规范性差、行业市场定位不清、社会信用体系受损等不利于行业发展的情况。为了规范融资性担保行业运行，防范融资性担保行业风险，促进融资性担保行业健康发展，国务院办公厅于 2009 年发布了《关于进一步明确融资性担保业务监管职责的通知》（国办发〔2009〕7 号），财政部于 2010 年印发了《关于地方财政部门积极做好融资性担保业务相关管理工作的意见》（财金〔2010〕23 号），此一系列对于融资性担保行业的指导意见旨在引导地方财政部门更好地履行职责，支持和促进融资性担保业务规范发展。①

2010 年 3 月 8 日，由银监会牵头，国家发展与改革委员会、工业与信息化部、中国人民银行、财政部、商务部、国家工商行政管理总局七部委共同出台了《融资性担保公司管理暂行办法》（银监会等 7 部委令〔2010〕3 号），该办法对于规范融资性担保公司的日常运营和法律监管具有里程碑式的意义。《融资性担保公司管理暂行办法》明确了融资性担保公司可以经营的业务，即"经监管部门批准，可以经营下列部分或全部融资性担保业务：（一）贷款担保；（二）票据承兑担保；（三）贸易融资担保；（四）项目融资担保；（五）信用证担保；（六）其他融资性担保业务"。并且还"可以兼营下列部分或全部业务：（一）诉讼保全担保；（二）投标担保、预付款担保、工程履约担保、尾付款如约偿付担保等履约担保业务；（三）与担保业务有关的融资咨询、财务顾问等中介服务；（四）以自有资金进行投资；

---

① 财政部金融司：《加强监督管理促进融资性担保行业健康发展》，载《中国财政》2010 年第 9 期。

（五）监管部门规定的其他业务"。^①该办法不但明确规定了融资性担保公司可以经营和兼营的业务，而且还划定了融资性担保业务的禁区，即"融资性担保公司不得从事下列活动：（一）吸收存款；（二）发放贷款；（三）受托发放贷款；（四）受托投资；（五）监管部门规定不得从事的其他活动。融资性担保公司从事非法集资活动的，由有关部门依法予以查处"。^②《融资性担保公司管理暂行办法》的颁布一方面明确了融资性担保公司的业务范围，使担保公司在开展经营项目时可以有的放矢，做到心中有数；另一方面，使监管机构进行监督管理时能够做到有法可依。

近年来，全国融资性担保公司规模快速扩张，据中国银监会融资担保部发布的统计数据显示，"截至 2012 年末，全国融资性担保行业共有法人机构 8590 家，资产总额 10436 亿元，负债总额 1549 亿元，净资产 8886 亿元，在保余额 21704 亿元，融资性担保放大倍数为 2.1 倍，全年担保业务收入 392 亿元，实现净利润 114 亿元，上缴税收 54 亿元"。较之 2010 年年末全国融资性担保法人机构的数量 6063 家，两年间机构数量增长 41.68%。融资性担保行业资本和拨备持续增长，此行业的整体实力也稳步增强。"截至 2012 年末，平均每家融资性担保机构实收资本 9642 万元，同比增加 860 万元，增长 9.8%。注册资本 10 亿元（含）以上的法人机构有 54 家，1 亿元（含）至 10 亿元的有 4150 家，2000 万元至 1 亿元的有 3673 家；注册资本 2000 万元（含）以上的融资性担保机构占比 91.7%。行业担保准备金合计 701 亿元，同比增加 141 亿元，增长 25.2%。担保责任拨备覆盖率（担保准备金余额/担保代偿余额）为 280.3%，同比减少 327 个百分点；担保责任拨备率（担保责任余额/担保余额）为

---

① 《融资性担保公司管理暂行办法》（银监会等 7 部委令〔2010〕3 号）第 18、19 条。

② 《融资性担保公司管理暂行办法》（银监会等 7 部委令〔2010〕3 号）第 21 条。

3.2%，同比增加了 0.3 个百分点。"①

虽然，融资性担保公司对于完善中小企业融资环境，开拓"三农"融资渠道，增加社会资金融通效率具有明显的促进作用，但是随着融资性担保行业的迅速扩张，而监管机构、管理人员、监管法律未及时跟进，融资担保市场也出现了不少违规营业行为：违规挪用或占有客户保证金、出资不实或抽逃资金、以委托贷款方式掩盖代偿，更有甚者还出现非法集资、非法吸存等违法行为。由违法违规行为引发的经营风险不断显现，在融资性担保公司的恶性竞争越发激烈的环境下，担保公司的利润来源从收取 2%～3% 的担保费，变成获取"存款"与"借款"之间的利差，在追逐超额利润的激励下，不少担保公司开始违规"揽储转借"赚取利差。"2010 年以来，中国经济在狂飙突进多年后，增速突然放缓，在稳健的货币政策下，全国各地的资金链都开始紧绷，浙江、广东、福建、河南、内蒙等地民间金融都不断爆发出资金链危机。"②

融资性担保公司的违法违规行为将造成严重的风险。首先，部分融资性担保公司不规范开展业务，自身直接参与民间借贷、委托贷款等融资活动，有的融资性担保公司间接控制小额贷款公司，非法吸储放贷，不但增加了自身的经营风险，而且其所滋生的负外部性风险向金融系统蔓延；其次，部分融资性担保公司非法挪用客户的保证金或客户的贷款，利用关联企业套取银行低息贷款资金，再利用该资金发放高利贷或进行高风险投资，获取高额利差，此行为不但增大交易对手资金风险，而且破坏了正常社会经济秩序，有损社会资金使用效率；③ 最后，部分融资性担保公司存在出资不实或抽逃出资的行为。《融资性担保公司管理暂行办法》第 10 条规定，"监管部门根据当地实际情况规定融资

① 吴友兵：《中国融资性担保行业分析》，载《中国证券期货》2012 年第 5 期。
② 高太平：《融资性担保公司经营问题探析》，载《企业经济》2013 年第 1 期。
③ 张启阳：《规范融资性担保公司发展》，载《中国金融》2013 年第 6 期。

性担保公司注册资本的最低限额，但不得低于人民币 500 万元。注册资本为实缴货币资本"。而融资性担保公司的注册资本为足额实缴或虚假出资的现行较为普遍，且担保公司营业执照上核定的注册资金与实际资金存在较大差距，即使在融资性担保公司在工商登记时实施实缴货币资本，也可能存在相当比例的注册资本是拆借所得，一旦公司注册完成，其往往抽逃资金。融资性担保行业这种出资不实的情况，将在很大程度上降低担保公司的实际担保以及赔付能力，这种行为将给被担保方带来很大风险，倘若频频出现担保公司资金紧张和资金链断裂的情况，将会造成融资性担保行业的信用度下滑，影响全行业的健康有序发展。

（三）典当行

典当行，又称当铺，是以财物作为质押获取有偿借款的融资机构。以物换钱是典当行的运行模式，当户将自己的有价物交付给典当行，获取适当比例的资金并约定当期，典当行以受领的有价物作为借出债权的担保，当典当期满时，或者当户赎当（当户交付当金本息以及管理费用），或者当户死当（典当行处分典当物获得货币弥补损失或盈利）。与小额贷款公司和融资性担保公司不同，典当行在中国由来已久。中国的典当行业起源于南北朝时期，那时典当行称为"寺库"，因为当时社会动荡，战事不断，大量百姓穷困潦倒，而寺院财力雄厚。在战乱时期，穷人要靠典当衣物、首饰等维持生计，典当行业在此社会背景下悄然产生。典当于宋代正式形成独立行业，兴于明清，旧式典当行的名声并不太好。[①]旧社会的典当行大多被视为盘剥穷人的工具，新中国成立后的几十年里，典当行一直销声匿迹，直到 20 世纪八九十年代新式典当行伴随着市场经济的建立开始兴起。十一届三中全会后典当行恢复经营，1987 年新中国第一家典当行在成都开业，自此开启了新中国的典当事业。2000 年以后，典当行作为特殊的工商企业移交

---

① 李雪：《新式典当行：不为生计为理财》，载《中国商贸》2009 年第 18 期。

原国家经贸委统一归口管理，在 2003 年的机构改革中划归商务部管理。2005 年 4 月 1 日由商务部、公安部联合发起实施《典当管理办法》（商务部、公安部〔2005〕第 8 号令），此办法的颁布对于典当行业的经营规范具有里程碑式的意义。

从 1987 年四川成都开办新中国第一家典当行伊始，中国典当行业进入了新的历史时期。现代典当行为不再是穷人的专利，不少"有钱人"为了获得应急资金时常选择典当作为融资手段。与银行贷款相比，典当作为一种融资方式具有独特的优势：首先，这种典当融资更加快捷、简便，而银行贷款手续烦琐，审批周期长，难以解决燃眉之急。通过典当融资一般当天就能拿到资金，即使是房产典当一般也不会超过 3 天；其次，典当资金不受额度限制，能够满足小微企业或个体经营者的小额资金缺口，而大多银行倾向于将贷款发放给大中型企业，小微企业和个体工商户很难拿到贷款或贷款成本偏高，典当行的繁荣正好迎合了普通大众的小额融资需求；最后，典当融资的抵押物种类范围更广，典当行可作为当品的种类繁多包括：房地产、机动车、机械设备、有价证券、黄铂金饰品、珠宝翡钻、名表、摄像及照相器材、高档电器及乐器、IT 产品等。[1] 而银行贷款的抵押物范围受到明显限制。经历不到 30 年的发展，典当行业以特殊的市场定位和服务范围在中国的经济生活中发挥着独特的作用，经过清理整顿、重新规范核准，新时期的典当行业被社会大众逐步认同和接受，典当行业不断发展壮大。[2]《中国典当行业深度调研与投资战略规划分析前瞻》显示，截至 2012 年 12 月末，全国依法设立的典当行 4433 家，注册资金总计 584 亿元，全国典当从业人员 3.9 万人，累计发放当金（典当总额）1801 亿元，约占当年银行贷款的 2.5%。2013 年 6 月底，全国典当行规模进一步增加

---

① 李毅：《典当行：脱颖而出的民间融资新秀》，载《中国市场》2007 年第 3 期。
② 曾康霖：《我国典当业的性质及可持续性研究》，载《金融研究》2005 年第 12 期。

至 5238 家，分支机构达到 535 家，全国典当业实现典当总额 1180 亿元，同比增长 38%。

随后，典当行业不断发展，遍地开花，在典当行规模扩张的过程中出现了不少新问题、新情况。《典当管理办法》规定的行业准入门槛偏低，对于信息公开、风险管理等问题也规定的不到位，立法逐渐滞后于典当行业发展。2011 年 5 月，国务院法制办发布了《典当行管理条例（征求意见稿）》，此条例不仅提高了立法层次，而且还对典当行的设立和变更、经营规则及监督管理作出更加切实的规定，提高了行业的准入门槛，强化了行业信息公开化，加强了风险监管。但是，当今中国典当行业仍然存在一些不规范运营情况，给金融市场和社会稳定带来隐患。例如，部分典当行借助当铺或寄售商行的外衣，从事高利贷经营，针对没有足额抵押物或无抵押物的客户实施借款，并且收取比典当行法定管理费多得多的费用，在借款人无力还本付息时，时常采用暴力威胁的极端手段讨要债务，其行为性质实属违法的高利贷行为，其行为不但扰乱了正规典当市场，而且对社会秩序造成极为恶劣的影响。因此，在大力发展典当行业，促进小微企业和个体经营发展，提高社会资金融通效率的同时，还要加强完善典当行业的监管，规范典当机构和业务的合规性，提高风险管理水平，杜绝典当行业的变相高利贷行为。

第四节　各类型影子银行体系的突出风险特征

一、混业经营机构和业务的监管套利明显

（一）银信合作

中国影子银行体系中，最有代表性的是金融业中的理财业务

相关部门。① 中国社科院金融研究所金融产品中心的课题组正在持续地跟踪研究中国的"影子银行"体系，课题报告显示，中国的"影子银行"主要指银行理财部门中典型的业务和产品，特别是贷款池、委托贷款项目、银信合作的贷款类理财产品。并指出"在中国，规模较大的'影子银行'是银信合作，这一块规模大，涉及面广，且大家关注较多"。有统计数据显示，2010年前6个月银信合作产品较2009年前6个月增加2.37万亿元的规模，这使银行的信贷规模控制失效，银行通过银信合作的创新方式释放出了大量的资金。尽管2011年、2012年银信合作产品的资金总量在减少，但其仍是"影子银行"中最大的资金释放来源。可见，银信合作是金融机构中混业经营的典型模式，也被多数理论和实务界人士认可为影子银行的重要组成部分。

银信合作理财产品是为了满足普通金融消费者的投资需求，将商业银行的产品销售渠道与信托公司的投资渠道结合而形成的金融产品。2007年1月，银监会发布了《信托公司集合资金信托计划管理办法》，将银行合作理财引向单一资金信托计划模式，此后银信合作理财模式发展迅猛。

信托公司设立信托计划，应当符合以下要求：

（一）委托人为合格投资者；

（二）参与信托计划的委托人为惟一受益人；

（三）单个信托计划的自然人人数不得超过50人，但单笔委托金额在300万元以上的自然人投资者和合格的机构投资者数量不受限制；

（四）信托期限不少于一年；

（五）信托资金有明确的投资方向和投资策略，且符合国家产业政策以及其他有关规定；

（六）信托受益权划分为等额份额的信托单位；

---

① 袁增霆：《影子银行体系发展与金融创新》，载《中国金融》2011年第12期。

（七）信托合同应约定受托人报酬，除合理报酬外，信托公司不得以任何名义直接或间接以信托财产为自己或他人牟利；

（八）中国银行业监督管理委员会规定的其他要求。

——《信托公司集合资金信托计划管理办法》

监会令〔2009〕第1号第5条

但随着银信合作业务的快速发展，银信合作逐渐成为银行规避信贷监管的工具，针对银信合作的监管套利行为，银监会在2009年、2010年、2011年连续3年对于银信合作业务颁布专门的监管通知，2009年、2010年又分别对于银行信贷转让问题出台了监管通知。这些通知一般都规定了"禁止性"要求，从表面上看其起到了抑制银信理财产品过度膨胀的势头，但实质上的实施效果不佳，针对一系列的监管新政银信理财产品结构推陈出新，凸显监管制止与监管套利之间的张力。

（二）银证、银保合作

2011年银监会发布《关于进一步规范银信理财合作业务的通知》指出，各商业银行应当按照此通知要求在2011年年底前将银信理财合作业务表外资产转入表内。随着信托业受政策限制与银行合作一定程度上受阻，证券公司瞄准时机迅速上位。

为进一步防范银信理财合作业务风险，促进商业银行和信托公司理财合作业务健康发展，结合《中国银监会关于规范银信理财合作业务有关事项的通知》（银监发〔2010〕72号，以下简称《通知》）有关规定，现就有关事项通知如下：

一、各商业银行应当按照《通知》要求在2011年底前将银信理财合作业务表外资产转入表内。各商业银行应当在2011年1月31日前向银监会或其省级派出机构报送资产转表计划，原则上银信合作贷款余额应当按照每季至少25%的比例予以压缩。

二、对商业银行未转入表内的银信合作信托贷款，各信托公司应当按照10.5%的比例计提风险资本。

三、信托公司信托赔偿准备金低于银信合作不良信托贷款余额 150% 或低于银信合作信托贷款余额 2.5% 的，信托公司不得分红，直至上述指标达到标准。

四、各银监局应当严格按照上述要求督促商业银行资产转表、信托公司压缩银信合作信托贷款业务。

——《中国银监会关于进一步规范银信理财合作业务的通知》银监发〔2011〕7 号

2011 年年底，银证合作先是在个别银行出现，到 2012 年则逐渐成为行业趋势，尤其是在 4 月、5 月迅速增长。据银行方面估计，2012 年发行的票据类理财产品规模上千亿元。而也有券商估计，截至 2012 年银证合作的规模应该在 6000 亿~7000 亿元。① 在银证合作中，证券公司扮演的角色就是银信合作中的信托角色。资金并未进入表内资产，银行可以将信贷资产从表内转至表外，逃避信贷规模约束。可见，银证合作容易成为银行信贷资金表内转表外的通道，使监管层无法准确把控真实的信贷情况，进而产生金融系统风险。

2000 年以后，银保合作在我国快速发展，保险业务"逐渐发展到融入银行自身金融服务领域，如，将投资连结保险以及其他保单期限和缴费期限较长、保障程度高、产品设计相对复杂以及需较长时间解释说明的保险产品，通过纳入理财服务专柜、财富中心、私人银行等专门化的销售渠道进行规划，借以打造和丰富'一站式'综合金融服务的内容"。② 银行业和保险业实施交叉经营主要基于不同金融行业监管政策差异的考虑，体现了银行和保险业对同类业务净监管负担差异产生的额外收益的追求。我

---

① 高欣：《银证合作通道业务盈利受限 券商资管急需转型》，载财经网 http: //roll. sohu. com/20121113/n357472766. shtml。

② 宋婷婷：《交叉性金融创新的监管套利路径与博弈策略》，载《上海金融》2012 年第 10 期。

国银保合作呈现出以银行代理销售保险产品为主、金融控股集团内银保合作一体化为辅的局面。虽然银保合作依然处在较为初级的合作阶段，但随着银保合作的不断深入，银保合作也难免出现监管套利问题。

（三）金融控股公司

金融控股公司是在同一控制权下，在银行业、保险业、证券业中至少为两个不同的金融行业提供服务的金融集团。金融集团是金融业迈向混业经营的典型代表，在提高金融效率的同时，产生了不小的金融风险。首先，金融集团注重业务和产品的跨行业组合，这种情况使金融集团经营状况更加具有隐蔽性，也有些经营者通过组合形式，达到监管套利的目的；其次，金融集团中母子公司资本的重复计算造成财务杠杆过高，公司资本金重复计算，则夸大公司整体抵御风险的能力，影响整个集团的安全性；最后，金融集团中母公司与子公司之间以及子公司之间股权相互联接，通过资源共享、内部交易、资金流以及信息流的紧密联系，使集团内部不同部门之间风险不再独立。当某子公司发生金融困难时，若金融集团的内控制度不健全，可能诱发其他子公司甚至整个集团的破产。中国法律未明确金融控股公司的地位，对于其监管法律还是空白，一般视其为工商企业。立法滞后更加剧了一系列的金融风险，监管套利频发、财务杠杆增高、风险传染进一步扩大。

总而言之，我国金融业实行"一行三会"的分业监管模式，在现行的监管体制下，不同类型的金融机构和监管业务面临不同的监管规则，时常导致监管当局的管理陷入监管重叠和监管真空的困境之中。而金融机构中混业经营的影子银行业务所创造的金融工具可以突破金融系统和市场之间的边界，打破监管当局部门之间各司其职的格局，活跃于监管盲区之中。分业监管的职能部门对于游离于监管之外的融资机构，缺乏相应的监管权限和监管手段。因此，影子银行机构和业务多利用监管部门的专业性缺陷进行监管套利。例如，银监会负责对于银行业和信托业进行监管，为控制银信业务风险，限制融资类信托业务占银信合作业务余额的比例不能超过 30%，而大部分参与银信理财业务的信托公司该项业务比例都超过 80%，[①] 对于这些直接融资类银信合作业务而言，设定 30% 的上限相当于直接叫停。但是，对于衍生融资类银信合作产品，银监会的监管对策就不那么受用。衍生融资类银信合作产品中的受托机构不是信托公司，而是引入其他非银行金融机构，其加入银信合作链条的作用是替代信托公司作为转移信贷资产的通道，使融资链条更长、结构更复杂、融资功能和意图更隐蔽。银监会对于部分非银行金融机构（如保险类公司、证券类公司）不具有监管权，衍生融资类信托业务通过引入非银监会监管的参与方，为银信信贷腾挪通道。可见，混业经营的影子银行业务，利用分业监管所产生的监管盲区，绕道实现监管套利。

二、非银行金融机构和业务的负外部性突出

（一）金融的外部性

外部性是马歇尔在其著作《经济学原理》中提出的概念，指当某一经济活动的收益或成本外溢到未参与此项经济活动的主体上时而产生的外部性。这种外部性的形成是由于一个经济人的行为对其他部分经济人所产生的影响，且此种影响未通过市场交易或货币关系反映。[②] "金融外部性是指金融活动中某金融主体的私人成本或私人收益向与该金融行为无关联的其他经济主体的溢出效应。"[③] 若金融活动产生社会收益，即为金融正外部性，

---

① 江西江南信托股份有限公司用益工作室：《2010 年信托理财市场回顾与展望》，2011 年 11 月。

② Kregel J. A. Margins of Safety and Weight of the Argumentin Generating Finaneial Fragility. Journal of Economic Issues，1997，（6）：543—548.

③ 海英、白钦先：《国际金融危机中的金融负外部性考察》，载《上海金融》2010 年第 1 期。

其金融正外部性表明金融活动的私人收益向社会溢出；若金融活动产生社会成本，则为金融负外部性，其意味着金融成本向社会外溢。金融市场出现正外部性，自然会增加金融市场的社会福利，但是一旦金融机构产生风险出现挤兑，将风险传染给健康的金融机构，而因此受损的金融机构不能通过市场交易或货币行为向传导风险的金融监管索偿，此时就产生了金融负外部性。

金融外部性会导致金融市场失灵，金融市场资源配置效率损失。一方面，金融市场外部性存在的情况下，金融资本难以通过公平竞争获得平等的报酬；另一方面，由于金融市场外部性的存在，个别理性人可能将私人成本转移到社会，在其私人成本降低的同时，导致社会成本的升高。在这种情况下，如果单靠市场调节而没有合理的监管机制，上述个别私人成本降低而带来的边际收益的增量往往低于社会成本的增量，进而导致社会总福利的降低，资源配置效率的损失。

（二）非银行金融机构的负外部性

对于非银行金融机构的概念，国内学术界和实务界没有统一的界定，我们可以通过对非银行金融监管与银行机构的比较，进一步认识其特征。非银行金融机构不像银行那样，既不会受到存款储备金、资本充足率等严厉的监管，一般也没有存款保险、最后贷款人等金融安全网的保护，因此，非银行金融机构一旦破产更容易引发负外部效应。具体而言，非银行金融机构的负外部效应表现为：

非银行金融机构与商业银行以及其他存款机构之间的资产负债风险具有很强的传染性。我国非银行金融机构与商业银行的债权债务清算均通过人民银行进行清算，两者之间通过各种途径进行同业拆借，非银行金融机构与商业银行体系之间具有千丝万缕的联系，整个金融体系形成复杂而紧密的债权债务关系。例如，信托投资公司由于其融资渠道狭窄，所以其一方面更加依赖于同业拆借市场；另一方面，信托公司通常作为通道，促使商业银行的大量资金流向房地产、证券等商业银行资金不能进入的投资领域，可能形成不良资产。非银行金融机构一旦出现流动性困难甚至破产时，单个机构的金融困难会由于信息不对称而演变成全局性的金融动荡，其对于商业银行系统甚至整个金融体系都会造成极大的负面影响。

中国的非银行金融机构具有特殊的外部性。商业银行面向公众吸收存款，若发生破产，将产生对其存款机构的连锁反应，在没有存款保险和最后贷款人制度的保障下，商业银行很容易发生挤兑。但是，非银行金融机构获得资金的途径与商业银行存在根本不同，其不向社会公众吸纳存款，遵此逻辑，非银行金融机构倒闭的负外部性远远不及商业银行显著。但是，我国的实际情况不然。由于我国非银行金融机构的特殊情况，其破产倒闭时，产生与存款性金融机构类似的负外部效应，而基于非银行金融机构没有公共安全网的保护，其所带来的负外部效应较之商业银行明显得多。例如，在中国证券公司中，客户保证金是证券公司负债的主要来源。中国证券市场实行全额保证金制度，证券投资者需缴纳"买卖证券款"，其类似于银行的活期存款，"尽管法律法规严禁证券公司挪用客户资金，但前几年客户在券商处开立资金账户，而券商通过统一的资金账户进行一级清算的模式是很难杜绝挪用现象发生的"。此外，证券公司还以"委托买卖有价证券、向企业借款、卖出回购证券"等形式变相吸收企事业的资金。[1] 可见，证券公司利用存款性资金来源开展高风险的证券类业务，其造成更大的经营风险，一旦发生破产，对于各类债权人的负外部性无异于存款性金融机构，甚至由于非银行金融机构没有公共安全网的保护，较之于商业银行，其可以产生更大的负外部性。

---

① 西南财经大学课题组：《我国非银行金融机构重整制度研究》，载《金融研究》2001年第4期。

三、准金融机构的经营和监管的专业化赤字

目前，法律层面未对"准金融机构"做出明确的定义。本文所论述的准金融机构是介于正规金融和非正规金融之间的金融领域新生的机构，其未获得"金融许可证"，不受法律层面监管当局的监管，但从事金融服务。与金融机构相比，准金融机构的风险相对较小，虽然一般不会诱发系统性风险，但是若监管不力，不管是担保公司还是小额贷款公司、典当行等都会产生金融风险。准金融机构的风险主要体现在其经营和监管的专业化赤字方面。

准金融机构由于经营管理的专业化赤字，其风险内控和风险预防能力明显不足，信贷风险难以控制。目前，准金融机构管理经验严重缺乏，准金融机构尚不具备足够的风险测评能力，而准金融机构面对的客户一般为"三农"或小微企业客户，他们往往为风险评估较难的高风险客户，其贷款风险控制难度增大。加之，准金融机构的规范性差、透明度低，目标客户具有明显的离散型，[①]因此借贷双方之间产生严重的信息不对称，增加了准金融机构的信贷风险。

准金融机构的监管职责一般归于地方政府，国家金融监管部门将准金融机构的监管权下放到地方政府，一方面使地方政府对地方金融话语权有所增强，另一方面由于地方政府对于金融监管的经验不足、专业性赤字，因此监管权的下放给地方政府带来不小的挑战。"一行三会"的人员配备强调金融专业性，而以前的地方政府不涉及金融监管权，对于金融监管工作流程不熟悉，专业技术相对较差。金融监管权力的下放，使地方各级政府负责本地区小额贷款公司和担保公司的日常监督管理和风险处置，成立政府金融办的，小额贷款公司和担保公司的日常监管工作由金融

---

① 何一峰：《准金融机构监管现状、问题及对策初探》，载《上海金融》2011年第6期。

办负责；中小企业局对于担保公司进行行业指导；地方商务部门对典当行的日常监管工作负责。但是，金融办、中小企业局和商务局，无论是人员专业知识、工作经验，还是技术手段、制度建设等监管力量普遍不足，对于准金融机构的风险预防和风险控制存在缺陷。

第四章 美欧国家和国际金融组织对影子银行体系监管的法律借鉴

由于影子银行具有不受监管或少受监管、期限错配、高杠杆率、易导致系统性风险等方面的特性，一旦影子银行系统的流动性出现问题，金融业的安全和稳定就会受到影响并会放大市场恐慌，许多学者认为，影子银行体系是引发当前金融危机的重要因素。[①] 自金融危机发生以来，美欧各国政府、国际组织及我国监管当局开始考虑将影子银行系统纳入金融监管，并出台了一系列旨在强化影子银行监管的改革措施。

第一节 美欧国家加强影子银行体系的监管措施

此次金融危机发端于美国的次贷危机，影子银行进行大规模的次级贷款发放和融资，其扮演了类似于商业银行的角色，但其未受到类似于商业银行一般的监管以保证资金安全，当出现抵押品贬值、流动性枯竭时，就形成巨大风险并迅速传导到金融系统。危机爆发后，美欧各国开始考虑将影子银行系统纳入金融监管。

[①] 比尔·格罗斯：《支持核心资产价格》，载《证券周刊》2009 年第 4 期。巴曙松：《加强对影子银行系统的监管》，载《中国金融》2009 年第 14 期。杜亚斌、顾海宁：《影子银行体系与金融危机》，载《审计与经济研究》2010 年第 25 卷第 1 期。

一、美国

自次贷危机以来，美国政府分别于 2009 年和 2010 年颁布了两个金融改革法案，即财政部 2009 年 3 月颁布《金融体系全面改革方案》和国会 2010 年 7 月通过的《多德—弗兰克华尔街改革与消费者保护法案》。2009 年该方案指出超过一定规模的对冲基金及其私募基金之类的影子银行须在美国证券交易委员会（SEC）注册登记，并针对场外衍生品市场进行全面监管，制定披露框架。2010 年该法案全面包含了美国对影子银行体系的实质性监管措施。加强了对冲基金、私募股权基金、场外衍生品、信用评价机构的监管并追究评价机构评级错误的责任，设立了金融稳定监管委员会（FSOC）识别、监测和处理危及美国金融稳定的系统性风险，创立了"沃尔克规则"，加强了对由商业银行控股公司主导的"内部"影子银行体系的监管，认定"系统性重要非金融机构"并解决了系统性重要金融机构"大而不能倒"问题，确立证券化资产风险自留 5% 的标准。① 此外，美联储最近完成了第二部《综合资本分析与评估》（CCAR）旨在加强跨机构监管，通过压力测试判断银行是否有充足的资本维护金融稳定，运用宏观审慎标准监管最大银行控股公司及系统重要性非银行金融机构，与联邦存款保险公司（FDIC）和外国监管当局合作对系统关键性监管实施 FIDC 的新清算规定。②

二、英国

2009 年至今，英国政府针对影子银行体系出台了一系列的改革法案，将对冲基金、特殊目的实体（SIVs）、场外衍生品市

---

① 张晓艳：《监管改革能有效降低金融危机吗？次贷危机后美国对影子银行体系的监管及可能效果》，载《武汉金融》2011 年第 9 期。

② ［美］本·伯南克：《系统重要性金融机构——影子银行与金融稳定》，李志军、司马亚玺译，载《中国金融》2012 年第 12 期。

场等均纳入监管视野。早在 2009 年 3 月，英国金融监管机构英国金融服务局（FSA）就发布报告，改革英国现有金融监管体系，并为全球金融监管改革提出建议，监管者应当有权识别影子银行并且在必要情况下对影子银行进行审慎性监管或限制影子银行对受监管实体的影响。[①] 英国财政部于 2011 年 6 月发布《金融监管的一个新方法：改革的蓝天》白皮书，对于英国金融系统性监管具有里程碑式的意义，其中不少内容涉及影子银行体系：由金融政策委员会（FPC）根据影子银行机构或活动对系统性风险产生的影响程度，向财政部建议是否对影子银行机构加强或放松监管；完善证券监管，提出修改英国 2006 年《公司法》中未认证证券（uncertificated securities）监管；关于欧盟的《另类投资基金经理指令》，英国政府继续协商以保证对对冲基金经理和私募股权提供者的监管与国际监管保持一致，第三国的基金经理可以持护照进入欧盟。[②]

三、欧盟

欧洲中央银行自金融危机爆发以来，对于欧盟范围内的金融市场相关法律指令进行修改。2009 年 4 月发布《另类投资基金经理指令》规定，管理资金超过 1 亿欧元的对冲基金和私募基金需要得到母国许可并向东道国进行风险和业绩的披露。该法令规范另类投资基金的最低资金标准，并要求其提供资质能力报告、内部治理以及估值方法资料。[③] 此后，欧盟金融监管改革全面展开，同年，欧洲央行提出标准化再证券化资产，加强监管信用评价机构。2011 年，提出强化对 OTC 衍生品、中央对手方、

---

① FSA, the Turner Review: AR egulatory Response to the Global Banking Crisis (March 2009), available at www. the fsa. Gov. uk/pubs/other/turner_ review. Pdf.

② 周莉萍：《论影子银行体系国际监管的进展、不足、出路》，载《国际金融研究》2012 年第 1 期。

③ 钟伟、谢婷：《影子银行系统的风险及监管改革》，载《中国金融》2011 年第 12 期。

交易存储、中央证券存放、养老金投资以及零售投资产品打包销售等方面的监管。2012 年，相继颁布对卖空、信贷违约互换、OTC 衍生品、中央对手方和交易存储的具体监管计划。[①]

第二节　国际金融组织建构监管框架

国际金融组织对影子银行体系的监管也相当关注，其中以巴塞尔委员会（BCBS）、20 国集团（G20）以及其设立的金融稳定委员会（FSB）、国际货币基金组织（IMF）为代表，均出台了一系列有关影子银行体系监管的制度和协议。

一、巴塞尔委员会

早在 2009 年 7 月，巴塞尔委员会（BCBS）即发布了《新资本协议框架完善协议》，该协议在总结 2008 年金融危机的基础上指出：要提高资产证券化、表外交易活动以及风险暴露的信息披露要求；提高影子银行的资本充足率，如加强信用保险公司、资产管理公司和对冲基金的资产负债表外的流动性资本管理，[②] 以控制影子银行引发的系统性风险；提高债务抵押证券再证券化的风险权重。到 2010 年 1 月，由巴塞尔委员会、国际保险监督官协会、国际证监会组织联合发布报告，该报告包括五部分：重点明确银行业、保险业、证券业之间的监管差异，弥补由分业监管所带来的监管程度的差异，以防止监管套利行为；对金融集团内部构成深入了解，加强监管；建立抵押贷款承销的统一标准；加强对冲基金的监管，并扩大其监管范围；着重监管信贷风险转移

---

① 周莉萍：《论影子银行体系国际监管的进展、不足、出路》，载《国际金融研究》2012 年第 1 期。

② ［美］本·伯南克：《系统重要性金融机构、影子银行与金融稳定》，李志军、司马亚玺译，载《中国金融》2012 年第 12 期。

产品，以防止风险外溢。[①]

巴塞尔协议Ⅱ[②]虽然是对巴塞尔协议Ⅰ的改进，但是巴塞尔协议Ⅱ所倡导的微观审慎监管，强调个体银行的安全，已不适用于以影子银行为典型的混业营业现状。对单一的金融机构、金融业务进行微观审慎监管，这种模式的监管目标一般仅在于针对单个金融机构或金融业务风险问题的克服，其存在重大的风险敞口和监管真空地带。与巴塞尔协议Ⅱ相比，巴塞尔协议Ⅲ更强调系统重要性金融机构监管和金融机构逆周期性监管。首先，明确系统重要性金融机构判断标准，巴塞尔委员会建议通过银行规模、管理程度和可替代性三项标准作为衡量金融机构是否具有系统重要性的判断标准。国际货币基金组织、金融稳定理事会、国际清算银行将系统重要性金融机构界定为：在金融市场中具有关键功能，其倒闭可能给金融体系和实体经济带来巨大负面影响的金融机构。其次，对于系统重要性金融机构实施宏观审慎监管，为加强对系统重要性金融机构的监管，巴塞尔委员会要求系统重要性银行提交附加资本金，要求系统重要性金融机构具有更高的缓解损失的能力，以防止金融机构产生"大而不倒"的道德风险。最后，"巴塞尔协议Ⅲ也包括定量的流动性规定，反映出对银行支持的资产负债表外工具导致的合同性风险和其他风险的管理。"[③]

巴塞尔协议Ⅱ的主要缺陷不仅表现在其忽视宏观风险方面，而且该协议也催生了逆周期性问题。巴塞尔协议Ⅱ强调微观审慎监管造成了金融市场的顺周期性，其表现为：金融机构在经济繁荣的时候低估风险，信贷资本迅速扩张，故刺激了经济的进一步

---

① The Joint Forum, Review of the Differentiated Nature and Scope of Financial Regulation, January 2010, available at www. Bis. Org/publ/joint24. Pdf.

② 巴塞尔委员会曾分别于 1988 年、2001 年颁布了《巴塞尔协议》和《新巴塞尔资本协议》，形成了对全球银行业进行有效监管的基本框架和指导性文件。

③ ［美］本·伯南克：《系统重要性金融机构、影子银行与金融稳定》，李志军、司马亚玺译，载《中国金融》2012 年第 12 期。

繁荣，而在经济萧条时高估风险，信贷资本迅速收缩，使经济进一步恶化，进而加剧了经济周期波动。金融领域的顺周期性主要包括在三方面：贷款损失拨备顺周期性、资本充足监管顺周期性和公允价值会计顺周期性。[①] 巴塞尔协议Ⅲ对逆周期性资本监管做出了具体规定：实施逆周期缓冲资本和审慎缓冲资本。一方面，建立资本缓冲制度，在经济繁荣期建立资本缓冲机制，以备经济萧条期减小损失。在信贷过度增长时计提逆周期缓冲资本，计提比例为 0～2.5%，以确保银行在经济下行时期免受大面积违约损失。另一方面，建立资本留存缓冲，主要用于当资本储备金比率接近监管最低限时，监管机构可以限制银行红利或薪金发放以约束银行。

二、20 国集团及其金融稳定委员会

由于 2008 年爆发全球金融危机，2009 年的 20 国集团（G20）伦敦峰会决定在原有的金融稳定论坛上建立金融稳定委员会（FSB），承担全球金融稳定的职责，以加强全球金融体系的监管和协调。在 2010 年的首尔峰会上提出，要加强国际层面的影子银行监管，由 FSB 负责提出影子银行监管的建议。[②] 会后，FSB 开始对全球影子银行体系进行评估和研究，并于 2011 年 4 月和 10 月分别做出评估报告：《影子银行：问题的界定》和《影子银行：加强监督和监管》。[③] 以上两份文件分别对影子银行概念的厘定、对影子银行监测方法、影子银行引发的系统性风险和监管套利问题、对影子银行监管框架的建构等议题进行了

---

① 谢平、邹传伟：《金融危机后有关金融监管改革的理论综述》，载《金融研究》2010 年第 2 期。

② See The Seoul Summit Document , November 12, 2010. http：//www. g 20. utoronto. cn/2010/g20deoul－doc. htm.

③ FSB, Shadow Banking：Strengthening Oversight and Regulation，October 27, 2011，available at http：//www. Financial stability board. Org/publications/r_ 111027a. pdf.

深入的研讨。

（一）影子银行确定标准的厘定

由于影子银行本身就具有复杂性，且各国金融发展水平不一，金融创新产品多样，则各国对于影子银行认定各有特点，这种情况不利于针对影子银行建立一致的监管标准。因此，FSB 的首要任务是对影子银行体系确定一个宽泛的标准，使国家社会和各国监管当局能够大致在一个概念体系中识别影子银行。FSB 将影子银行体系广义上界定为"涉及传统银行体系之外的机构及业务的信用中介体系"，建议从以下两方面识别影子银行：一方面，影子银行属于非银行信用中介；另一方面，影子银行不享受官方流动性支持、存款保险，且不受或很少受到监管，其能够通过期限错配、流动性转换、信用转换和高杠杆率产生系统性风险和监管套利，并将系统性风险和监管套利作为是否归为影子银行活动的重要判断标准。

（二）影子银行监测方法

FSB 采取宽泛的监测范围，将整个非银行信用中介纳入监测视野，对影子银行的监控视野开阔。首先，FSB 对整个影子银行体系进行系统性扫描，估算影子银行体系的整体规模和扩张速度；其次，筛选出影子银行体系中可能诱发监管套利和系统性风险的部分，分析影子银行体系中引发问题部分的原因；最后，在此基础上评估出发生监管套利和系统性风险的危害程度。[1] 同时，FSB 也提出了七项监测原则：监测视野、监测对象、信息交换、监管套利、专属管辖、监测过程和监测重点，以便各国监管当局对影子银行体系进行监测。

（三）对影子银行监管框架的建构

FSB 经过一年多对影子银行体系范畴、现状、问题的研究，

---

[1] Zoltan Pozsar, Tobias Adrian, Adam Ashcraft, Hayley Boesky: Shadow Banking. Federal Reserve Bank of New York Staff Reports. No. 458, 2010-01-10.

共梳理出五类有关影子银行监管的重点领域，分别是：传统银行与影子银行之间的关联活动、证券化产品、货币市场基金、证券回购协议、其他影子银行实体机构。^① FSB 作为国际性金融监管机构针对全球影子银行提出：重点监管、监管的前瞻性、有限性等监管原则，并列明具体监管措施；对影子银行实施审慎监管，规制传统银行对影子银行的风险敞口，限制银行与影子银行业务之间的过度关联，将影子银行产品和活动纳入传统银行资产负债表；直接对影子银行机构实行审慎监管，尤其是加强影子银行机构的流动性监管，减少因其流动性枯竭引发挤兑而产生的系统性风险；提高影子银行机构和产品的信息披露，要求影子银行机构自留风险，特别是强调证券化产品的标准化和透明度。

三、国际货币基金组织

金融危机爆发后，影子银行的国际监管也成为国际货币基金组织（IMF）关注的焦点。2009 年 2 月，IMF 发布了报告《危机的初步教训》，该报告首先总结了金融危机的教训；其次，针对影子银行体系进行考察，指出一直以来影子银行未受到监管或很少受到监管，并认识到金融创新可以在市场约束的条件下繁荣发展，一旦市场约束失效，对于金融创新的监管将完全丧失。由于传统银行与影子银行之间存在关联性，传统银行业务为逃避监管，降低监管成本，时常借助影子银行通道监管套利。于是，影子银行迅速膨胀，在本次危机发生时，影子银行体系与传统银行体系规模相当，2010 年，IMF 发布的《美国金融系统稳定评估报告》显示：2008 年美国传统银行资产占金融业总资产的比重为 25.9%，而影子银行体系所占比重与传统银行所占比重几乎相等，占比 24.5%；传统银行体系资产占 GDP 的比重为 109%，而影子银行体系也与其大体相当，占比达 103.3%（见表 4 -

---

① 陈管彬：《境外影子银行监管制度的新进展及其启示》，载《商业研究》2013 年第 2 期。

1）。可见，如此大规模逃避监管的影子银行存在，将意味着危机在所难免。①

表 4 - 1　美国传统银行与影子银行分别占金融业总资产比重②

科目	资产占金融业总资产的比例（%）		资产占 GDP 的比例（%）	
年份	传统银行	影子银行	传统银行	影子银行
2007	22.1	23.5	97.8	103.9
2008	25.9	24.5	109	103.3
2009	25.9	20.9	112.6	90.8
2010	26.5	19.3	113.6	83.1

　　IMF 的《危机的初步教训》报告进一步提出了解决影子银行监管的方案：将影子银行体系纳入金融监管范畴；对影子银行体系实施审慎监管原则；根据风险制定监管标准，以预防监管套利行为；让影子银行机构承担信息披露义务；根据影子银行体系的变化确立弹性监管范围等。③

　　2012 年 10 月，IMF 发布《全球金融稳定报告》（Global Financial Stability Report），明确将影子银行问题列为中国金融风险的主要问题之一。该报告称，近期中国经济放缓，整体信贷规模受到压缩，而非银行信贷出现反弹，因而近年来中国影子银行体系出现迅速膨胀。据 IMF 估计，中国银行体系通过影子银行提供的借贷总额占 GDP 约为 40%，而中国国家统计局公布 2011 年GDP 超过 47 万亿元，那么，中国影子银行体系规模已达到约

---

　　①　袁达松：《对影子银行加强监管的国家金融法制改革》，载《法学研究》2012 年第 2 期。

　　②　资料来源：IMF2010 年发布的《美国金融系统稳定评估报告》。

　　③　IMF, Initial Lessons of the Crisis, February 6, 2009, available at www. imf. Org/external/np/pp/ehg/2009/020609. pdf.

18.8 万亿元的规模。

第三节　对影子银行体系国际监管改革的评价

通过对于美欧国家和国际金融组织监管改革措施的梳理，可以看出国际金融监管改革主要注重厘清金融机构的产品和业务，特别是对影子银行体系的监测，强化宏观审慎监管以及加强国际间金融监管协调等方面。总括而言，国际金融监管改革对于影子银行体系的监管方向大体一致，但各国影子银行体系的实际发展情况不同，进而其监管重点不尽相同，并且现有监管框架依然存在需要改进的地方。

一、各国监管方向大体一致

从以上世界主要经济体和国家金融组织已经对影子银行体系做出的监管改革可以看出，在以下三方面达成了共识：首先，明确不禁止影子银行业务并鼓励金融创新。加强金融监管并未对影子银行体系采取限制性监管措施，而主要是通过强化影子银行体系测量和监控，消除影子银行运行内在缺陷，在鼓励金融创新、保护金融活力的基础上，明确金融监管边界，对监管框架进行调整和理顺。英国将对冲基金、特殊目的实体（SIVs）、场外衍生品市场等影子银行实体纳入监管视野。美国对于超过一定规模的对冲基金及其私募基金之类的影子银行采取注册登记制，并针对场外衍生品市场进行全面监管，并且加强了对冲基金、私募股权基金、场外衍生品、信用评价机构的监管并追究评价机构评级错误的责任。金融稳定理事会也建议将影子银行体系从场外逐步移到场内以加强对影子银行体系的监管，提高影子银行机构和产品的信息披露，要求影子银行机构自留风险，特别是强调证券化产品的的标准化和透明度。

其次，美欧国家和国际组织建立影子银行体系监管框架大体都是从宏观和微观两个角度着眼进行建构。从宏观上来看，明确法定监管机构并赋予其监管职权，对影子银行体系的主体和规模进行评估和监测，全面掌握影子银行体系市场动态，针对影子银行体系的具体状况颁布金融监管法案。金融危机以后，美国在2009年设立了金融稳定监管委员会（FSOC）识别、监测和处理危及美国金融稳定的系统性风险；20国集团（G20）在2009年的伦敦峰会上决定在原有的金融稳定论坛上建立金融稳定委员会（FSB），承担全球金融稳定的职责，以加强全球金融体系的监管和协调，在2010年的首尔峰会上提出，要加强国际层面的影子银行监管，由FSB负责影子银行监管。从微观角度来看，通过实施系统化、整体化和标准化的监管操作将对冲基金、特殊目的实体（SIVs）、资产证券化、银行表外业务和场外衍生品市场等纳入已有监管视野中，运用常规性的监管工具和技术手段，列明具体监管措施，规制传统银行对影子银行的风险敞口，限制银行与影子银行业务之间的过度关联，提高影子银行机构和产品的信息披露，对影子银行实施审慎监管。[①]

最后，美欧主要经济体国家和国际金融组织越来越重视影子银行体系累积的系统性风险。其逐渐从过去只注重金融机构本身的运营稳健性，而忽视大型金融控股集团诱发的系统性风险的金融监管模式中醒悟过来。[②] 美国为了加强监管金融体系的系统性风险，专门设立了系统风险委员会，其所成立的金融稳定监管委员会（FSOC）专司识别、监测和处理危及美国金融稳定的系统性风险，同时，创立了"沃尔克规则"加强了对由商业银行控股公司主导的"内部"影子银行体系的监管，认定"系统性重要非金融机构"并结束系统性重要金融机构"大而不能倒"问题，确立证券化资产风险自留5%的标准。FSB将系统性风险和监管套利作为是否归为影子银行活动的重要判断标准，筛选出影子银

---

① 尹振涛：《影子银行监管更需顶层设计》，载《中国金融》2013年第17期。

② 隋平、陈平凡：《美国金融监管改革的缺陷应引以为鉴》，载《经济纵横》2013年第9期。

行体系中可能诱发监管套利和系统性风险的部分，直接对影子银行机构实行审慎监管，尤其是加强影子银行机构的流动性监管，减少因其流动性枯竭引发挤兑而产生的系统性风险。

二、各国改革重点不尽相同

由于各国金融发展阶段和影子银行产品结构存在差异，由影子银行引发的金融风险点表现不同，因此针对影子银行产品开发、运作的具体情况和风险聚集方式的不同特征，各国监管当局针对影子银行体系和金融稳定出台的监管改革法案也各有侧重。美国作为资产证券化产品的制造者和销售者，处于证券化链条的前端，其影子银行体系主要是围绕资产证券化的非银行信用中介体系，其中包括特殊目的实体、投资基金、金融公司以及投资银行等实体。因此，美国金融监管侧重于对以上影子银行机构的监管制度的完善，在防御影子银行体系风险的同时，并未抑制其影子金融的创新和发展。美国首先通过监测影子银行规模和活动轨迹，了解场外影子银行状况，再利用准入、登记和退出等门槛将影子银行机构纳入场内，最后在充分掌握影子银行体系的主体和活动范围以后，在最大限度防御系统性金融风险的基础上，规范和引导影子银行体系行为。[①] 美国对影子银行体系监管采取积极的态度，并未抑制其发展，其最终目的是防止影子银行体系运行的系统性风险，促使该体系稳健运行和发展。

与上述美国情况相异，多数欧洲国家处于全球资产证券化链条的末端，作为资本证券化产品的主要投资方，而非证券化产品的发行者或销售者，是美国影子银行体系的对手方，其主要的影子银行体系表现为证券化产品交易和对冲基金。因此，多数欧洲国家金融监管的主要任务是防范美国次贷产品对自身的风险传递，金融体系改革法案侧重于监管全球对冲基金交易和资本证券

① 刘荣、崔琳琳：《金融稳定视角下国际影子银行监管改革框架研究》，载《财经问题研究》2013 年第 5 期。

化活动。[①] 例如，美国次贷危机蔓延到欧洲以后，为了防止海外对冲基金、私募股权投资基金对本地区的风险渗透，欧盟在2009年4月发布了《另类投资基金经理指令》，该法案明确指出："管理资金超过1亿欧元的对冲基金、私募股权投资基金在欧盟范围内开展业务，需得到母国的许可并且需向东道国披露其风险暴露、业绩表现等情况。"欧盟还要求"所有欧盟境内的另类投资基金提供证明其资质能力的报告以及内部治理、估值方法、资产安全方面的材料，并须满足最低资本金标准"。[②] 英国与欧盟保持一致，也遵从《另类投资基金经理指令》，加强对冲基金的监管。此外，英国在鼓励金融机构充分竞争的同时，加强对金融消费者的保护并根据影子银行机构或活动对系统性风险产生的影响程度，向财政部建议是否对影子银行机构加强或放松监管。

表 4 – 2　国际影子银行监管框架的比较

	美国	英国	欧盟	G20
监管机构	美联储、金融稳定监管委员会	英国金融服务局	欧洲中央银行	FSB
监管对象	与资产证券化相关的机构、业务和市场等	对冲基金、特殊目的实体（SIVs）、场外衍生品市场等	对冲基金、私募股权基金、证券化等	非银行信用中介

---

① 刘荣、崔琳琳：《金融稳定视角下国际影子银行监管改革框架研究》，载《财经问题研究》2013年第5期。

② 龚明华、张晓朴、文竹：《影子银行的风险与监管》，载《中国金融》2011年第3期。

续表

	美国	英国	欧盟	G20
监管方式	利用准入、登记和退出等门槛将影子银行机构纳入场内；赋予 SEC 对信用评级机构检查权；识别、监测和处理系统性风险；认定"系统性重要非银行金融机构"；结束系统性重要金融机构"大而不能倒"惯例	对投资银行回购交易中抵押品的预留扣减率、证券贷出的保证金比例进行限制；减少银行和影子银行体系之间的结构性套利活动；建立影子银行监管和方式监管标准	完善对再证券化资产的标准和风险权重；加强对信用评级机构的监管措施；强化对 OTC 衍生产品、中央对手方和交易存储的监管指令；完善对卖空和信贷违约互换的监管指令	调整风险资本、杠杆比例和流动性比例；证券化的发起人自留风险；影子银行监测原则：监测视野、监测对象、信息交换、监管套利、专属管辖、监测过程和监测重点
监管特点	全面监管	动态监管	防控风险传染	预防系统性风险和监管套利
改革法案	2009 年 3 月颁布《金融体系全面改革方案》；2010 年 7 月《多德—弗兰克华尔街改革和消费者保护法案》；《2010 年私募基金投资顾问注册法案》	2009 年 12 月《衍生产品场外交易市场改革方案》；2010 年 7 月《金融监管的一个新方法：判断、重点和稳定》；2010 年 8 月，《交易行为的审慎制度》；2011 年 2 月《金融监管的一个新路径：构建一个更强大的体系》	2009 年 4 月《另类投资基金经理指令》；2011 年 1 月《场外衍生产品监管提案》；2011 年 3 月《卖空和信贷违约互换的监管指令》	2011 年 9 月《影子银行：进展和下一步措施》《OTC 衍生品市场改革》《宏观审慎政策工具和框架》

	美国	英国	欧盟	G20
评估报告	《综合资本分析与评估》（CCAR）	《特纳报告》、《金融监管的一个新方法：改革的蓝图》	《养老金投资的白皮书》	《影子银行：范围的界定》《影子银行：强化监督和管理》

三、现有监管改革框架仍存在弊端

美欧各国和世界金融组织重新建构的金融监管框架虽然扩大了影子银行体系监管范围、监管强度，加强了风险隔离和道德风险防范，影子银行体系带来的风险在很大程度上得到了化解，但是各国监管改革力度仍存在不到位之处。

（一）对系统性风险未实现全效控制

美国改革法案对部分可能直接与系统性风险相关的影子银行活动未设定限制，如对冲基金、投资策略以及杠杆率等，改革法案仅仅要求商业银行将 CDS 业务剥离到子公司，而常规的外汇和大宗商品等衍生产品均可保留在母公司。[1] 此次改革为消减系统重要性金融机构的道德风险，限制向影子银行机构提供流动性支持的权限且对于与其有重大关系的金融机构也未预设救助机制，加之，美国系统风险委员会又缺少必要的运作资金，这将加重事后处理机制落到实处的难度。此种情况意味着具有系统重要性非存款性金融机构出现经营困难时，监管当局对于其破产所带来的系统性风险将束手无策。[2] 同样，英国对于对冲基金和私募股权基金的监管也过于宽松，而冲基金和私募股权基金的肆意扩

---

① 龚明华、张晓朴、文竹：《影子银行的风险与监管》，载《中国金融》2011 年第 3 期。

② 隋平、陈平凡：《美国金融监管改革的缺陷应引以为鉴》，载《经济纵横》2013 年第 9 期。

张也可能促发系统性风险。

(二) 影子银行体系仍未全部纳入监管范畴

在各国金融改革框架中，虽然着重将影子银行体系纳入监管范畴，但是依然忽视了一些具有体系重要性影响的影子金融市场，如回购协议市场。① 回购协议在影子银行市场中具有系统重要性和高杠杆性，在回购协议市场中，大部分影子银行通过回购协议进行杠杆运作，若发生流动性紧缺可能会导致挤兑，进而将冲击整个金融系统稳定，如2007年促发美国次贷危机的主要诱因之一就是回购协议市场产生的挤兑风险。② 在美国，投资银行就是过度依赖于回购协议进行短期融资，一旦回购协议市场流动性出现紧张，投资银行融资将产生困难，极易引发影子银行市场挤兑。③ 但是，在美国的监管改革方案中并未包含回购协议市场监管改革。

第四节　发达国家和国际组织监管变革对中国的启示

综观美欧发达国家和国际组织监管变革，各监管主体对影子银行体系监管逐渐重视，监管新政也频频出台，但对影子银行体系的监管强度并不高。因为，过于严厉的监管强度和过宽的监管范围可能会激发出影子银行体系更加隐蔽的套利动机，金融创新和金融监管之间的博弈伴随着金融业发展的始末。美欧国家不禁止影子银行体系不意味着影子银行不存在问题，而美欧国家监管

---

① Tobias Adrian, and Hyun Song Shin. The Shadow Banking System: Implications for Financial Regulation [R]. FRB of New York Staff Report No. 382. 2009.

② 隋平、陈平凡：《美国金融监管改革的缺陷应引以为鉴》，载《经济纵横》2013年第9期。

③ Zoltan Pozsar, Tobias Adrian, Adam B Ashcraft and Haley Boesky. Shadow Banking [R]. FRB of New York Staff Report No. 458. 2010.

影子银行体系也不意味中国监管当局一定要监管国内影子银行体系。[①] 各国的金融市场发展程度不同，因此不应盲目复制他国应对影子银行体系的策略。在借鉴美欧分析框架的时候要注意中国特色，先将美欧结构和情况进行充分的解构，将中国的实际情况进行充分的解构，然后在微观因素上寻找共通点和交接点，最后总结归纳出相对合适的监管方式。

一、正确引导影子银行体系发展，鼓励金融创新

从中国影子银行生产原因可以看出，目前中国金融市场催生影子银行的主要原因不是金融监管过于宽松，而是宏观金融政策紧缩，中国的影子银行体系是由于金融市场的发展水平落后、制度障碍以及金融生态环境的不完善，而"倒逼出来"的。中国金融业发展的主要问题不是自由化过度，而是发展水平较低，金融管制较严，而导致在市场化的过程中投机动机超越投资动机。[②] 因此，我们对于影子银行体系的态度不应是一味打击和禁止，而应该给予正确的引导，应在强调原始基础资产真实性的基础上，合理设计影子银行的金融创新和服务。

金融创新对于金融业的发展至关重要，金融创新是我国提高国家金融业竞争力的关键。然而，较之于发达金融市场，我国金融创新还严重不足，影子银行的大部分业务均具有金融创新的属性，若遏制其创新，将极大地影响我国金融业的进一步发展。中国银行业中的表外业务具有很大的发展空间，由于目前表外业务未受到监管资本金的限制和信贷规模的约束，商业银行往往将表内资金转移到表外以逃避管理并降低监管成本。针对融资类表外业务风险，银监会在 2009 年、2010 年、2011 年连续 3 年对于银

---

① 周莉萍：《论影子银行体系国家监管的进展、不足、出路》，载《国家金融研究》2012 年第 1 期。

② 张田：《影子银行体系的脆弱性、监管改革及对我国的启示》，载《南方金融》2012 年第 1 期。

信合作业务颁布专门的禁止性通知，2009 年、2010 年又分别对于银行信贷转让问题出台了禁止性通知。这些通知一般都规定了"禁止性"要求，在表面上看其起到了抑制银信理财产品过度膨胀的势头，但我们也要进一步看到，这些表外理财业务都是基于市场供求关系和市场定价基础上的创新，一味地对其颁布禁止性规定，只会激发其创造出更隐蔽的金融衍生品。反观国外金融监管的经验，发达国家面对金融创新并没有完全否定。例如，资产证券化产品若运用得当，则既可以分散银行风险，又有助于提高金融体系效率。

二、厘定和监测影子银行体系的规模和风险

目前，国际上对于影子银行体系的研究最为全面的机构可谓是 FSB（金融稳定委员会），其从宏观和微观两个角度对全球影子银行体系进行风险统计，包括影子银行体系的资产规模、影子银行体系规模所占 GDP 的比例、影子银行体系规模所占总债务的比例、影子银行体系规模与银行资产的比例等详尽数据。只有掌握了以上等方面的数据，才能准确观测影子银行体系的规模，而明晰影子银行体系规模是制定影子银行体系监管规则的前提。虽然，中国也对影子银行采取了一些监测措施，如自 2012 年 4 月 14 日起，中国人民银行正式引入"社会融资规模"的新统计指标，将传统银行体系以外的社会融资渠道纳入监测体系，以加强对影子银行体系的监测力度[①]，但是官方对影子银行体系的监测力度远远不足，中国当前尚无官方数据可统计出影子银行体系的总体规模，甚至对于影子银行体系的内涵和外延的界定还处于众说纷纭的阶段，对于中国影子银行体系规模的研究常常处在"估计"或"推断"的基础上。

对于影子银行体系的监测包括两个方面：影子银行体系的规

---

① 袁达松：《对影子银行加强监管的国际金融法制改革》，载《法学研究》2012 年第 2 期。

模和风险。相较于发达国家影子银行体系规模的监测，监测中国影子银行体系规模具有优势，因为中国影子银行体系还不像成熟金融市场那样复杂，发达国家链式影子银行体系中的金融衍生品错综复杂，信用链条交叉错落，可能导致影子银行体系规模监测的计算重复或遗漏。而国内各影子银行机构相对独立，相互之间还未形成复杂的信用链条，在规模的监测上相对简单和容易。因此，我们要把握时机，在影子银行体系还未发展成熟时，对其进行有效监测和管理。

但是，我们也要认识到，目前中国实行分业监管制度，影子银行实体和准实体分别被分拆到银行、证券、保险、信托等不同的业务部门管理，央行也无法监测到银行业以外的金融机构，在金融监管体系中尚未设立一个对影子银行体系实施总体监测的部门，这就加大了监测的难度。同时，在对影子银行体系进行监测中，还存在各监测部门数据信息口径不统一的问题，那么，即使各监管部门将对本部门所涉影子银行规模监测到的数据汇总到统一部门，则各部门监测的数据无法直接分析汇总。可见，在金融业建立统一金融统计口径和一个信息共享平台是非常有必要的，这样各监管部门监测的信息数据才能良好对接，影子银行体系规模的监测平台才能有效建立。

对影子银行体系的风险进行监测分析和管理。首先，建立影子银行体系风险监测与预警体系，将影子银行体系的风险监测结果纳入金融监管部门的风险监管框架内，作为金融稳定性评估的重要组成部分；其次，建立商业银行与影子银行关联业务的统计制度，将人民银行的统计监测范围扩大到非银行金融监管；最后，对社会融资规模进行更加有效的监测，加强对影子银行宏观审慎性监测评估。

三、区分影子银行类别，实施分类监管和重点监管

从运行机制和融资渠道就可以看出，目前中国影子银行的发展程度与美式影子银行体系相距甚远，尚未形成一个链式信用中

介体系，各类影子银行的运行机理、融资方式、风险系数不尽相同。例如，金融机构中混业经营机构和业务易发监管套利、非银行金融机构和业务的日益复杂化造成监管困境、准金融机构的监管框架尚未形成。我们应该首先从便于监管的角度出发，将影子银行划分为不同类别，然后根据各类影子银行子体系的特征规划不同的监管路径，制定相应的监管策略。根据各类影子银行体系的风险特征和对系统性风险的贡献程度，制定差异化的措施，对于可能诱发系统性风险的影子银行体系进行重点监管。

同时，我们也要认识到，影子银行体系风险的外部性固然会对金融秩序造成一定的影响，但是其也弥补了信贷资金的不足，国内影子银行体系是市场经济对货币市场量价失调的内在调节，并引领了金融创新的积极导向，不应将尚未成熟的影子银行体系扼杀在"襁褓"之中。应该对影子银行体系有所区分，根据各类中式影子银行的风险形成机制，采取相应的监管策略对其因势利导：对于商业银行主动或参与的影子银行业务或内设在商业银行中的影子银行部门以及业务，特别是涉及资产池的业务，应该将影子银行业务与商业银行一同纳入审慎监管范畴；对于小额贷款公司、担保公司、金融租赁公司、典当行等准金融机构，监管机构可以在对其监测、管理的基础上，给予正确引导和扶持；而对于高利贷、地下钱庄等非法集资组织不应划入影子银行体系监管范畴，而应直接划归刑法管辖并给予严厉打击和取缔。

总而言之，在金融监管和金融创新的关系上，应该在影子银行体系风险可控的前提下循序渐进地推进金融产品的创新。充分的认识到中国的金融业与成熟市场国家还有较大差距，金融监管当局要对影子银行体系范畴做出准确的厘定，对于影子银行体系规模和风险做出严密的监测。在此基础上，对影子银行体系进行科学的分类，并实施分类监管和重点监管。

第五章　影子银行体系政府监管的现状及模式选择

第一节　政府监管影子银行体系的现状

一、混业经营影子银行存在部分监管无效问题

中国金融业日益开放且逐步发展，在国内金融业走向集团化、规模化的同时，越来越多的跨国金融集团逐步进入中国，其中多数金融集团兼营银行、信托、保险证券等多种金融业务，已形成金融控股公司林立的局面，目前已存在多家金融控股公司（见表 5 - 1）。[①] 根据中国金融法规定，金融控股集团的母公司由中央银行监管，而其子公司则按照行业区分由银监会、保监会、证监会分别监管。因此，监管当局在面对金融机构中的混业经营机构和业务时，会产生监管标准不统一、监管机构不明确、监管机构不协调等监管无效问题。

表 5 - 1　中国主要金融控股公司

金融控股公司	银行业务	保险业务	证券业务	信托业务
光大集团	光大银行	光大永明保险公司	光大证券申银万国	光大国际信托投资公司

---

① 高秦伟：《混业经营与中国金融监管体系的发展演进》，载《中央财经大学学报》2007 年第 3 期。

中信公司	中信实业银行	信诚人寿	中信证券	中国国际信托投资公司
平安集团	平安银行	平安寿险、平安产险、平安养老险、平安健康险	平安证券、平安期货	平安信托
山东电力集团	华夏银行		蔚保证券湘财证券	英大信托
宝钢集团			华宝证券	华宝信托
中国银行国际控股公司	中国银行		中银国际	
工商东亚金融控股公司	工商银行		西敏证券	
中国建设银行国际金融有限公司	建设银行		中国国际金融公司	

（一）监管标准不统一

在金融业混业经营时代，不同金融机构提供类似的金融服务和产品，但是却接受不同的金融监管，监管标准不尽相同，进而造成各金融机构提供相近金融产品所产生的成本差异。例如，对比银监会和证监会对委托理财的监管标准的严苛程度，我们不难看出，证券公司的委托理财受到证监会的监管较之银监会的备案管理严格的多。这种监管标准的差异，可能造成两方面的后果。一方面，就金融控股公司而言，其利用业务的多样性、灵活性，根据不同监管当局的严苛程度，将特定业务安排到监管成本低的业务部门，并根据监管政策的变化来实时调整产品的部门分配，因而产生"监管套利"行为；另一方面，就监管当局而言，若这种"监管套利"活动一旦普遍，各监管当局为了防止监管资源流失，可能产生对金融机构主动减轻监管负担的激励，进而争相放松管制，导致风险监管弱化，监管失效。

（二）监管机构不明确

随着金融创新的不断深入，创新产品不断涌现，许多金融创新产品具有混业的属性，难以区分其属于银行业、证券业还是信托业，这些金融产品监管机构的确定就成为进行有效金融监管的阻碍，如货币市场基金。例如，南京商业银行首次发行货币市场基金就遇到监管机构不明而导致基金发行延期的情况，中央银行认为该基金主要投资于央行管辖的货币市场，应由其实施监管，而证监会则认为该基金的投资主体为证券主体，应由证监会管理。因此金融监管机构为部门利益争夺控制权，导致该基金发行期延迟一年。[①] 又如，银行设立的基金管理公司，根据《商业银行法》《证券法》的规定，人民银行、银监会与证监会三家在各自的职权范围内对其都具有管辖权，若三家监管机构各自实施管辖权则可能导致监管冲突和低效。

（三）监管机构存在协调障碍

金融混业经营的发展趋势不可逆转，各金融机构之间的业务的界限逐渐模糊，而各监管当局本身对跨行业金融活动问题的知识具有局限性，具有平行关系的各监管部门依然各行其政，它们之间很难进行协调。因此，2000年9月，在人民银行、银监会、保监会之间成立了金融监管联席会议，旨在实现监管部门之间的协调配合。但是，由于联席会议仅作为金融工作会议之间的通气会，并未确定定期召开的时间，其很难起到应有的协调作用，以致形同虚设。这种状况到2003年有所转变，6月银监会、保监会、证监会签署了《在金融监管方面分工合作的备忘录》（以下

---

① 赵善华：《分业经营向混业经营转变条件下的金融监管》，载《经济问题》2009年第4期。

简称《备忘录》），其规定：会议成员由三方机构的主席组成，由主席或其授权的副主席参与；按季召开联席会议；明确三方监管机构应对于跨行业、金融控股集团的监管、跨境监管等复杂事宜及时磋商。此《备忘录》的规定，较之于 2000 年的联席会议更显细致和完善，但遗憾的是，即使《备忘录》签署之后，三方监管机构并未按此规定执行，联席会议分别在在 2003 年 9 月和 2004 年 3 月召开两次之后就再未按时召开。[①] 可见，《备忘录》和联席会议制度并未得到良好的贯彻执行。一方面，《备忘录》属于部门规章，其法律效力低下；另一方面，联席会议中的三方不存在隶属关系，相互之间设立的权利和义务并不具有制度约束效力，因此由三家平行权力机关参加的不定期联席会议将很难实现工作协调。

（四）"禁止性"监管导致监管无效

针对混业经营类影子银行体系出台的"禁止性"监管规则对于影子银行活动的取缔并未起到预设的效果，这一点在对银信合作的"禁止性"监管无效的表现最为明显。针对一系列的监管新政银信理财产品结构推陈出新，凸显监管制止与监管套利之间的紧张关系，具体表现在：

第一，最初的融资类银信合作产品扩张的主要原因，一方面源于银行信贷规模指标控制，银行通过信托的融资平台腾挪信贷额度；另一方面基于利率管制下的资金脱媒运转，近两年存款利率一直低于社会通胀率，银行通过银信合作的方式帮助客户实现保值增值。[②] 适度的融资类银信合作理财产品的发行对于银行、信托和金融客户都有益处，但这种融资类银信理财产品涉嫌"变相放贷"和"变相增息"，过度扩张的发行将会影响货币政

[①] 高秦伟：《混业经营与中国金融监管体系的发展演进》，载《中央财经大学学报》2007 年第 3 期。

[②] 王勇、韩雨晴：《对我国影子银行的思考及建议》，载《国际金融》2012 年第 5 期。

策的准确制定和实施、累积金融风险。

第二，2009 年银监会制定了《进一步规范银信合作有关事项的通知》（以下简称 2009 年银信合作通知），规定银信合作理财产品不得投资于理财产品发行银行自身的信贷资产或票据资产。针对此规定，银行之间或者达成默契互相持有特定理财产品以保障自身理财产品的销售。[①] 或者采用"银银信"的模式来规避监管制止。[②]

为进一步规范商业银行与信托公司业务合作行为，促进银信合作健康、有序发展，保护相关当事人的合法权益，并引导信托公司以受人之托、代人理财为本发展自主管理类信托业务，实现内涵式增长，现就银信合作业务有关事项通知如下：

一、信托公司在银信合作中应坚持自主管理原则，提高核心资产管理能力，打造专属产品品牌。自主管理是指信托公司作为受托人，在信托资产管理中拥有主导地位，承担产品设计、项目筛选、投资决策及实施等实质管理和决策职责。

二、银信合作业务中，信托公司作为受托人，不得将尽职调查职责委托给其他机构。在银信合作受让银行信贷资产、票据资产以及发放信托贷款等融资类业务中，信托公司不得将资产管理职能委托给资产出让方或理财产品发行银行。信托公司将资产管理职能委托给其他第三方机构的，应提前十个工作日向监管部门事前报告。

三、商业银行应在向信托公司出售信贷资产、票据资产等资产后的十个工作日内，书面通知债务人资产转让事宜，保证信托公司真实持有上述资产。

四、商业银行应在向信托公司出售信贷资产、票据资产等资

① 朱小川：《近年银信合作监管政策的变化、效果及挑战》，载《上海金融》2011 年第 7 期。

② 伍戈：《信贷规模规避与货币政策调控》，载《财经科学》2010 年第 9 期。

产后的十五个工作日内，将上述资产的全套原始权利证明文件或者加盖商业银行有效印章的上述文件复印件移交给信托公司，并在此基础上办理抵押品权属的重新确认和让渡。如移交复印件的，商业银行须确保上述资产全套原始权利证明文件的真实与完整，如遇信托公司确须提供原始权利证明文件的，商业银行有义务及时提供。信托公司应接收商业银行移交的上述文件材料并妥善保管。

五、银信合作理财产品不得投资于理财产品发行银行自身的信贷资产或票据资产。

六、银信合作产品投资于权益类金融产品或具备权益类特征的金融产品的，商业银行理财产品的投资者应执行《信托公司集合资金信托计划管理办法》第六条确定的合格投资者标准，即投资者需满足下列条件之一：（一）单笔投资最低金额不少于100万元人民币的自然人、法人或者依法成立的其他组织；（二）个人或家庭金融资产总计在其认购时超过100万元人民币，且能提供相关财产证明的自然人；（三）个人收入在最近三年内每年收入超过20万元人民币或者夫妻双方合计收入在最近三年内每年收入超过30万元人民币，且能提供相关财产证明的自然人。

七、银信合作产品投资于权益类金融产品或具备权益类特征的金融产品，且聘请第三方投资顾问的，应提前十个工作日向监管部门事前报告。

八、银信合作产品投资于政府项目的，信托公司应全面了解地方财政收支状况、对外负债及或有负债情况，建立并完善地方财力评估、授信制度，科学评判地方财政综合还款能力；禁止同出资不实、无实际经营业务和存在不良记录的公司开展投融资业务。

九、对于银信合作业务中存在两个（含）以上信托产品间发生交易的复杂结构产品，信托公司应按照《信托公司管理办法》有关规定向监管部门事前报告。

十、信托公司应加强产品研发和投资管理团队建设，积极开发适应市场需求的信托产品，切实提高自主管理能力，为商业银行高端客户提供专业服务，积极推动银信合作向高端市场发展。

十一、银信合作业务中，各方应在确保风险可控的情况下有序竞争。相关行业协会可视情形制定行业标准和自律公约，维护良好市场秩序。

——《中国银监会关于进一步规范银信合作有关事项的通知》银监发〔2009〕111号

第三，2010年银监会颁布《关于规范银信理财合作业务有关事项的通知》（以下简称2010年银信合作通知），明确指出"自本通知发布之日起，对信托公司融资类银信理财合作业务实行余额比例管理，即融资类业务余额占银信理财合作业务余额的比例不得高于30%。上述比例已超标的信托公司应立即停止开展该项业务，直至达到规定比例要求"。针对此监管制止，金融监管研发出衍生融资类银信合作产品，即引入其他非银行金融机构加入银信合作链条，其作为融资类银信合作的中介。有银行委托其与信托公司先成立信托计划，用于受让本行或他行信贷资产，而后由银行受让第三方信托受益权。衍生融资类银信合作业务通过添加参与方的产品设计，变相腾挪银信信贷资金通道，突破了2010年银信合作通知中对于融资类银信产品比例的限制。

为促进商业银行和信托公司理财合作业务规范、健康发展，有效防范银信理财合作业务风险，现将银信理财合作业务有关要求通知如下：

一、本通知所称银信理财合作业务，是指商业银行将客户理财资金委托给信托公司，由信托公司担任受托人并按照信托文件的约定进行管理、运用和处分的行为。上述客户包括个人客户（包括私人银行客户）和机构客户。商业银行代为推介信托公司发行的信托产品不在本通知规范范围之内。

二、信托公司在开展银信理财合作业务过程中，应坚持自主管理原则，严格履行项目选择、尽职调查、投资决策、后续管理等主要职责，不得开展通道类业务。

三、信托公司开展银信理财合作业务，信托产品期限均不得低于一年。

四、商业银行和信托公司开展融资类银信理财合作业务，应遵守以下原则：

（一）自本通知发布之日起，对信托公司融资类银信理财合作业务实行余额比例管理，即融资类业务余额占银信理财合作业务余额的比例不得高于30%。上述比例已超标的信托公司应立即停止开展该项业务，直至达到规定比例要求。

（二）信托公司信托产品均不得设计为开放式。上述融资类银信理财合作业务包括但不限于信托贷款、受让信贷或票据资产、附加回购或回购选择权的投资、股票质押融资等类资产证券化业务。

五、商业银行和信托公司开展投资类银信理财合作业务，其资金原则上不得投资于非上市公司股权。

六、商业银行和信托公司开展银信理财合作业务，信托资金同时用于融资类和投资类业务的，该信托业务总额应纳入本通知第四条第（一）项规定的考核比例范围。

七、对本通知发布以前约定和发生的银信理财合作业务，商业银行和信托公司应做好以下工作：

（一）商业银行应严格按照要求将表外资产在今、明两年转入表内，并按照150%的拨备覆盖率要求计提拨备，同时大型银行应按照11.5%、中小银行按照10%的资本充足率要求计提资本。

（二）商业银行和信托公司应切实加强对存续银信理财合作业务的后续管理，及时做好风险处置预案和到期兑付安排。

（三）对设计为开放式的非上市公司股权投资类、融资类或含融资类业务的银行理财产品和信托公司信托产品，商业银行和信托公司停止接受新的资金申购，并妥善处理后续事宜。

八、鼓励商业银行和信托公司探索业务合作科学模式和领域。信托公司的理财要积极落实国家宏观经济政策，引导资金投向有效益的新能源、新材料、节能环保、生物医药、信息网络、高端制造产业等新兴产业，为经济发展模式转型和产业结构调整做出积极贡献。

九、本通知自发布之日起实施。

——《关于规范银信理财合作业务有关事项
的通知》银监发〔2010〕72号

第四，2010年银信合作通知还规定"商业银行和信托公司开展投资类银信理财合作业务，其资金原则上不得投资于非上市公司股权"。为了规避此规定对公司融资的影响，非上市公司委托信托公司设立"收益权信托"，将股权收益权作为信托财产进行变相融资，股权持有公司承诺在理财到期后按照约定的价格溢价回购股权收益权。同时，2010年银信合作通知明确指出"商业银行应严格按照要求将表外资金在今、明两年转入表内"，原计划直接抑制银信合作业务的源头，来降低银信合作规模，但针对此规定银行又研发出"信托受益权"的新型模式进行变相放贷。可见，股权收益权和信托受益权都为银信合作突破监管新政，实现变相放贷提供了便利。

第五，2011年银监会发布《关于进一步规范银信理财合作业务的通知》（以下简称2011年银信合作通知）指出，各商业银行应当按照此通知要求在2011年年底前将银信理财合作业务表外资产转入表内。各商业银行应当在2011年1月31日前向银监会或其省级派出机构报送资产转表计划，原则上银信合作贷款余额应当按照每季至少25%的比例予以压缩。对商业银行未转入表内的银信合作信托贷款，各信托公司应当按照10.5%的比例计提风险资本。为应对监管当局的严控，金融机构迅速做出反应，其监管套利方式为交互购买信贷资产和信托收益权转让，以压缩表外资产，实现变相转表。

为进一步防范银信理财合作业务风险，促进商业银行和信托公司理财合作业务健康发展，结合《中国银监会关于规范银信理财合作业务有关事项的通知》（银监发〔2010〕72 号，以下简称《通知》）有关规定，现就有关事项通知如下：

一、各商业银行应当按照《通知》要求在 2011 年底前将银信理财合作业务表外资产转入表内。各商业银行应当在 2011 年 1 月 31 日前向银监会或其省级派出机构报送资产转表计划，原则上银信合作贷款余额应当按照每季至少 25% 的比例予以压缩。

二、对商业银行未转入表内的银信合作信托贷款，各信托公司应当按照 10.5% 的比例计提风险资本。

三、信托公司信托赔偿准备金低于银信合作不良信托贷款余额 150% 或低于银信合作信托贷款余额 2.5% 的，信托公司不得分红，直至上述指标达到标准。

四、各银监局应当严格按照上述要求督促商业银行资产转表、信托公司压缩银信合作信托贷款业务。

——《中国银监会关于进一步规范银信理财合作业务的通知》银监发〔2011〕7 号

第六，2009 年银监会发布了《关于规范信贷资产转让及信贷资产类理财业务有关事项的通知》（以下简称 2009 年信贷通知），规定商业银行在进行信贷资产转让时，转出方不得安排任何显性或隐性的回购条件；禁止资产转让双方通过即期买断加远期回购协议等方式规避监管。2010 年银监会又发布了《关于进一步规范银行业金融机构信贷资产转让业务的通知》（以下简称 2010 年信贷通知）明确提出银行业金融机构开展信贷资产转让应该遵守的三原则，即真实性原则、整体性原则和洁净转让原则。对于买断式的银信合作业务，银行和信托公司为规避监管当局的禁止条例，开始采取口头协议的方式由银行到期进行回购。

为进一步规范银行业金融机构买入、卖出或转移信贷资产业务（以下简称信贷资产转让业务）以及投资于信贷资产的各类理财业务（以下简称信贷资产类理财业务），促进相关业务规范、有序、健康发展，现就有关事项通知如下：

一、银行业金融机构开展信贷资产转让及信贷资产类理财业务时，应严格遵守国家法律、法规和相关监管规章的规定，健全并严格执行相应的风险管理制度和内部操作规程。

二、银行业金融机构开展信贷资产转让及信贷资产类理财业务时，应保证信贷资产（含贷款和票据融资）是确定的、可转让的，以合法有效地进行转让或投资。

三、银行业金融机构在进行信贷资产转让时，应严格遵守资产转让真实性原则。转出方将信用风险、市场风险和流动性风险等完全转移给转入方后，方可将信贷资产移出资产负债表，转入方应同时将信贷资产作为自己的表内资产进行管理；转出方和转入方应做到衔接一致，相关风险承担在任何时点上均不得落空，转入方应按相应权重计算风险资产，计提必要的风险拨备。

四、禁止资产的非真实转移，在进行信贷资产转让时，转出方自身不得安排任何显性或隐性的回购条件；禁止资产转让双方采取签订回购协议、即期买断加远期回购协议等方式规避监管。

五、为满足资产真实转让的要求，银行业金融机构应按法律、法规的相关规定和合同的约定，通知借款人，完善贷款转让的相关法律手续；票据融资应具备真实的贸易背景，按照票据的有关规定进行背书转让。

六、银行业金融机构在进行信贷资产转让时，相应的担保物权应通过法律手续予以明确，防止原有的担保物权落空。

七、银行业金融机构在签订信贷资产转让协议时，应明确双方权利和义务，转出方应向转入方提供资产转让业务的法律文件和其他相关资料；转出方接受转入方的委托，进行信贷资产的日常贷后管理和权利追索的，应明确双方的委托代理关系和各自的职责，承担相应的法律责任。

八、银行业金融机构在开展信贷资产转让业务时，应严格按照企业会计准则关于"金融资产转移"的规定及其他相关规定进行信贷资产转移的确认，并做相应的会计核算和账务处理。

九、银行业金融机构开展信贷资产转让业务，不论是转出还是转入，均应按照有关监管要求，及时准确地向监管机构报送相关数据信息。

十、银行业金融机构在开展信贷资产类理财业务时，应严格遵守并切实做到成本可算、风险可控、信息披露充分，遵守理财业务以及银信合作业务的相关规定，同时遵守银行业金融机构之间信贷资产转让的相关规定。

十一、银行业金融机构应在信贷资产类理财产品设计阶段充分评估该产品的信用风险、市场风险和流动性风险等主要风险，制定相应的风险应急预案，并按照理财业务产品报告的规定及时向监管机构报送包括风险应急预案在内的相关资料。

十二、银行业金融机构应在信贷资产类理财产品销售协议中向客户充分披露信贷资产的风险收益特性及五级分类状况。

理财资金投资的信贷资产的风险收益特性及五级分类信息应在产品存续期按照有关规定向客户定期披露。如资产质量发生重大变化或者发生其他可能对客户权益或投资权益产生重大影响的突发事件，也应及时向客户披露。

十三、银行业金融机构应严格按照企业会计准则的相关规定对理财资金所投资的信贷资产逐项进行认定，将不符合转移标准的信贷资产纳入表内核算，并按照自有贷款的会计核算制度进行管理，按相应的权重计算风险资产，计提必要的风险拨备。

十四、银行业金融机构应审慎经营信贷资产类理财业务，资本充足率、拨备覆盖率应达到监管机构的相关监管要求。

十五、信贷资产类理财产品应符合整体性原则，投资的信贷资产应包括全部未偿还本金及应收利息，不得有下列情形：

（一）将未偿还本金与应收利息分开；

（二）按一定比例分割未偿还本金或应收利息；

（三）将未偿还本金及应收利息整体按比例进行分割；

（四）将未偿还本金或应收利息进行期限分割。

十六、单一的、有明确到期日的信贷资产类理财产品的期限应与该信贷资产的剩余期限一致。信贷资产类理财产品通过资产组合管理的方式投资于多项信贷资产，理财产品的期限与信贷资产的剩余期限存在不一致时，应将不少于30%的理财资金投资于高流动性、本金安全程度高的存款、债券等产品。

十七、银行业金融机构开展信贷资产转让业务或信贷资产类理财业务时违反本通知规定、未能审慎经营的，监管部门将依据《银行业监督管理法》的有关规定，追究相关负责人的责任，并责令该机构暂停信贷资产转让业务或信贷资产类理财业务。

十八、本通知适用于银行业金融机构，包括在中华人民共和国境内设立的商业银行、城市信用合作社、农村信用合作社等吸收公众存款的金融机构及政策性银行。

十九、本通知中的信贷资产转让及信贷资产类理财业务，如果涉及银信合作业务且另有规定的，银行业金融机构应同时遵守相关规定。

二十、本通知印发之前发生的信贷资产转让及信贷资产类理财业务，应按本通知的要求予以清理和规范，并将相关情况及时报送监管机构。

　　　——《关于规范信贷资产转让及信贷资产类理财业务有关事项的通知》银监发〔2009〕113号

为进一步规范银行业金融机构信贷资产转让，促进相关业务规范、有序、健康发展，现就有关事项通知如下：

一、银行业金融机构开展信贷资产转让业务，应当严格遵守国家法律、法规、规章和规范性文件的相关规定，健全并严格执行相应风险管理制度和内部操作规程。

二、本通知所称信贷资产是指确定的、可转让的正常类信贷资产，不良资产的转让与处置不适用本通知规定。信贷资产的转出方应征得借款人同意方可进行信贷资产的转让，但原先签订的借款合同中另有约定的除外。

三、信贷资产转入方应当做好对拟转入信贷资产的尽职调查，包括但不限于借款方资信状况、经营情况、信贷资产用途的合规性和合法性、担保情况等。

信贷资产转入方应当将拟转入的信贷资产提交授信审批部门进行严格审查、核实，复评贷款风险度，提出审核意见，按规定履行审批手续。

四、银行业金融机构转让信贷资产应当遵守真实性原则，禁止资产的非真实转移。转出方不得安排任何显性或隐性的回购条款；转让双方不得采取签订回购协议、即期买断加远期回购等方式规避监管。

五、银行业金融机构转让信贷资产应当遵守整体性原则，即转让的信贷资产应当包括全部未偿还本金及应收利息，不得有下列情形：

（一）将未偿还本金与应收利息分开；

（二）按一定比例分割未偿还本金或应收利息；

（三）将未偿还本金及应收利息整体按比例进行分割；

（四）将未偿还本金或应收利息进行期限分割。

银行业金融机构转让银团贷款的，转出方在进行转让时，应优先整体转让给其他银团贷款成员；如其他银团贷款成员均无意愿接受转让，且对转出方将其转给银团贷款成员之外的银行业金融机构无异议，转出方可将其整体转让给银团贷款成员之外的银行业金融机构。

六、银行业金融机构转让信贷资产应当遵守洁净转让原则，即实现资产的真实、完全转让，风险的真实、完全转移。信贷资产转入方应当与信贷资产的借款方重新签订协议，确认变更后的债权债务关系。

拟转让的信贷资产有保证人的，转出方在信贷资产转让前，应当征求保证人意见，保证人同意后，可进行转让；如保证人不同意，转出方应和借款人协商，更换保证人或提供新的抵质押物，以实现信贷资产的安全转让。

拟转让的信贷资产有抵质押物的，应当完成抵质押物变更登记手续或将质物移交占有、交付，确保担保物权有效转移。银行业金融机构在签订信贷资产转让协议时，应当明确双方权利和义务，转出方应当向转入方提供资产转让业务涉及的法律文件和其他相关资料；转入方应当行使信贷资产的日常贷后管理职责。

七、信贷资产转出方将信用风险、市场风险和流动性风险等完全转移给转入方后，应当在资产负债表内终止确认该项信贷资产，转入方应当在表内确认该项信贷资产，作为自有资产进行管理；转出方和转入方应当做到衔接一致，相关风险承担在任何时点上均不得落空。

信贷资产转让后，转出方和转入方的资本充足率、拨备覆盖率、大额集中度、存贷比、风险资产等监管指标的计算应当作出相应调整。

八、银行业金融机构应当严格按照《企业会计准则》关于"金融资产转移"的规定及其他相关规定进行信贷资产转移确认，并做相应的会计核算和账务处理。

九、银行业金融机构应当严格遵守信贷资产转让和银信理财合作业务的各项规定，不得使用理财资金直接购买信贷资产。

十、银行业金融机构开展信贷资产转让业务，不论是转入还是转出，应按照监管部门的要求及时完成相应信息的报送，并应当在每个季度结束后30个工作日内，向监管机构报送信贷资产转让业务报告。报告应当至少包括以下内容：

（一）信贷资产转让业务开展的整体情况；

（二）具体的转让笔数，每一笔交易的标的、金额、交易对手方、借款方、担保方或担保物权的情况等；

（三）信贷资产的风险变化情况；

（四）其他需要报告的情况。

十一、银行业金融机构开展信贷资产转让业务未能审慎经营，违反本通知规定的，监管机构可以根据《中华人民共和国银行业监督管理法》的有关规定，责令其暂停信贷资产转让业务，给予相应处罚，并追究相关人员责任。

——《关于进一步规范银行业金融机构信贷资产转让业务的通知》银监发〔2010〕102 号

由此可见，银行与信托公司之间的理财产品不断翻新、日趋复杂，可以规避《中国人民银行法》和《商业银行法》对银行贷款规模的强制性限制，违反国家利率管制政策进行变相高息揽储，突破 2009 年、2010 年、2011 年银信合作通知和 2009 年、2010 年信贷通知政策对于银信合作的制约以实现监管套利。近几年来，金融监管当局持续出台限制银信合作业务的条例、通知，旨在限制银信合作产品规模扩张，但是效果不佳。从以下2012 年 9 月至 2013 年 3 月的银信理财产品发行数量和规模走势图就能得到证实，2012 年 9 月银信产品发行规模约为 230 亿元，到 2013 年 3 月其已接近 400 亿元，仅 20 周银信产品发行规模增长近 74%。

据统计，2012 年上市银行中报有 9 家银行投资了金融机构发行的理财产品，共涉规模达 2932 亿元，并且理财产品最终指向为信托贷款。[①] 在 2932 亿元理财的背后，隐约闪现的则是银信合作在表内实现"变相放贷"的套利路径。可见，近几年出台的监管通知虽然通过一系列措施，表面上看抑制了银信合作规模，但并未起到控制银信合作放贷比例，限制金融系统性风险的目的。

---

① 蔡真：《中国影子银行：特征、模式与监管》，载《银行家》2012 年第 11 期。

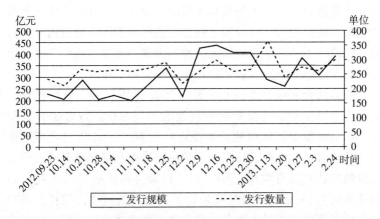

图 5 - 1 2012 年 9 月至 2013 年 3 月近 20 周银信理财产品①
发行数量和发行规模走势

二、非银行金融机构的业务违规造成监管困境

随着金融业市场竞争态势的日益激烈，相比之银行，非银行金融机构的规模一般较小、抵御风险能力较弱，致使非银行金融机构产生危机的概率往往高于银行。若其在规定的业务和资金范围内已不能满足生存和发展的需要，则非银行金融机构特别是信托公司、证券公司等为了片面追求公司利润、扩大资产规模，可能实施违规行为。虽然监管当局对于非银行金融机构的业务范围和具体产品都有明确规定，但是各类非银行金融机构的违规事件依然存在。非银行金融机构获得非规范资金的途径往往通过"同业拆借"，在监管当局规范金融秩序、遏制银行违章拆借后，非银行金融机构仍利用各种方式从银行拆借资金，如证券回购、委托买卖有价证券或直接向企业借款。我国证券公司为获得大量资金可以各种名义吸收企事业单位的资金。由于监管力度不强，这类证券公司开展了存款性金融机构的基本业务，但是以券融入的资金可能流入股票市场、期货市场，也可能投入房地产市场，

---

① 资料来源：用益信托工作室。

这些市场较之于存款市场具有更高的风险性。一旦国家实行紧缩的货币政策或房地产调控政策收紧，这些非银行金融机构所持有的资产价格下跌的金融风险就会暴露出来，加之，这些非银行金融机构资产规模小，其积累的风险可能会集中爆发。

在信托业领域，中国人民银行 2002 年颁布的《信托投资公司管理办法》对信托投资业务规范的相当宽松。该办法允许信托公司对外投资比例可达公司净资产的 80%，且公司还不用缴纳存款储备金，因此信托投资公司可以将自有资金全部投放到高风险的贷款和投资领域。2007 年，银监会新颁布了《信托公司管理办法》，对信托业务规则进行了一系列的调整，信托公司自有资金不能向实业投资，并对贷款类业务比例进行限制。在严格的监管规则下，信托公司财务报表中贷款类信托的占比从 2006 年的 69.47%，下降到 2008 年的 21.26%，下降了 48.21 个百分点。财务报表上显示的数字表明，信托公司贷款类信托占比大幅下降，信托公司对物权和股权投资比例明显攀升，从 2006 年占比 15.65% 上升到 24.58%。从信托业财务报表上来看，新的信托办法起到明显的效果，但事实上则不然：信托公司在进行物权和股权投资业务时，多运用抵押、质押、回购和收益权分层等手段进行担保增信，通过这些信用增信过程，财务报表中显示的物权和股权投资业务就转变为具有贷款性质的业务。"据统计，在信托公司名为股权和物权运用的产品中，类似贷款性业务占到90% 左右。贷款类业务仍然是信托公司的支柱性业务。"[①] 通过担保增信手段，信托公司突破了《信托公司管理办法》对信托业贷款业务比例的限制。

与此同时，信托公司在信托业务的具体操作中，逐渐突破《信托公司管理办法》的一系列规定：该办法明确指出信托业务"不得承诺最低收益"，但信托公司类投资者承诺预期收益已成

---

① 李勇：《构建信托公司积极业务模式之探索》，载《现代财经》2010 年第 3 期。

为行业惯例;[1] 信托公司募集资金的方式"不得公开销售",而部分信托公司通过新闻报道采取软广告的手段进行公开宣传;[2] 对于资金募集对象规模限定为在"单个集合资金信托计划的委托合同不得超过200份、每份合同金额不得少于5万元",而信托公司往往开展信托受益权转让业务,对募集资金规模进行突破。

三、准金融机构的监管框架尚未形成

我国目前对准金融机构尚未形成成熟的监管体系,未设立专门的金融监管机构对准金融机构进行监管,造成了对准金融监管机构的专业化赤字与多头监管的局面。同时,针对准金融机构的立法和执法状况也不乐观,法律法规缺失、部分章程未执行情况存在,颁布的法律与政策相互冲突偶有发生。

(一) 监管机构专业化缺失

准金融机构既未被归入传统金融机构监管体系,也没有设立专门、独立的监管机构,而是被纳入地方政府的管理范畴。传统政府机构的特点是综合性管理和服务,且在地方政府获得准金融机构监管权之前,并未涉及金融领域事宜的管理,因此政府机构的人员配备并未安排金融专业人才,与专业的金融监管机构相比,地方政府缺乏专业的金融监管人才和技术。此外,对于准金融机构采取多头监管方式,一般以地方政府金融办公室为主要监管机构,由工商局、中小企业局、商务部门等多部门相互配合,对小额贷款公司、融资担保公司、典当行等实施属地管辖,有各地确定的监管部门具体负责本辖区的准金融机构的日常监管和风险处置。以江西省为例,有政府金融办负责小额贷款公司和融资

---

① 李勇:《构建信托公司积极业务模式之探索》,载《现代财经》2010年第3期。

② 廖强:《制度错位与重建:对我国信托业问题的思考》,载《金融研究》2009年第2期。

担保公司的日常监管，工商局负责其注册登记，中小企业局还对融资担保公司进行行业指导，商务局负责对典当行的日常监管。[①] 在各部门相互配合过程中，出现重复监管或监管空白的情况可能难以避免。

　　小额贷款公司、融资担保公司、典当行等准金融机构本身具有公司性质，追求利益最大化是其根本目标，在当前政府监管机构专业化缺位和多头监管的情况下，准金融机构违规运营的可能性大大增加。例如，小额贷款公司的资金中存在大量的银行贷款，实体经济的股东受到借贷市场高利率的诱惑，纷纷入股小额贷款公司，许多股东甚至借用实体经济的名义向银行融资获得低利率贷款，再挪用银行贷款入股小额贷款公司获得高利率，从而赚取利差。融资担保公司和典当行存在抽逃资金，利用公司名义从事民间借贷业务的情况。[②] 在当前监管机构专业化缺失的背景下，准金融机构为追求利益最大化会想方设法"钻空子"。例如，融资担保公司的经营范围是：以票据承兑担保、贷款担保为主的担保业务，以自有资金进行投资的业务，与担保业务相关的融资顾问等中介服务，而众多融资担保公司超范围经营，甚至个别担保公司为开展融资担保业务，而是借"担保理财"之名，行民间借贷之实。[③]

　　（二）相关法律法规缺失

　　与普通工商企业一般，准金融机构适用于规范一般公司企业的法律法规，如《公司法》《合同法》《物权法》《担保法》等法律法规，而法律并未对准金融机构的业务范围、从业规范和内控制度等制定明确法律。对于融资担保公司的规范主要参见：

---

① 徐文平：《准金融机构发展路径选择——鹰潭实例》，载《海南金融》2013年第4期。

② 徐文平：《准金融机构发展路径选择——鹰潭实例》，载《海南金融》2013年第4期。

③ 陈太玉、黄辉、卓佳：《准金融机构发展中存在的问题及对策——以海南为例》，载《时代金融》2012年第12期。

《融资性担保公司管理暂行办法》《融资性担保机构经营许可证管理指引》《融资性担保公司内部控制指引》《融资性担保公司信息披露指引》《融资性担保公司治理指引》等众多"办法""指引",而未见法律法规层面的规范。对于小额贷款公司的规范层次也尽然,如《关于小额贷款公司试点的指导意见》。可见,在准金融机构的立法中,立法层级过低,高层次的法律法规缺失,大部分规范以部门规章和地方性章程居多,导致在执法过程中的权威性低、执行难等问题。

此外,有关准金融机构的部门规章存在未按规定执行的状况。例如,《关于印发〈中小企业融资担保机构风险管理暂行办法〉的通知》规定,担保公司与协作银行应根据贷款规模和期限分别承担一定比例的责任。但在实践中,大部分担保公司要正常开展业务需要与金融机构合作,为了得到金融机构的协助,担保公司要承担全部责任,因此风险并未在担保公司于协作银行之间分担,而是有担保公司承担了 100% 的责任。又如,为抑制中国部分城市房地产市场过热,自 2010 年以来,国家加强房地产市场宏观调控,银行收紧对房地产企业的贷款,进而部分房地产公司的融资转向小额贷款公司,到 2011 年部分省区纷纷颁布禁止或抑制向房地产企业贷款的通知,但其效果并不明显:截至 2012 年 6 月,个别小额贷款公司投放房地产贷款余额占贷款总额的 50% 以上。[①]

(三) 部分法律法规与政策冲突

有关准金融监管的法律规范与政策之间存在冲突,主要体现在有关小额贷款的法律与政策的冲突。小额贷款公司是中国经济社会中新兴事物,也是政府鼓励发展的主体。中国银监会、中国人民银行于 2008 年出台了《关于小额贷款公司试点的指导意见》(银监发〔2008〕23 号,以下简称《意见》),明确规定了

---

① 陈太玉、黄辉、卓佳:《准金融机构发展中存在的问题及对策——以海南为例》,载《时代金融》2012 年第 12 期。

小额贷款公司是由地方政府批准设立，当地工商管理部门登记注册的法人组织，不用取得金融许可证，其运行原则是"只贷不存"。根据《中国人民银行法》《商业银行法》制定的《贷款通则》与该《意见》存在矛盾，《贷款通则》第 21 条明文规定，"贷款人必须经中国人民银行批准经营贷款业务，持有中国人民银行颁发的《金融机构法人许可证》或《金融机构营业许可证》，并经工商行政管理部门核准登记"。① 而小额贷款公司并不能获得中国人民银行颁发的《金融机构法人许可证》或《金融机构营业许可证》，未取得金融牌照的小额贷款公司在从事贷款业务的过程中地位相当尴尬。

2009 年银监会发布了《小额贷款公司改制设立村镇银行暂行规定》（银监发〔2009〕48 号），为了对小额贷款公司产生一定程度的监督，其规定指出，小额贷款公司改制村镇银行的，必须有相关银行金融机构为发起人，并且持股不得少于 20%。此规定在一定程度上阻碍了小额贷款公司的发展，与我国鼓励小额贷款公司发展的政策相左。另外，对于小额贷款公司的税率过高，同样也不利于小贷公司的发展壮大和帮助中小企业融资的政策倾向。税务部门对小额贷款公司按照一般工商企业征收 25% 的企业所得税、5.6% 的营业税以及 0.05% 的合同印花税，同时对于小额贷款公司的贷款利率限制在人民银行同期贷款基准利率的 4 倍，如此挤压了小额贷款公司的利润空间，对于单靠资本金运作的小额贷款公司而言负担较重。② 为了盈利，小额贷款公司的借贷对象趋向于高利率群体，从根本上提高了借款人负担。

---

① 人民银行安顺市中心支行课题组：《欠发达地区准金融机构发展存在的问题及对策》，载《西南金融》2009 年第 12 期。

② 何一峰、江翔宇：《准金融机构监管现状、问题及对策初探》，载《上海金融》2011 年第 6 期。

第二节　传统金融监管模式缺陷的成因分析

尽管监管当局已采取了积极的改革措施，但从目前的监管效果来看，对影子银行体系监管强度总体不够，监管效果不佳，具有试探性特征。[①] 监管当局颁布的一系列的改革方案一般都是对于银行变相信贷业务的"禁止性"要求，而未在整个银行理财业务监管改革的角度建立一套系统的解决方案。现有的改革措施并不全面、彻底，职能部门存在监管盲区、信息披露方面监管不力、政府监管效率不高等不足，仍有诸多存在重大风险的影子银行业务或活动（如"银银信"、引入信托受益权、收益权信托、交换购买信贷资产等）游离于金融监管之外。

尽管监管当局已实施了一系列"禁止性"新规，但从监管成效来看，对影子银行套利行为的监管效果总体不佳，目前仍有诸多存在重大风险的影子银行业务或活动（如引入信托受益权、收益权信托、交换购买信贷资产等）游离于金融监管之外。我们对政府监管和套利行为之间博弈的过程进行梳理，发现影子银行监管套利原因有二：一是规则导向、微观审慎和分业监管模式无力应对影子银行混业营业现状；二是政府监管效率不高和公共执法资源稀缺给监管套利行为预留空间。

一、分业监管存在监管盲区

我国金融业实行"一行三会"的分业监管模式，在现行的监管体制下，不同类型的金融机构和监管业务面临不同的监管规则，时常导致监管当局的管理陷入"监管重叠"（Regulatory du-

---

[①]　周莉萍：《论影子银行体系国际监管的进展、不足、出路》，载《国际金融研究》2012 年第 1 期。

plication）和"监管真空"（Regulation gap）的困境之中。① 而影子银行业务一般实行混业经营，其创造的金融工具可以突破金融系统和市场之间的边界，打破监管当局部门之间各司其职的格局，活跃于监管盲区之中。分业监管的职能部门对于游离于监管之外的融资机构，缺乏相应的监管权限和监管手段。因此，影子银行机构和业务多利用监管部门的专门性缺陷进行监管套利。如，银监会负责对于银行业和信托业进行监管，为控制银信业务风险，限制融资类信托业务占银信合作业务余额的比例不能超过30%，而大部分参与银信理财业务的信托公司该项业务比例都超过80%，② 对于这些直接融资类银信合作业务而言，设定30%的上限相当于直接叫停。但是，对于衍生融资类银信合作产品，银监会的监管对策就不那么受用。衍生融资类银信合作产品中的受托机构不是信托公司，而是引入其他非银行金融机构，其加入银信合作链条的作用是替代信托公司作为转移信贷资产的通道，使融资链条更长、结构更复杂、融资功能和意图更隐蔽。银监会对于部分非银行金融机构（如保险类公司、证券类公司）不具有监管权，衍生融资类信托业务通过引入非银监会监管的参与方，为银信信贷腾挪通道。可见，混业经营的影子银行业务，利用分业监管所产生的监管盲区，绕道实现监管套利。

二、微观审慎监管产生监管真空

中国现行的金融法律监管模式是对单一的金融机构、金融业务进行微观审慎监管，这种模式的监管目标一般仅在于针对单个金融机构或金融业务风险问题的克服，其存在重大的风险敞口和监管真空地带。迄今为止，大多数微观审慎法律措施和政策工具

---

① 陆小康：《影子银行体系的风险及其监管：基于流动性风险为视角》，载《金融纵横》2011 年第 9 期。

② 江西江南信托股份有限公司用益工作室：《2010 年信托理财市场回顾与展望》，2011 年 11 月。

都没有对总体的信贷扩张进行有效抑制，金融机构之间或金融机构与金融市场之间的相互风险承担和潜在的连锁效应也未得到充分考虑。[①] 尤其是随着影子银行体系中的产品和业务的表现形式越来越多样化，传统的微观审慎监管仅针对单一产品进行法律规范，而对于迅速翻新的变型产品的风险难以有效识别，更无力对跨机构和行业的金融主体进行的监管套利行为作出及时充分的反应。对于规制影子银行监管套利行为而言，传统的微观审慎监管之所以屡遭突破，其根源在于一种微观视角的理念从一开始就无法对归属于宏观层面的监管套利行为实现真正的规制。大多数微观审慎法律措施和政策工具都没有对总体的信贷扩张进行有效抑制，金融机构之间或金融机构与金融市场之间的相互风险承担和潜在的连锁效应也未得到充分考虑。[②]

三、影子银行信息披露监管不力

由于监管当局对影子银行信息披露的要求强度不足，监管机构掌握不到足够的信息，就无法了解和控制影子银行的个体风险，其面对风险时显得猝不及防。影子银行的产品结构设计非常复杂，影子银行业务和产品多见于银行、证券、保险业务的交叉渗透领域。随着监管政策的调整，银行、证券、保险之间的业务合作与渗透不断加深，根据监管规定，商业银行可以入股信托投资公司和保险公司，保险公司也可以投资非上市银行的股权和证券公司。但是，交叉领域的金融产品和金融市场的信息披露并不充分，加之金融机构不能用简洁易懂的形式让监管者和投资者充分了解信息，不能使其市场规则、交易特点和收益与风险等信息有效进入投资者的认知结构，并使监管部门难以识别金融集团实

---

① 陈雨露、马勇：《宏观审慎监管：目标、工具与相关制度安排》，载《经济理论与经济管理》2012 年第 3 期。
② 陈雨露、马勇：《宏观审慎监管：目标、工具与相关制度安排》，载《经济理论与经济管理》2012 年第 3 期。

施的监管套利行为。

同时，在部分影子银行领域，由于监管机构未强制金融机构进行信息公开，投资者未要求金融机构披露信息，使部分影子银行业务丧失进行信息披露的动力。例如，在银信合作理财产品以及银行发起的私募股权基金中，一方面，由于监管部门未强制商业银行信息公开，商业银行对银信合作中的信托公司或基金公司的信息披露甚少；另一方面，投资者主要是与银行签订理财或投资协议，金融参与者想当然是和银行而非信托公司或基金公司建立了投资委托关系。① 其基于对银行的信任，一般也不主动要求银行披露有关信托公司或基金公司的更多信息。因此，减弱了金融机构主动和被动进行信息披露的可能性，影子银行业务缺乏透明度，这就加大了职能机构对其有效监管的难度，为其监管套利行为挪出空间。

第三节　政府监管模式改革的可选路径及其比较

一、监管模式改革的可选路径

影子银行体系的发展打破了传统金融业务分业经营的监管边界。大多数传统的微观审慎政策工具和措施不能对交叉领域的影子银行监管套利行为进行有效抑制；"一行三会"、分业监管的监管体制已滞后于综合金融业务的发展；宏观审慎监管客观上都要求监管部门之间加强沟通和协调，明确协调主体和职责归口。就中国目前的金融监管模式而言，进行监管制度改进具有三条路径：一是激进式改革，功能监管取代分业监管。将监管机构进行重组，由先前的按金融业务部门进行监管，转变为按照业务性质来确定监管边界；二是渐进式改革，设立"金融协调委员会"。

---

① 邵延进：《影子银行资金流向图谱及风险——以河北省为例》，载《中国金融》2011 年第 18 期。

该委员会成员可由"一行三会"以及相关监管机构共同委派专家组成，按照功能监管模式设计机构部门，专司风险监控、信用评估、业务审核、监管统计和监管套利惩处等职能；三是保守式变革，现有的监管模式保持不变，各监管机构进行协调规制影子银行体系。根据监管机构主要职责划分，在现有的监管机构中，明确一个协调主管机构，负责牵头影子银行监管事宜，其他监管部门为协助机构。

二、政府监管模式的优劣比较

那么，上述三种监管模式的改革路径哪个更适合现阶段中国的情况呢？这是一个值得探讨的问题。我们将对以上三种监管模式改革的路径进行优劣对比（见表5-2）：

1. 激进式改革，虽然能够避免监管职能的冲突、交叉或盲区，且按照金融属性相同或相似的业务制定统一的监管标准，能够有效防止监管套利，但是其缺陷也是明显的，一步到位的机构改革，需按照业务性质重组监管机构，造成监管机构人、财、物的重大变动，改革成本高昂，其制度改革风险，可能影响金融业稳定。

2. 渐进式改革是能够扭曲当前分业监管条块分割导致的监管漏洞，从宏观审慎视角监测影子银行系统性风险和防止监管套利，但是，若"金融协调委员会"不能充分获得法律授权，将形同虚设。

3. 保守式变革保留现有的监管模式，有利于监管职能的持续性和稳定性，机构和人员变革的成本低。但是，现有监管模式面对影子银行交叉业务领域，将暴露出显而易见的缺陷：监管机构职责划分模糊；在机构协调过程中可能存在部门利益冲突；协助机构的职权和责任的行使难以保障，可能被架空，协调主管机构很可能独揽监管权力。

表 5 - 2　三种监管模式改革路径优劣对比

改革类型	优势	劣势
激进式 （功能监管取代分业监管）	避免监管职能的冲突、交叉或盲区；金融属性相同或相似的业务制定统一的监管标准，有效防止监管套利	一步到位的机构改革，需按照业务性质重组监管机构，造成监管机构人、财、物的重大变动，改革成本高昂；存在制度风险，可能影响金融业稳定
渐进式 （设立"影子银行监管委员会"）	扭曲当前分业监管条块分割导致的监管漏洞；从宏观审慎视角监测影子银行系统性风险和防止监管套利	"金融协调委员会"若不能充分获得法律授权，将形同虚设
保守式 （监管模式不变，仅明确一个监管协调主管机构，若干辅助机构）	保留现有的监管模式，有利于监管职能的持续性和稳定性，机构和人员变革的成本低	在影子银行交叉业务领域，监管机构职责划分模糊；在机构协调过程中可能存在部门利益冲突；协助机构的职权和责任的行使难以保障，可能被架空，协调主管机构很可能独揽监管权力

从中国金融业发展结构来看，影子银行体系的机构和产品跨越了银行业、证券业、保险业、信托业等市场体系，其风险具有传染性和联动性，实施宏观审慎监管和功能监管将是大势所趋。若采取保守式变革，现有的分业监管模式将不能完成对影子银行交叉业务领域的监管职责，仅通过监管部门联席会议定期开会的形式，规制逐渐壮大的影子银行体系其力度严重不足。此外，银监会、证监会、保监会三者从监管设置上看属于平行机构，若没有一个上级机关进行协调，联合监管难免出现职权模糊、利益冲突等问题。同时，牵头协调部门权责过大，协助部门权力架空的

情况也很难控制。可见，对于影子银行体系的监管有必要建立一个长效机制。

从制度改革实践来看，推翻原有的银行、保险、证券监督委员会，按功能性质重建风险监测、信用控制、违规惩罚等监管部门，将存在严重的制度风险。激进式的改革，将引起金融业的震荡，甚至恐慌，不利于金融业的稳定和健康发展。因此，我们更推崇渐进式改革，"金融协调委员会"的建立，不但能够有效规制监管套利行为，还能维护金融业的稳定，防止系统性风险。值得注意的是，我们要首先厘清中国影子银行体系的内涵和外延，以便清楚界定监管委员会之间的权责归口。"金融协调委员会"重点监管有关金融行业交叉协调领域事务，特别是，混业经营类影子银行业务、产品及其监管套利行为，而三个机构监管委员会重点负责主体的市场准入与行为的合规性等方面。

第四节　政府监管模式的改革重点

中国影子银行监管套利的一大重要原因是政府传统监管模式存在不足。中国目前施行以传统微观审慎监管为基础的分业监管模式，而影子银行在运作中早已突破银行业、资本市场、货币市场、保险市场等市场的界限，其套利行为具有联动性，这使中国现行的监管模式捉襟见肘、难以应对，因此要对现有的政府监管模式进行变革。

一、健全影子银行协调机制

影子银行监管套利的突出表现是其利用银行、证券、保险、信托监管机构在监管规则和标准上的不同，选择监管环境最为宽松的市场进行经营活动，特别是在金融业务的交叉地带，影子银行的套利活动最为活跃。金融危机充分证明，对于交叉业务部门的金融创新所产生的风险，很难由一家监管机构独立进行监测、预警，而银行、证券、保险监管部门具有各自的监管标准，一时间又难以完全统一。如在银保合作中，银监局和保监局对银保合作业务分别具有现场检查权，但是银监局的权力又仅限于银行范围，对保险公司无检查权。若在检查过程中发现问题，银监局只能去函告知保监局，至于保监局是否采纳，银监局将无权干预，这种割裂的监管模式会增加合作的难度，不利于识别套利行为后快速采取矫正措施。

因此，为有效规制影子银行的监管套利行为，各相关监管部门要进行充分协调，建立影子银行的协调实体。若没有实体化的监管协调机构和可操作性强的协调实施办法，监管协调机制就没有权威可言，对于影子银行监管套利的规制更无从谈起。例如，证监会、银监会、保监会（以下简称"三会"）之间早在2003年就召开了三方监管联席会议，并联合起草了《金融机构分工合作备忘录》，其目的是加强三方合作，就重大的、跨行业的监管问题进行磋商。但是，由于联席会议缺乏具有决策权的实体协调机构和法律法规，协调结果往往陷入部门利益之争。因此，应设立"金融协调委员会"，其部分职责是负责影子银行中交叉业务的监管协调，这样能有效的规制金融机构混业经营中的监管套利行为。值得注意的是，由于传统的机构监管部门（银监会、保监会、证监会）具有较大的权威，为防止"金融协调委员会"形同虚设，在其设立之初需做好两方面的工作：一是委员会要得到法律授权，由分管金融的国务院领导主管，该委员会成员可由"一行三会"以及财政部等相关部委的负责人组成；二是明确"金融协调委员会"与"一行三会"的职权边界，"金融协调委员会"主要负责金融监管协作工作，特别是督导影子银行中跨部门监管协调，但不能干预"一行三会"负责的日常监管工作，如主体市场准入与行为的合规性等。

二、建立宏观审慎监管制度

宏观审慎监管是相对于微观审慎监管的概念，指金融监管当局为了降低金融危机发生的概率及其带来的财政成本、产出损失和维护金融稳定，从金融体系整体而非单一机构角度实施的监管。[①] 对于规制影子银行监管套利行为而言，传统的微观审慎监管之所以屡遭突破，根源在于一种微观视角的理念从一开始就无法对归属于宏观层面的监管套利行为实现真正的规制。识别、防范和控制监管套利行为需要一种与其相匹配的宏观政策工具，这也是推动金融监管从传统的微观审慎走向宏观审慎的原动力。目前，应构建包含影子银行在内的宏观审慎监管框架，强化影子银行系统风险预警与动态监测，在宏观层面上预防和应对影子银行监管套利行为。

同时，明确这种新制度的建立需要法律先行，根据《中华人民共和国立法法》的规定，有关金融事项尚未制定法律的，全国人民代表大会及其常务委员会有权作出决定，授权国务院可以根据实际需要，对其中的部分事项先制定行政法规。[②] 由于现行的微观审慎监管模式面对影子银行混业经营已暴露出不足，其对于单一机构实施监管已无法防止监管套利和系统性风险的促发，因此全国人大及其常委会有必要授权国务院，建立有关"宏观审慎监管"的行政法规。具体而言，宏观审慎监管要把监管边界扩展到影子银行体系，把游离在现有监管体系之外的影子银行的监管套利交易纳入政府的监管框架中来；从宏观角度对金融属性相同或相似的机构和业务制定统一的监管标准，以防止影子银行通过监管标准差异进行套利。

---

① 刘明康主编：《中国银行业改革开放 30 周年》（上册），中国金融出版社 2009 年版，第 437 页。

② 《中华人民共和国立法法》第 8 条规定，下列事项只能制定法律：……（八）基本经济制度以及财政、税收、海关、金融和外贸的基本制度；第 9 条规定，本法第八条规定的事项尚未制定法律的，全国人民代表大会及其常务委员会有权作出决定，授权国务院可以根据实际需要，对其中的部分事项先制定行政法规，但是有关犯罪和刑罚、对公民政治权利的剥夺和限制人身自由的强制措施和处罚、司法制度等事项除外。

三、实施全面监控和重点矫正相结合的策略

强化金融机构的全行业风险管理和信息披露意识，要求影子银行机构及时、严格测算新业务对于监管指标的影响程度，通过促进影子银行机构规范经营和推进信息的对称化，来遏制监管套利动机，为研究制定监管原则提供有力依据。同时，要区分对待影子银行，疏堵有别。既要发挥影子银行作为金融渠道的补充作用，也要有效防止其风险，对于未完成承诺指标的影子银行施行重点矫正、重点监管以套利性融资为核心的业务创新，如银信合作通过引入信托受益权、收益权信托、交换购买信贷资产等行为以实现变相信贷的行为。对于违规套利行为，不但要及时矫正，而且要充分扩大通报影响，对于其他影子银行的监管套利动机形成威慑和预防效应。

按照影子银行体系监管的类别划分，应全面监控影子银行三类子体系，重点矫正具有监管套利动机、可能诱发系统性风险的第一类影子银行子体系（影子银行体系中交叉产品和业务）。三类影子银行子体系中，由于中国目前第二类（非银行金融机构和业务）和第三类（准金融机构）影子银行子体系的规模较小、创新不足，故而这两类影子银行子体系还不具有促发系统性风险的可能性。例如，资产证券化业务模式刚刚起步，尚未形成像欧美资产证券化市场一般的规模；小额贷款公司、担保公司、典当行等准金融机构仍具有地域性，尚未形成全国规模的业务范畴。然而，这两类影子银行子体系虽然目前还不可能诱发系统性风险，但是其发展速度不容小觑，随着规模的迅速扩张，其对于影子银行的风险的贡献率可能会与日俱增，对其进行实时监控有利于对影子银行体系的发展动向实现全面监控。较之于二、三类影子银行子体系，第一类影子银行子体系则为金融监管重点监控对象，其具有严重的监管套利动机和行为。一方面，银信、银证、银保合作一般利用一方放松监管而获得套利空间，同时其与银行的日常经营联系甚为紧密，风险极易传递到银行系统；另一方

面，金融控股公司一般具有多个金融牌照，控股公司为获取高利润，可能利用多领域的金融经营权实现监管套利。因此，第一类影子银行子体系应作为金融监管的重点监管对象。

四、针对各类别影子银行子体系特点实施分类监管

影子银行体系包含多样复杂的实体和活动，影子银行子体系具有不同的风险特征和运营情况，因此，对影子银行体系的各个类型建立一致的监管措施几乎是不可能的。那么，我们应该针对各类影子银行子体系的商业模式、风险特征以及对系统性风险的贡献，实施差异化的监管措施，主要包括：一是对混业经营机构和业务的监管套利行为引入功能观的监管理念；二是切断非银行金融机构和业务的负外部性风险来源；三是提高立法层次和监管能力，推动建立运营平台和行业协会，以弥补准金融机构的经营和监管的专业化赤字。

第一，引入功能观的监管理念，缩小制度差异性，减小套利空间，以应对第一类影子银行子体系的监管套利问题。功能观的监管理论（Functional Regulation and Supervision）由 Bodie 和 Merton 于 1993 年提出，他们认为，较之于金融机构监管，金融功能监管更加稳定，金融机构的形成可以随功能而变化，金融机构的竞争和创新终将引发金融体系执行各项功能效率的提高。[①]就政府对于混业营业金融实体的监管实效而言，介入功能观的金融监管策略要比仅仅基于机构观的金融监管将产生更好的效果。一方面，影子银行体系中的混业经营机构不断推动金融创新和产品优化降低了交易成本，但是也促使交叉金融机构所提供的产品和服务之间的界限越发模糊，尽管从产品和业务的名目来看，金融产品纷繁复杂，但是从功能角度上来看却是同质的。因此，从

① Bodie, Z. and Merton, R. C. (1993) Pension Benefit Guarantees in the United States: A Functional Analysis, in R. Schmitt, Ed., the Future of Pensions in the United States, Philadelphia, PA, University of Pennsylvania Press.

功能观角度出发制定规制规则将具有稳定性，而从传统的机构角度，根据产品行业属性制定法规则有可能跟上产品创新的速度。另一方面，从功能观角度根据产品性质来划分监管对象，同样业务性质的金融产品，不区分所属金融行业，制定宽严相济的监管规则，那么，某类金融行业就没有必要通过借道监管规则相对宽松的通道，实施监管套利。倘若监管机构能够避免同类业务性质而不同行业类别的金融产品的监管程度差异，将能从制度上减少影子银行的监管套利的动机。

影子银行机构监管套利的前提是存在净监管负担，即监管当局给不同金融主体所带来的成本与收益之差。从制度经济学角度来看，"一种经济目的可以通过多种交易策略实现，如果对于任意两种监管制度，净监管负担之差小于制度转换的交易成本，便会出现从净监管负担较高的交易策略向净监管负担较低的交易策略的转换。如果市场中不存在交易费用，则市场主体会选择净监管负担最低的交易策略，其他监管制度将失去意义"。[①] 影子银行体系中占很大比重的金融交易为混业经营，由两个或多个行业性质的金融机构交叉实施产品创新合作和交易，且中国实行金融业的分业监管制度，银行、证券、保险、信托等行业的监管规则具有较大差异，也就产生了净监管负担之差。这就容易引发影子银行混业经营机构比较合作伙伴的净监管负担之差与制度转换的交易成本，当净监管负担之差小于制度转换成本时，混业经营主体将按照原有金融主体进行交易，而当净监管负担之差大于制度转换成本时，混业经营主体将转换交易主体，由净监管负担小的金融机构实施交易，以绕过较重负担的监管，实行监管套利，如银信合作、银证合作，以及金融控股公司中的部分业务便是监管套利的实例。根据"净监管成本的一价定律"，只有当相同实质的金融交易行为具有相同或近似的监管负担时，才可能抑制金融

---

① 沈庆劼：《监管套利的动因、模式与法律效力研究》，载《江西财经大学学报》2011 年第 3 期。

机构追求监管套利意图。由此可见，通过缩小不同金融行业制度差异性，可以减少监管套利空间。在影子银行体系监管规则的制定和完善的过程中，要注意对于同类性质而不同行业的金融行为，尽量适用相同或类似的监管规则，减少净监管负担的差距，以抑制监管套利空间。

第二，监管当局甄别金融机构的风险，切断其负外部性的风险来源，建立合理市场退出机制，使不满足监管要求或出现清偿问题的影子银行中的非银行金融机构平稳有效退出，防止风险扩散。非银行金融机构不像银行那样，即不会受到存款储备金、资本充足率等严厉的监管，一般也没有存款保险、最后贷款人等金融安全网的保护，进而，非银行金融机构一旦破产更容易引发负外部效应。因此，监管机构要对非银行金融机构的负外部风险特别关注，对有毒资产进行剥离，让经营性资产与有毒资产分离。需要注意的是，针对不同的金融机构要采取不同的处置办法。"对于特大型、控制国家经济命脉的金融机构通常采用行政化手段重组，原因在于这些企业垮不起，一垮将导致系统的崩塌。而对于其他大中型企业通常由市场自身解决，解决方式包括市场化并购、市场化重组等主动方式及市场化破产等被动方式。"[1] 规模特大型金融机构追究高收益、高风险利润，造成机构内风险聚集以及向金融体系风险外溢，金融机构一旦崩塌将带来严重的负外部性，让此种金融机构破产将会造成关联金融机构的重大损失甚至破产和金融市场恐慌，对金融体系造成极为严重的震荡。故而，当特大型金融机构发生经营困难时多采取重组或并购的方式，避免其破产。这样的结果时常导致金融机构和金融投资者产生"太大而不能倒"的认识，从而使金融机构经营者和投资者引发道德风险。面对特大型金融机构经营困难的情况的确存在两难的抉择，因此，监管当局要在特大型金融机构日常经营中，对

---

① 周晖：《金融风险的负外部性与中美金融机构风险处置比较》，载《管理世界》2010 年第 4 期。

其有毒资产进行及时清理，切断和控制特大型金融机构的负外部性的蔓延。在日常金融监管中，加强对高风险金融业务的监管，尤其没有存款保险和最后贷款人制度保障的非银行金融机构的违规违法行为。例如，对于证券投资者缴纳的买卖证券款实施严格监控，杜绝证券公司挪用事件的发生，一旦发现证券公司非法挪用要对该证券机构以及主要负责人进行处罚，严厉打击挪用买卖证券款的行为。又如，监管当局要严格治理依靠委托买卖有价证券、向企业借款、卖出回购证券等变相吸收企事业资金的行为，杜绝证券公司利用存款性资金开展高风险的证券类业务。

建立起传统银行与非银行金融机构之间的防火墙，以防止风险从非银行金融机构向商业银行传染。随影子银行业务领域的扩张，证券、保险、信托等非银行金融机构利用传统银行信贷进行融资，大大增加了传统银行与非银行金融机构之间的关联度，致使市场风险、信用风险和信誉风险越过非银行金融机构的控制范围，在银行业市场上流动和蔓延，非银行金融机构运营风险的负外部性对银行业的影响表现的非常明显，且影响将不断扩大。例如，"资产证券化业务造成信贷风险转移和循环。贷款证券化可以将银行等间接融资机构承担的风险转移给资本市场中的证券投资者。但是风险本身并没有消失，它始终存在于金融市场某个角落、某个持有者身上，而且还可能被包装得无法识别、无法转手"。[1] 在高额利益的驱动下，资产证券化实现了飞速扩张。因此，监管当局要在严格监管影子银行体系中的非银行金融机构的体系，要建立起传统银行与非银行金融机构之间防火墙，降低两者的关联度，减少银行体系内资金流入影子银行。[2]

那么，面对非银行金融机构风险对于银行体系的传染和渗透，如何建立防火墙将是金融监管当局亟须认真考虑的问题。从

---

[1] 许华伟：《银行业综合化经营与金融安全问题——兼论我国金融防火墙的设置》，载《学术论坛》2012年第7期。

[2] 杨小平：《我国影子银行体系及影响》，载《中国金融》2012年第16期。

金融监管角度出发，防火墙就是阻断金融风险在不同金融业务之间的传导，建立有效阻隔机制，将金融风险控制在可控的范围之内。建立金融防火墙应注意以下三方面：一是建立资金隔离制度，监管当局对影子银行体系中的非银行金融机构建立动态资金流向和运作监测，明确各业务条件的运行机制和范围，在保障金融体系中资金正常合理流动的同时，防范银行资金向非银行金融机构的不当转移；二是建立信息隔离制度，杜绝证券市场上的信息滥用和内幕交易，防止滥用信息优势从而导致潜在的利益冲突，因为利益信息优势会导致风险和资源在不同关联机构之间不当流动，如上述的通过转嫁风险，将风险转移到金融投资者身上。通过建立信息防火墙遏制内在的不良利益冲动，防止利益冲突在非银行金融机构和银行之间扩散，防范风险不可控；三是建立风险隔离制度，"在美式'防火墙'中，集团和子公司之间、子公司与子公司之间都设立了风险隔离地带，较为有效避免了风险的传染。而英式的'围栏'也在围栏内外之间形成了较为严密的风险防范重点保护了围栏内核心基础业务，这大大降低了风险的深度蔓延"。[①] 参照英美启示，应建立起中国银行与非银行金融机构之间的风险隔离带，切断金融风险从债券市场向信贷市场转嫁的渠道，引导银行业金融机构必须审慎开展资产证券化，严禁把房地产不良贷款"打包"进行证券化，防范房地产信贷风险通过证券化被放大等风险向商业银行传递的行为。

第三，准金融机构监管需要提高立法层次。目前，在中央层面，对于准金融机构的立法层级一般仅停留在部门规章，而鲜有行政法规及以上层次予以规范。例如，对于小额贷款公司，中国银监会和人民银行出台《关于小额贷款公司试点的指导意见》（银监发〔2008〕23号）；对于融资担保公司，中国银监会、发改委、工信部、财政部、商务部、人民银行、工商总局联合发布

---

　　① 束兰根：《商业银行兼营投行业务的防火墙机制研究》，载《上海金融》2013年第6期。

的《融资性担保公司管理暂行办法》；对于典当行，商务部和公安部联合颁布的《典当管理办法》。在地方层面，对于小额贷款公司、融资担保公司、典当行等准金融机构，各地方政府仅仅出台办法、指引等地方规章层面的具体监管规范。就现行的准金融机构的立法现状来看，中国已形成了国家和地方共同监管准金融机构的基本体制，中央负责准金融机构监管的规则制定，地方负责其具体执行。在今后的立法完善过程中，中央层面要就准金融机构监管的重大问题颁布行政法规以及更高层次的法律，各地方政府在不违背中央立法的原则下，颁布地方立法对准金融机构的具体行为进行规范。

提高准金融机构的监管能力，赋予其适当的处罚权，并引导地方政府将同类业务的金融机构进行统一监管。准金融机构由地方政府机关监管，较之于银监会、证监会、保监会等专业金融监管当局的专业技术和人员配备，地方政府都相去甚远，若要想使地方政府机关达到金融监管当局的专业水平，将具有难以承受的成本。但是可以通过赋予行政机关中主管准金融机构的行政部门以较高的级别，对于执法人员给予专业培训。更为重要的是，通过地方立法权赋予主管准金融机构的行政机关以行政处罚权，拥有处罚权的主管机关对于准金融机构的违法行为才能进行威慑，这样能够到达更好地制止违法行为的效果。

推动准金融机构规范业务运营，将相同业务的准金融机构归入相同的监管部门。目前，在不同省份相同业务的准金融机构由不同主管机关管理，即使在同一省份相同业务机构也可能由不同主管机关负责。例如，融资性担保公司的主管机关或为政府金融办，或为中小企业局，在不同地区存在区别或由两个或多个行政机关共同管理。笔者认为，具有相同业务的准金融机构应归入相同的主管部门，以便于针对业务技术对主管部门人员进行专业培训。"原因是金融监管是一项专业性较强的工作，分散的监管模式必然带来公共资源的浪费和效率低下，并且不利于地方政府与国家金融监管部门的统一协调沟通。"① 将相同业务机构归入统一主管部门进行监管,不但能防止多头监管所带来的监管重叠或监管真空,而且还能降低对于主管人员的专业技术的培训成本,节省公共执法资源,提高执法效率。

五、科学拟定影子银行的政府监管边界

根据公共强制理论,可以按照公共权力对市场自由的干预强弱,将私人的自由状态到政府的强制状态由弱到强分为四类:市场竞争机制、私人诉讼、公共强制执行监管、国家所有制。市场竞争机制状态下不存在公共权力干预,后面三种控制策略中政府对私人权利的监管权依次增强,直到国家所有制状态下公共权力达到最强。在市场竞争机制中,市场秩序主要遵循市场竞争和私人秩序,未引入政府干预;在私人诉讼机制中,法官的中立裁判作为维护市场秩序的准则,公共权力通过立法程序在一定程度上介入市场秩序;在公共强制执行监管机制中,政府制定监管规则,通过事前威慑和事后惩戒的手段,对市场主体进行直接规制,较之于私人诉讼而言,公共强制执行监管将政府干预范围扩大,由被动裁判转化为主动规制,由事后判决扩张到事前预防,其活动边界较之私人诉讼大大扩张;国家所有权体系下,政府干预完全代替了市场机制和私人秩序,经济活动完全被政府控制。政府干预能够部分解决市场失灵问题,随着政府控制的不断深入市场无秩序状态带来的社会损失逐渐下降。但是,从权衡角度来看,从市场竞争机制、私人诉讼到公共强制执行监管、国家所有制,私人权利逐步削弱,政府权力逐渐加强。与之相对应的,由于无秩序状态导致的社会损失将下降,而由于专制带来的社会损

---

① 何一峰:《准金融机构监管现状、问题及对策初探》,载《上海保险》2011 年第 6 期。

失可能逐渐增加。这种权衡被称为"制度可能性边界"（IPF）。①

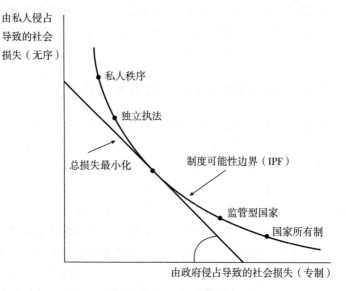

图 5 – 2 "制度可能性边界"（IPF）

那么，对于政府监管的边界应划定在什么地方合适呢？从 5 – 2 图"制度可能性边界"的曲线可以看出，当完全采取私人秩序时，可以避免由政府侵占而导致的社会损失，但是可能造成社会无序，而当采取国家所有制时，可以避免由私人侵占导致的损失，但是无法遏制政府专权，因此除少数公共物品和服务的生产提供外并不主张国家所有制来解决无序状态。② 从制度可能性边界曲线来看，在市场竞争中，当私人秩序导致社会无序，并且司法诉讼无力解决时，监管权的介入就成为必要。

与此同时，政府对影子银行的监管目标并不能定位于限制和

① ［美］安德烈·施莱弗：《理解监管、比较》，吴敬琏主编，中信出版社 2005 年版，第 109 页。

② ［美］安德烈·施莱弗：《理解监管、比较》，吴敬琏主编，中信出版社 2005 年版，第 109 页。

约束影子银行的应有权利，而在于平衡并协调影子银行围绕正规金融活动所产生的利益关系。政府监管的范畴既不能过小，以防影响金融安全，也不能太大，以免妨碍金融效率，因此确定政府监管的边界至关重要。影子银行的具体形态或呈现为企业法人，或企业法人的业务部门，如金融控股公司、小额贷款公司、典当行等属企业法人，银信合作理财、银保合作、银证合作、资产证券化等属于法人组织中的业务部门。《公司法》赋予企业法人独立的经营自主权，对于金融机构并未给予例外说明，即这些企业法人或业务部门所隶属的法人具有独立的经营自主权。但金融机构，尤其是商业银行具有特殊功能和属性，如具有货币政策的传导功能、债权人众多等，因此《商业银行法》增加了其商业义务，金融监管部门加强了对其经营自主权的限制。

政府监管对于影子银行的限制主要是在两种状态下进行：一种是金融监管部门对处于正常运营中的影子银行的日常管理干预；另一种是当金融市场失灵时，金融监管机构对影子银行非正常状态下的非常干预。在常态下，金融监管机构对影子银行经营自主权的限制主要表现在：市场准入的限制，影子银行的设立须通过相关监管机构的审查、审批后才能成立，如金融控股公司必须取得相应金融牌照才能挂牌，小额贷款公司和融资租赁公司必须经省政府相关部门批准方能成立，银信合作理财产品和资产证券化必须获得相应监管当局的批准才能在金融市场交易等；对影子银行经营范围的限制，金融业经营可分为分业经营和混业经营，分业经营的金融机构从事的业务范畴只能由法律明确规定，而混业经营的金融机构可以从事银行、证券、保险业务。我国金融业经营原则上是分业经营，影子银行机构根据所取得的金融牌照确定经营范围。

在非常态下，由于金融市场内存在的垄断、外部性和信息不对称等因素，可能导致金融市场失灵。现代经济学理论认为，"市场失灵"难以避免，"市场本身是脆弱的和有缺陷的，如果让市场单独发挥作用，那么它的运行会缺乏效率，同时政府的干预可以提高市场运行的效率"①。而"在新古典传统的理论体系中，契约的完备性和市场的有效性是事前给定的，它是建立在一系列严格假设基础之上的，这些假设包括理性的经济人、完善且等同的信息、多次博弈（隐含假设）等。但是，现实的市场恰好缺乏新古典传统经济学所假设的这些基本要素，所以市场的真实运行也只能'好像'经济理论所描述的那样，市场失灵也就在所难免"。② 由此可见，"市场失灵"是政府介入金融机构经营自主权的正当理由。反言之，在"市场失灵"边界之外，政府要尊重市场机制，市场机制是实现资源配置的最有效机制，故而，我们要重视市场约束对影子银行市场的调节和规范作用。

---

① 董延林：《经济法原理问题》，中国方正出版社 2004 年版，第 129～133 页。
② 温思美：《"小对称信息"经济理论的开创性研究——2001 年诺贝尔经济学奖述评》，载《学术研究》2001 年第 11 期。

第六章　中国影子银行体系的嵌入式自我监管制度设计

现代金融监管理念正悄然发生着变化，从传统的由监管者全方位管理逐步注重激励被监管者承担更多责任，但这又不是简单的放任被监管者自我监管，而是一种嵌入了政府监管威慑的自我监管。这种嵌入式自我监管工具具有政府监管威慑力和自我监管内发性的特点，对于影子银行这种带有套利性、隐蔽性的金融体系而言，应当具有明显的效果，可以作为政府监管的良好补充和配合。

第一节　嵌入式自我监管理论

政府监管力量无论多么强大，监管设计无论多么周密细致，对于处于灰色地带的影子银行而言，政府监管制度的修改总是跟不上影子银行创新的步伐，若没有影子银行内部控制的配合，政府监管的效率将事倍功半，甚至导致越严厉的监管越激发影子银行监管套利的动机。可见，一种新型嵌入式自我监管模式的介入具有现实的必要性。

一、一种新治理范式：嵌入式自我监管

新治理范式试图使监管决策在公私行为人之间分配，鼓励自我监管并不是简单地去除国家监管或纯粹的市场约束。新治理范式取代自上而下的权力科层监管模式，在多中心世界里，新治理概念体现为一个协商、合作，通过多方公众和私人部门

之间的协调机制，如非政府组织、商业协会、行业协会等，其支持者相信新治理范式可以运用在许多领域。① 新治理范式的宗旨并不是控制被监管者，强制其服从外部制度，而是利用私人能力服务于公共目标。之所以要推行新治理范式，其关键元素是考虑到行业组织的参与者对于行业知识和特殊行业技术更加了解和精通，由其参与行业规则的确定更具有科学性，且在后期的执行中会减少阻力。② 此外，新治理范式的支持者并非仅仅倡导分化政府监管以推行纯粹的市场制定规则。③ 而新治理范式的视域是复杂、能动且上下互通的，在新治理视域中政府组织与非政府组织通常协商形成经济和社会生活中的公私领域的平衡点。④ 在新治理范式中，规制不单单是一种政府行为，其往往通过相互依赖、相互作用的政府组织和非政府组织之间的合作而完成。⑤

虽然新治理范式已经渗透到社会管理的许多领域，但新治理范式对法律和社会领域所带来的快速变革给传统的行政管理模式带来深度挑战。例如，在金融领域，如何将传统监管方式与新治理范式有机结合将是我们面临的新课题，中国的金融监管权力相对集中，而新治理范式又是典型的自下而上的监管模式，两种治

---

① Black, supra note 36, at 108 (citing Laura Nader & Claire Nader, A Wide Angle on Regulation: An Anthropological Perspective, in REGULATORY POLICY AND THE SOCIAL SCIENCES 141 (Roger G. Noll ed., 1985).

② Cristie L. Ford, New Governance, Compliance, and Principles-Based Securities Regulation, 45 AM. BUS. L. J. 1, 28 (2008).

③ See, e. g., Lobel, supra note 56, at 468 ("There is a tendency to equate shifts from top-down regulation with deregulation, privatization, and devolution. The new governance paradigm resists this dichotomized world and requires ongoing roles for government and law.").

④ See, e. g., Freeman, supra note 46, at 548 (proposing an "alternative conception of administration as a set of negotiated relationships" whereby "public and private actors negotiate over policy making, implementation, and enforcement").

⑤ Black, supra note 36, at 109 [citing CLAUS OFFE, CONTRADICTIONS OF THE WELFARE STATE 310 (1984)].

理方式正好相反，过于集权的金融监管当局若不将监管权部分下放，新治理范式推行的效果将受到阻碍。因此，新治理范式的顺利实行需要监管当局的积极配合，在此种意义上，自上而下、等级结构的传统规则范式将被新治理范式所取代。此种治理范式将原来的命令式的规制过程转变为对话的过程，有利于对影子银行体系这种隐蔽性金融活动的监督，防止那些为绕过金融监管当局禁止性命令而实施监管套利的行为。自我监管即是新治理范式中的一种重要形式。

二、嵌入式自我监管的界定

现代自我监管的含义一般被理解为市场主体摆脱政府监管活动实现完全自由。[①] 从此角度上理解自我监管则往往将自我监管与政府监管对立起来。这种将两者对立的态度，可能会影响政府监管与自我监管之间的关系定位。本文提出的自我监管不属上述的脱离政府的监管方式，而是"嵌入式自我监管"。这种嵌入式自我监管具有以下特征：一是其不脱离政府监管。此种作为监管是嵌入在政府监管之中，而不是纯粹的经济领域的私人规则或完全脱离任何政府监管。与通常的认识相反，自我监管并非放松管制，这里所述的自我监管概念被赋予更多的复合性、灵活性，将行业成员的私人立法与直接政府管制融合在一起。[②] 二是协商立法，即公共—私人合作机制，私人行为者参与政府立法。三是本

---

① See Darren Sinclair, Self-Regulation Versus Command and Control? Beyond False Dichotomies, 19 LAW & POL' Y 529, 531 (1997) (stating that academic literature often presents a "black and white picture" of command-and-control regulation and self-regulation, rather than a spectrum of coexisting policy choices).

② See Saule T. Omarova, Rethinking the Future of Self-Regulation in the Financial Industry, 35 BROOK. J. INT' L L. 693 – 706 (2010).

文所述的嵌入式自我监管并不仅仅涉及企业内部管理①、营业层面的监管②或私人部门监督（如征信机构），其还涉及全行业自我监管体系。

总而言之，本文所述的自我监管要与"私人监管"区分开来，嵌入式自我监管要重点强调其嵌入政府监管之中，行业自我监管的理念并不是与政府监管的某些形式存在固有的矛盾。一方面，此种自我监管体现出企业内部的自发性调节；另一方面，自我监管作为集体立法的一种改革，凭借产业层组织而非仅仅依靠政府层或公司层进行监管，设立规则和标准以管理行业成员行为和监督执行规则。③ 定义行业自我监管模式的关键是确定特定行业自我监管的首要目标。因此，要确定嵌入式自我监管的具体含义就要依附于影子银行体系的监管目标谈嵌入式自我监管的具体内涵，在近期爆发的金融危机的大背景下讨论影子银行领域的嵌入式自我监管。

作为影子银行的嵌入式自我监管，首先，我们要强调此种

---

① This is a very important qualification. There is a rich body of scholarly analysis of in-dividual firms' incentives and disincentives to self-regulate, both in the financial sector and in other settings. See generally Miriam Hechler Baer, Governing Corporate Compliance, 50 B. C. L. REV. 949 (2009) (concluding that corporate governance pro-grams are not exam-ples of a "New Governance" collaborative regulatory regime); Braithwaite, supra note 23, at 1469 (noting that corporations often lack incentives to invest in a robust compliance program to regulate corporate crime); Kimberly D. Kra-wiec, The Return of the Rogue, 51 ARIZ. L. REV. 127 (2009) (highlighting ways in which operational risk management programs are not suitable for enforced self-regulation); Jonathan R. Macey & Maureen O' Hara, From Mar-kets to Venues: Securities Regulation in an Evolving World, 58 STAN. L. REV. 563 (2005) (suggesting that the incentives for se-curities markets to self-regulate are often at odds with their profit-maximizing man-dates).

② See Cary Coglianese & David Lazer, Management-Based Regulation: Prescribing Pri-vate Management to Achieve Public Goals, 37 LAW & SOC' Y REV. 691, 692 (2003) (ex-plaining that management-based regulation "requires firms to engage in their own planning and in-ternal rule-making efforts ... to aim toward the achievement of specific public goals").

③ Neil Gunningham & Joseph Rees, Industry Self – Regulation: An Institutional Per-spective, 19 LAW & POL' Y 364 (1997).

自我监管并非纯粹的由影子银行私人机构制定经济规则，不是完全脱离金融监管当局的干预，不是通常意义上的"去监管化"，而是在金融监管当局的威慑下激励影子银行机构进行监管。然而，不同的监管改革措施可能对金融业自我监管的范围和强度产生不同的影响，在评估各种监管改革建议时，我们需要平衡自我监管与其他监管方式之间的矛盾。其次，嵌入式自我监管不是金融机构和监管部门简单的合作，而是由影子银行监管并参与制定规则，最终由监管部门监督执行的过程。为了促使影子银行机构全面执行自我监管的职能，要允许影子银行业从事拟定和实施实际规则。最后，嵌入式自我监管涉及影子银行全行业范围的自我监管，不同于金融企业的内部控制和风险管理。

　　影子银行的这种自我监管模式的特点是以"嵌入式"为核心，影子银行体系的嵌入式自我监管模式力图找到影子银行机构自主经营和维护公共安全责任的平衡点。在日益复杂的金融活动中，金融机构之间的竞争也日趋激烈，为了增强企业竞争力并获得高额利润，不同领域金融机构之间的合作越发密切，传统金融产品不断推陈出新，影子银行体系逐渐形成。影子银行机构一般属于企业法人组织自然具有自主经营权，但影子银行作为金融体系的重要组成部分也有义务维护金融体系稳定。影子银行体系嵌入式自我监管模式的目标将强调私人市场参与者适应和实行规则的能力，将影子银行的私人权利和社会义务结合起来，以取得更佳的经济和社会效果。事实上，这种新型自我监管模式是引导影子银行机构嵌入更广阔的社会价值和监管原则中，而不是脱离公共利益。嵌入式的概念代表一种金融领域自我监管的新方式。一般而言，市场参与者可能通常不会主动进行自我监管，在金融领域，金融部门愿意引入监管完全源于自身利益，他们愿意引入监管机制或是由于可以增加市场份额，或是受到交易成本最小化的激励,① 这些潜在的目的形成了每个自我监管制度形成的推动力。嵌入式自我监管模式将试图激发出影子银行机构更为广泛的社会角色,引导影子银行机构承担更多的企业责任,以维护金融稳定,抵制集团行为的形成的金融风险。

当然,也会有人认为,期望利益至上的金融企业,为了高度分散和不确定的公共利益而自愿限制自己的逐利行为是不切合实际的。必须有强烈的激励诱使影子银行机构维护公共利益以最小化系统风险和保证金融稳定。若缺乏奖励,影子银行可能会自行其是,其贪婪和欲望将会导致金融业未来的灾难。因此,为了确保新型自我监管模式的顺利运行,创建一个强有力并有效的政府监管系统是关键,这样能够制定关键政策目标和督促影子银行体系自我监管的执行。

三、嵌入式自我监管的目标定位:预防系统性风险

嵌入式自我监管是政府监管设计的有机补偿,而非替代政府监管。建立一种综合的行业自我监管制度的目的是克制系统风险而不是仅仅为了控制企业内部风险。值得注意的是,不能将这种嵌入式自我监管模式与新巴塞尔协议混为一谈。② 新巴塞尔协议体系被视为新治理范式的一种,通过资本监管其促使私人金融市

---

① Thus, one of the best-known examples of such successful standard-setting is the derivatives documentation developed by the International Swaps and Derivatives Association ("ISDA"), a powerful trade association representing global derivatives industry. See International Swaps and Derivatives Association, Inc. (ISDA), http://www.isda.org/ (last visited Aug. 8, 2010). For a detailed examination of ISDA's development and market activities, see generally Sean M. Flanagan, The Rise of a Trade Association: Group Interactions Within the International Swaps and Derivatives Association, 6 HARV. NEGOT. L. REV. 211 (2001).

② See BASEL II: INTERNATIONAL CONVERGENCE OF CAPITAL MEASURE-MENT AND CAPITAL STANDARDS: A REVISED FRAMEWORK - COMPREHENSIVE VERSION (Basel Comm. on Banking Supervision, 2006), available at http://www.bis.org/publ/bcbs128.htm.

场参与者控制自身风险，[①] 这种监管方式被鼓励金融创新人士所赞同，而遭到提倡去除监管壁垒的人士所批判。[②] 新巴塞尔协议与嵌入式自我监管具有明显的差别：新巴塞尔的目的是控制单个金融企业的风险，而嵌入式自我监管的目标定位于预防系统性风险。

影子银行体系嵌入式自我监管以全行业自我监管制度的塑造为出发点，其着眼于影子银行体系的系统性风险。综观近期发生的金融危机可见，我们仅仅将注意力集中在单个的金融机构的内部风险控制上，将不能预见或防止危机的发生，较之于监控个别金融机构风险，监测和预防系统性风险更为重要。一个金融企业管理内部风险、计算自身资本金要求可能很好的从自我监管目标出发，但是金融机构作为一个企业做出抉择往往要衡量成本和收益，以追求利益最大化为目标。然而，在今天复杂的全球金融交易中，特别是影子银行机构和业务具有隐蔽性、交叉性的情况下，影子银行系统危机的潜在来源很难被识别并且时常来源于市场相互作用的模式。就这一角度而言，就算是最成功的个体金融机构层面的自我监管制度也存在内部固有的局限，因此要在金融系统性风险层面上实施嵌入式自我监管。

第二节　引入嵌入式自我监管机制的必要性

由于监管套利的驱动影子银行活动往往信息不透明，影子金融行业具有充裕的专业技术人员，不断实施金融创新，专业化程度较高，而纯粹自上而下的政府规制方式缺乏专业性、灵活性且

---

① See, e. g. , Robert F. Weber, New Governance, Financial Regulation, and Challenges to Legitimacy: The Example of the Internal Models Approach to Capital Adequacy Regulation, 62 ADMIN. L. REV. (forthcoming 2010), available athttp://papers. ssrn. com/sol3/papers. cfm? abstract_ id = 1552013##.

② See, e. g. , Krawiec, supra note 111 (criticizing the Basel II approach to operational risk) .

监管规则也不宜朝令夕改，政府机构出台的监管法规远不能跟上影子银行的创新速度。而嵌入式自我监管则能在一定程度上弥补政府监管在效率和专业性上的不足，因此在影子银行体系监管领域引入嵌入式自我监管是明智的。

一、政府监管失灵

面对纷繁复杂的金融创新，单一的政府监管可能造成信息失灵、立法失灵、执法失灵和激励失灵。部分法学界和社会学界的学者认为，纯粹自上而下的集权式的政府规制对复杂、综合的社会体系管理效果不佳。[1] 这些学者指出，当今信息的复杂性和流动性对命令性和控制性监管模式带来无法克服的挑战。[2] 政府监管的弊端主要体现在以下四方面：若由政府完全垄断立法权和执法权，则政府不能设计出全面解决问题的方案，因为政府作为非当事人，其不能完全识别问题发生的缘由信息，即信息失灵；面对推陈出新的金融创新，政府机构无法设计出相应精良且有效的法律法规以解决复杂多变的影子银行体系，即立法失灵；同样，政府执法资源稀缺，无力完全落实或执行所设立的法规，即执法失灵；政府也没有能力激励被监管实体或个人执行已颁布的法规，即激励失灵。[3]

---

① See e. g. , Orly Lobel, The Renew Deal; The Fall of Regulation and the Rise of Governance in Contemporary Legal Thought, 89 MINN. L. REV. 342 (2004) . For a cross-disciplinary review of New Governance scholarship, see Scott Burris, Michael Kempa & Clifford Shearing, Changes in Governance: A Cross-Disciplinary Review of Current Scholarship, 41 AKRON L. REV. 1 (2008) .

② The term "command and control regulation" generally denotes a strictly centralized system of government rule-making and enforcement. See, e. g. , Darren Sinclair, Self-Regulation Versus Command and Control? Beyond False Dichotomies, 19 LAW & POL' Y 529, 531 - 32 (1997) .

③ Julia Black, Decentring Regulation: Understanding the Role of Regulation and Self-Regulation in a "Post-Regulatory" World, 54 CURRENT LEGAL PROBS. 103, 106 (2001).

而嵌入式自我监管采取自我管理、自我监督的方式，企业最清楚自身所存在的问题，影子银行的金融创新再复杂，其技术设计人员也最清楚影子银行产品的运作原理，想要解决信息不对称问题的最直接办法就是让掌握信息最充分的人提供信息，影子银行机构自身就是信息最充分者。嵌入式自我监管实行协商立法，即公共—私人合作机制，允许私人行为者参与政府立法，影子银行机构中聚集着大量金融专业人士，若能将其调动起来参与制定监管规则，则立法的专业性和针对性将会有很大的提升，所制定的规则也将利于执行，以缓解立法不专业、执法不充分的不足。但是问题的关键是，如何激励影子银行体系进行自我监管？试想将设计影子银行产品的人员纳入规制影子银行法律的制定，若能良好的引导金融专业人士制定规制条文则对于影子银行监管事半功倍。

然而，我们也要注意到，倘若这些专业人士利用制定规则的权利误导监管机构、推动金融翻新、寻求套利机会，将会导致自我监管制度弄巧成拙。此时，"嵌入式"的作用就凸显出来，自我监管是嵌入在政府监管之中，政府监管对自我监管的有序执行具有威慑作用。私人和政府进行协商立法后，由政府机构强制执行或由影子银行监管自主执行规则后，由政府监管机构进行监督，以保障金融规则的合法制定和执行。可见，通过嵌入式自我监管顺利介入政府监管中，在政府和私人的共同作用下，政府监管的信息失灵、立法失灵、执法失灵和激励失灵可以得到一定程度的矫正。

二、政府监管专业化滞后

在仅依靠政府直接对风险进行管理的监管系统中，政府监管将总是滞后于企业创新，这种滞后不仅表现在时间上，还体现在专业性上，监管当局对于结构复杂的金融衍生品所带来的间接风险预测具有很大难度。既是增强政府机构的能力，收集未公开的市场数据，也不可避免的面临两方面的障碍——执法资源稀缺和执法成本高昂。在执法资源有限的约束条件下，影子银行产品和运营模式不断创新，若政府机构为采集未公开数据，不断扩张的执法成本将是监管当局不能承受之重。这两方面的障碍将阻碍政府机构及时有效的分析和预防影子银行系统性风险。一方面，摆脱监管责任、拥有精确市场信息和金融技术资源的影子银行机构，将能够针对政府强制法律进行持续创新；另一方面，监管者试图收集更多更细致的金融市场信息，出台更多的法规以阻止影子银行机构突破监管限制。监管者和被监管者双方基于这种周而复始的动态博弈，可能使金融市场和系统性风险变动更加复杂并难以预测。在此番博弈中，监管当局将过多的注意力放到法律法规的更新和禁止性条文的颁布上，由于其专业化滞后、执法资源稀缺很可能忽视金融系统性风险，而影子银行凭借其专业和信息优势将在这场混战中利用监管套利的武器得以立足，并挤压出更大的系统性风险。

而嵌入式自我监管模式将改变监管者与被监管者之间"猫抓老鼠"式的博弈方式，"协商立法"将使监管当局摆脱专业化滞后的窘境。嵌入式自我监管并非直接提高监管当局的专业性，而是借助金融业专业人士的智慧研究出控制系统性风险的办法。嵌入式自我监管模式将赋予金融机构监管的权利和义务，重新界定金融机构以高效方式从事日益复杂金融经营活动的自由与保障金融稳定性的责任之间微妙的平衡。这种新模式一方面赋予市场参与者制定经营规则的权利；另一方面给予他们更加明确的维护公共安全的责任。在这种情况下，新监管模式将金融活动嵌入更加广阔的社会价值和监管原则中，而取代与公共利益相脱离的金融活动，以弥补单一政府监管专业化滞后、执法资源稀缺等方面的不足。

三、金融监管当局易受到管制俘获

金融监管当局有时也会受到管制俘获。在管制经济学中，有一种称为管制俘虏的理论，该理论由 George Stigler，Claire Friedland，Sam Peltzman 等经济学家提出，认为为了满足产业发展需要而产生政府管制，而管制机构终将会被产业所俘获。George 指出，"管制通常是产业自己争取来的，管制的设计和实施主要是为管制产业的利益服务的"。他将管制机构易被管制对象俘获的原因归结为以下三方面：其一，管制对象往往支持市场准入门槛的限制，并得益于准入限制，由于有限市场主体一方面减少竞争，另一方面易于被管制主体组织起来去游说或控制管制机构，且从管制中获得益处；其二，管制的对象往往是一个专业性很强的行业，管制者和被管制者一般都出自于此专业学术圈，在日常工作的交往中，管制者与被管制者难免建立其私人交情；其三，管制机构与被管制机构中人员交叉任职情况屡见不鲜，管制者所掌握的行业信息总少于被管制从业人员，管制机构倾向于录用具有行业从业经验的工作人员，相反，曾在管制机构工作的领导，在离开管制机构后也受到被管制机构的欢迎，为在离职后能谋求理想职位，其可能在位时出台有利于被管制行业的措施。[1]

中国金融业长期以来就受到政府的规制，尤其是商业银行和证券公司受到监管当局严厉的监管。被监管金融机构，特别是跨多个金融行业的大型金融控股集团，时常采取监管套利或游说的方式应对政府监管。[2] 首先，中国金融业具有严格的准入壁垒，尤其是银行业进入壁垒奇高；其次，影子银行从业人员和监管当局官员同属于金融圈内人士，他们可能校出同门或师出同门，其

---

① 王伯成、万俊毅：《证券监管规范化：理论、证据与实践》，载《企业经济》2003 年第 11 期。

② There are many examples of this pattern of nonpublic interaction between financial regulators and industry actors, particularly in the notoriously secretive and opaque area of banking regulation. One recent example of regulatory agencies and financial firms failing to inform the public of important policy choices occurred when the Federal Reserve Bank of New York asked AIG not to disclose the terms of its payments under derivatives contracts to specific counterparties, including Gold-man Sachs and other large financial institutions. N. Y. Fed Told AIG Not to Disclose Swap Details, N. Y. TIMES DEALBOOK (Jan. 7, 2010, 6: 11 AM), http: //dealbook. blogs. nytimes. com/2010/01/07/the-federal-reserve-bank-of-ne.

之间存在千丝万缕的联系；最后，中国金融业，尤其是银行、证券、保险业监管官员和金融机构人员交叉任职情况非常普遍。基于以上实际情况，中国金融监管当局极易出现管制俘获现象。因此，金融监管当局时常会释放出强烈的被俘虏的信号，其逃避公众监督从事不透明、非正式的规则制定并纵容金融行业套利行为。

四、规则导向监管模式激发影子银行套利动机

规则导向监管是监管机构为保障金融机构稳健运营而实施的一种监管制度，通过颁布一系列法律，规范金融机构市场准入、营业范围、业务流程等必须遵循的标准。规则导向监管的主要特点是要求金融系统在全面、标准化的法规体系下运行，利用此法规体系规制金融机构的运营行为。[①] 规则导向监管能够细致的规范监管规则，便于监管者执行，并且为被监管者提供了经营行为准则，那么，监管者只需按照监管规则一一对照被监管者是否符合规范，就可以在检查过程中发现问题，而被监管者只要不违反监管规则就可以放心经营。这种规则导向监管为监管者和被监管者提供了明确的行为规范，使两者工作都便于开展，有利于金融业稳健运营。[②] 而规则导向监管过于强调法律，对于市场敏感度不足，不同金融机构所具有的具体情况各不相同，规则导向监管会表现出过于僵化的特点，针对监管规则金融机构想尽一切办法在不违反监管法规的条件下绕过监管，这种缺乏弹性的监管制度难以达到预期的目的。进而导致金融机构产生道德风险和逆向选择，在这种规则导向监管模式下，监管者衡量被监管者是否守法的唯一标准是看其营业行为是否符合监管规则，监管者只重视监

---

① 陈建华：《金融监管有效性研究》，中国金融出版社 2002 年版，第 19 ~ 35 页。

② 徐捷：《商业银行规则导向监管与原则导向监管的比较》，载《财经科学》2010 年第 2 期。

管条文，而忽视监管的实质结果，因此此种监管模式很难达到控制风险的目的。此外，过于烦琐的监管条文会造成规则泛滥，针对金融创新监管法规不断出台，日益增加的监管条文本身会出现前后冲突，造成监管者都难以完全掌控。[①] 由此可见，过度的金融管制短期来看似乎能够解决金融创新和监管套利问题，实现"稳定和安全"，但是这种试图用颁布新规来规制金融创新的方式，不但会影响市场效率和活力，而且有可能激发金融机构新一轮的监管套利动机。

目前政府监管多采用规则导向模式，以上述的银监会规则监管与银信理财套利行为之间博弈的表现为例，监管部门针对影子银行的套利产品或业务颁布监管规则，只要监管细则刚一出台，金融工程师、会计师、律师等专业人员便可针对新规研发规避监管的方法，影子银行机构迅速开发出新产品或业务予以套利。随着数量模型和计算机等现代技术的发展，开发复杂的金融工具和业务变得越来越容易，从而成功地实现从现存的规则中套利。[②] 针对监管套利的新规多是禁止性的，而禁止性规则更易诱导新的套利动机，银信合作理财产品的不断翻新以规避禁止性规则的过程就是实证。监管部门这种"头痛医头，脚痛医脚"的治理模式，势必无法阻止影子银行的监管套利机会。而嵌入式自我监管在规制影子银行监管套利行为方面就具有先天的优势，从抑制影子银行监管套利角度上来看，引入嵌入式自我监管具有必要性。

五、嵌入式自我监管具有信息优势

在影子银行领域，识别有效监管方式的关键是看哪种长效监管方式能够最小化或控制系统性风险，较之政府对金融业的监管

---

① 张荔：《发达国家金融监管比较研究》，中国金融出版社2003年版，第15～27页。

② 昌忠泽：《我们需要什么样的金融监管——对美国金融危机的反思》，载《学术月刊》2010年第10期。

和纯粹的市场约束机制，嵌入式自我监管具有潜在优势，即影子银行业中优秀的专业技术人员能够及时有效的评估并获得行业相关信息，此重要优势是对日益复杂的金融市场和活动进行有效监管的关键所在。业内人士对于识别和了解复杂金融市场的内在动态具有得天独厚的条件，在实践中，能够收集和分析最为丰富的有关系统风险的管理信息。① 私人机构能够更确切的监督和管理他们自己的行为和风险，借助私人机构控制和监督影子银行在全球金融市场上的风险能够促进政府监管框架作用的发挥，增强市场约束的激励，以实现金融业审慎监管。

在金融业，特别是在如影子银行体系一般复杂、隐蔽的金融交易中，就监管当局而言，行业内部人士更可能拥有获得业内信息的途径。内部人身份使金融机构以及市场参与者能够接触到金融机构当局不能了解的影子银行体系的内部情况和市场关键数据。更为重要的是，这些内部人士对于有关如何预防系统性风险、如何规划影子银行的发展方向等重要问题更为清晰、准确的判断。内部人士作为影子银行体系运行的关键参与者和复杂金融工具的创新者，其信息优势体现为这些内部人士对于金融系统风险的了解和分析是自下而上的，比起自上而下的政府监管具有更

① See, e. g. , John Braithwaite, Enforced Self-Regulation: A New Strategy for Corporate Crime Control, 80 MICH. L. REV. 1466, 1468 (1982) (arguing that self-regulation can lead to greater coverage and depth in the inspection of corporations and that private industry inspectors make "more effective probers" than do government inspectors); Douglas C. Michael, Federal Agency Use of Audited Self-Regulation as a Regulatory Technique, 47 ADMIN. L. REV. 171, 181 – 88 (1995) (discussing five distinct advantages of self-regulation, the first of which is "the self-regulator's superior knowledge of the subject compared to the government agency"); see also Christodoulos Stefanadis, Self-Regulation, Innovation, and the Financial Industry, 23 J. REG. ECON. 5, 5 – 6 (2003) (stating that self-regulation enables faster access to information about new, efficiency-making technologies and facilitates their adoption in the financial sector).

清晰的分析视角。[①] 政府对于影子银行的行为规制多为事后矫正，由于政府并不像影子银行体系业内人士一样参与金融创新产品的研发、销售，因此对于创新产品的风险总是后知后觉或认识不清，自上而下的监管方式阻碍政府对于不断创新金融衍生品风险的准确评估。业内人士对复杂金融信息掌握的优势，为其对影子银行实施有效监管提供了便利。[②] 当然，虽然嵌入式自我监管方式具有明显的信息优势，但我们并不是将其作为制定监管决策的唯一途径，也不是强调金融机构拥有充分系统风险和缺陷的信息就要让嵌入式自我监管替代政府监管。

六、嵌入式自我监管能够应对跨界风险

此处所言"跨界风险"具有两层含义：其一是跨越管辖权地域界限，政府监管通常就有地域管辖权限制，如某地区银监局的管辖区域一般限定在所辖区域，对于本辖区以外的金融活动往往不具有管辖权，而嵌入式自我监管则可以突破地域管辖权限制；其二是跨越管辖权行业限制，由于中国实施分业监管，金融监管当局根据银行、证券、保险等行业划分管辖权，如银监会一般情况下无权管辖证券公司或保险公司的日常经营情况，反之亦然，而嵌入式自我监管不按行业区分，不受行业限制。

[①]　See, e. g., Henry T. C. Hu, Review Essay, Misunderstood Derivatives: The Causes of Informational Failure and the Promise of Regulatory Incrementalism, 102 YALE L. J. 1457, 1463 (1993) (arguing that government regulators cannot keep up with development of complex financial derivatives).

[②]　An important nuance should be added here. Scholars generally recognize the relative and fluid nature of informational power, which Julia Black describes as "fragmen-tation, and construction, of knowledge" in today's complex society, in which "no single actor has all the knowledge required to solve complex, diverse, and dynamic problems, and no single actor has the overview necessary to employ all the instruments needed to make regulation effective." Black, supra note 36, at 107. However, in the current debate on financial regulation reform, scholars and participants have not paid sufficient attention to the regulatory potential of using the industry's relative informational advantage.

影子银行体系比传统金融体系具有更强的跨界性，影子银行
体系往往跨越政府管辖权，尤其是第一类影子银行子体系（如
金融控股公司、银证合作产品、银信合作产品、银保合作产品）
属于典型的混业营业机构，单一形式的政府监管对其效果不佳。
而嵌入式自我监管模式超越直接政府监管的又一大优势是能够应
对跨界风险。在全球化的今天，影子银行活动活跃在交叉行业
中，跨国界跨区域运营的金融集团比比皆是，这些影子银行机构
往往通过跨管辖权活动实现监管套利，通过隐蔽活动暗中破坏政
府进行立法、执法的能力。

此外，当国内实体法和程序法需要规制跨国金融公司活动
时，所产生涉外法律适用问题可能较为棘手，因此国内监管者越
来越依赖于国外监管机构的帮助，以了解和学习国外监管的新方
法，实现国际监管合作。[①] 虽然政府监管部门苦心竭力在规则建
构和执行方面推动国际监管合作与协调，但是国际间金融监管合
作仍然存在难以逾越的鸿沟。[②] 相对而言，金融机构和金融投资
者等私人主体就不会受到跨界因素的制约，他们能够跨区域和行
业监督、管理自己的经营事宜，较之政府监管，这些私人主体对

---

① National regulators are becoming increasingly dependent on the assistance of their foreign counterparts and are searching for creative ways of ensuring such cooperation. For an insightful analysis of the challenges national regulators face in their search for a greater and more effective international harmonization, see, for example, Chris Brummer, Post-American Securities Regulation, 98 CALIF. L. REV. 327 (2010).

② See, e. g., Financial Stability Board [FSB] & Int'l Monetary Fund [IMF], The Financial Crisis and Information Gaps 4 – 8 (Oct. 29, 2009), available at http://www.financialstabilityboard.org/publications/r_091107e.pdf (identifying information gaps in the financial markets and summarizing recommended changes to address them).

跨界金融活动的监管具有更少障碍。[1] 因此，业内人士有优势监督和管理跨管辖区域的金融体系风险。

需要说明的是，我们并不是论证金融机构在实践中能够比监管当局更好的完成金融监管任务，在此论文中我们要说明的仅仅是随着金融市场日益复杂化和全球化，金融机构在解决金融业监管套利问题时具有内生性优势逐渐凸显，借助这种特殊优势可能获得一种控制系统性风险的有效方式。嵌入式自我监管可以促进影子银行机构规制效果和最小化金融业的系统性风险，给政府监管提供源源不断的制度供给，并促使市场约束激励影子机构实施更加审慎的金融行为。

第三节　嵌入式自我监管在影子银行体系效能发挥的结构性约束条件

一、以政府监管作为威慑

政府监管作为嵌入式自我监管顺利实现的保障，是影子银行体系实施自我监管的有效激励。学术界和决策层达成广泛共识，自我监管模式能够成功推行的关键是政府监管要素必须存在于自

---

① See, e. g. , Communication from the Commission: European Financial Supervision, COM (2009) 252 final (May 27, 2009), available at http: //ec. europa. eu/internal_market/finances/docs/committees/supervision/communication_ may2009/C2009_ 715_ en. pdf (formulating a new financial supervisory framework for European Union members) . However, this process is still in its early stages, and the details of exactly how the EU-level agencies will interact with national financial supervisors have not been fully fleshed out. See Eric J. Pan, Challenge of International Cooperation and Institutional Design in Financial Supervision: Beyond Trans governmental Networks, 11 CHI. J. INT' L L. 243, 277 – 281 (2010) (noting that the ESFS was established by legislation in September 2009 and that the precise scope of its authority as an intergovernmental regulator is still being determined) .

我监管框架之中。① 在实践中，一个不包含政府因素的自我监管模式是不切实际、无法正常运转的。作为"硬法"的政府规制与作为"软法"的自我监管并不是互相排斥，他们分处于金融规制的不同位域。相反，政府强制立法权和执法权的干预对于金融自我监管的实施至关重要，为了使自我监管达到预期效果，大部分自我监管体系需要在法律的庇护之下运行。② 为了使自我监管体系有效运行，必须首先具有一个强大的监管框架。政府可以提供大体的监管边界，确定公共政策目标以指引行业自我监管的方向。

以上的讨论最重要的目的是指明：可置信的直接政府监管对于推动私人市场参与者实施自我监管，促使他们致力于建构一个自我监管体系是必不可少的。想要使行业自我监管的管理方式良好的发挥作用，需要政府机构参与自我监管立法和执法，以确保政府有能力发现私人自我监管中潜在的违法行为。由于金融业一直以来受到政府广泛的监管，因此，政府要发挥监督影子银行自我监管的作用，就要对影子银行机构具有强大的威慑力。

在影子银行监管体系中，自我监管模式被嵌入一个精细的、综合的、高效的直接政府监管中是至关重要的。从影子银行体系的风险来源来看，嵌入式自我监管模式需要审慎的政府监管。在金融业中，企业风险与收入之间存在紧密的关系，即金融机构从事高风险行为将获得更多短期利益。此外，从已爆发的金融危机可以看出，金融风险是内生于系统中的，并不断累积，伴随着偶

---

① See, e. g., Balleisen, supra note 24, at 452 – 454 (discussing how the U. S. Sentencing Commission's harsh regulatory program for white-collar crime led to a proliferation of self-imposed corporate compliance schemes).

② See, e. g., King & Lenox, supra note 54, at 713 (concluding that self-regulation is most effective when there is a threat of explicit sanctions from outsiders).

发的外部事件，金融危机可能被促发。① 在经济形势向好时期，资产价格上涨，投资者信心膨胀，金融系统的整体风险不断累积。在这种状况下，政府监管当局必须作为外部守护者逆转这种形势，挤压金融泡沫、控制系统风险，对于行业自我监管给予严格把关。

二、行业内形成"命运共同体"意识

促进嵌入式自我监管成功实行的另一个重要的结构性条件是培养影子银行体系"命运共同体"意识。影子银行体系中的私人公司必须意识到他们要通过自愿约束以前其不受限制的盈利行为，以保障影子银行体系共存。因为，若每一个影子银行机构都放纵自己的行为，为追求利益而不顾风险，则系统性风险会迅速聚集，这只会导致两个结果，或者金融系统风险无以复加后爆发危机，殃及整个金融体系；或者监管当局为控制系统性风险而将影子银行体系整体扼杀。这两个结果是所有影子银行机构都不想看到的，让其充分认识并深切感受到后果的严重性，需要培育影子银行体系命运共同体意识，防范其道德风险。有效命运共同体中的成员将意识到共同体中的任何成员违反集体制定的规则将对其他成员产生严重的影响。使这些成员认识到他们是命运攸关的集体，这种观念促使他们自愿将其部分经营决策权让渡给集体决策组织。这样的一个自我监管主体在共同规范框架内有能力组织起一个行业联合体，建立一个行业道德标准，形成更具社会责任和公共意识的原则指引商事行为。

被全行业共同认可的行业道德标准可以作为一套行业原则和行为准则，全行业行为准则的协商和制定过程是形成命运共同体

---

① See, e. g., George G. Kaufman, Bank Failures, Systemic Risk, and Bank Regulation, 16 CATO J. 17, 17 – 18 (1996) (explaining that bank failures are perceived to be more deleterious than other firms' failure because of the potential for a "domino" effect "throughout the banking system").

意识的关键环节。这种行为准则作为再次调整私人商事行为目标的机制，使私人商事行为不仅仅局限于追求自身利益，而是体现为反思商事主体以前的营业理念（包括内部动力和外部约束），这种行业道德的发展对行业自我监管模式的推行具有极为重要的意义。① 在没有行业道德标准之前，影子银行机构经营的目标是追求利益最大化，而利益和风险往往呈正相关，为获得高额利润，影子银行可能进行更大的风险运营，导致系统风险累积；在引入行业道德标准之后，影子银行进行日常经营需要遵循行为准则，违反准则的行为就会触及全行业的安全利益，违反行为准则的金融主体会受到整个命运共同体成员的监督和排斥。可见，在行业道德标准的指引下，个别影子银行的违规行为不单单受到监管当局的制约，更重要的是其违规行为会时时刻刻受到具有专业水准的同行的监督。

那么，如何建构命运共同体呢？什么力量能够使私人机构在自由市场经济中认识到一个有效自我约束的共同体系的价值？并且树立公共政策目标？在什么条件下，一种崭新的、具有更多社会责任的行业道德能够产生？需要满足主要的外部条件：此行业存在公共信任危机，其促使私人公司寻找共同行为准则。当具有强烈的政治和社会压力时，私人部门更可能实施自我监管，特别是由于行业主体风险管理失败引发危机时。在外部压力迅速增加的情况下，行业主体就会意识到有必要将他们的行业准则进行变革，使其更符合公共利益。② 政治和社会的外部压力的强度在很

① See generally Gunningham & Rees, supra note 2, at 376. (arguing that developing an industrial morality—a common understanding among all in the industry—is vital to the success of self-regulation).

② As Gunningham & Rees put it, "[w]hen an industry's very existence is in question (like nuclear power), or it is going through a legitimacy crisis (like chemical manufacturing), there is a need for industry to make sense of its relationship to the norms and expectations that exist within its social environment." Gunningham & Rees, supra note 2, at 379.

大程度上取决于该行业威胁人类生活、健康、安全或环境的程度。如，核能和化工业可能对人类或自然环境产生巨大损害，因此对于此类行业监管的外部压力较大。公众对该行业的关心和参与程度对于激励全行业形成自我监管起关键作用。社会和政治的高关注度和公众的高参与度迫使该行业和政府努力解决市场失败问题，限制自私自利的行业行为，这些措施似乎能推进行业自我监管进程。[①] 例如，核能和化工业的公共安全问题突出，社会公众对于该行业的关注度很高，迫于公众和政府公共安全因素考量的压力，该行业私人部门很可能建立行业自我监管体系以减少核能和化工品所带来的风险。[②] 同理，影子银行业对社会公众和金融市场带来资金安全威胁的程度也是激励影子银行体系建立自我监管的重要因素，但是影子银行体系的威胁与核能和化工业的威胁具有本质的不同，后者是对人类生命、健康的影响，而前者仅是对公众资金安全的威胁，前者影响力度远不如后者。然而，此时正值金融危机的后危机时代，公众对于金融市场信心还未恢复，对于处在灰色地带的影子银行体系基本处在公共信任危机，这种社会和政治压力对于影子银行业推动行业自我监管体系的建立具有正向作用。

激励行业"命运共同体"意识形成的主要内部因素有行业规则的一致性、行业内部门利益的同质性。假设一个行业的规则具有高度差异性、部门利益具有异质性，将严重阻碍此行业顺利形成自我监管体系的统一行为规范和标准。目前，中国金融业具有规则的差异性和利益的异质性。一方面，银行、证券与保险业

---

① Neil Gunningham & Joseph Rees, Industry Self-Regulation: An Institutional Perspective, 19 LAW & POL'Y at 391 - 392 (noting that public pressure may incentivize self-regulation, particularly in industries that are of great public concern, such as the nuclear and chemical industries).

② See, e. g., Tim Bartley, Certifying Forests and Factories: States, Social Movements, and the Rise of Private Regulation in the Apparel and Forest Products Fields, 31 POL. & SOC'Y 433, 434 - 437 (2003).

采取分业经营，其运营和监管规则不尽相同，影子银行体系跨越银证保信等多个金融行业，其运营和监管规则具有高度差异性；另一方面，金融业规模逐渐两极分化，大型金融控股集团通过合并控制多数资源，而大量中小金融公司在地方层面运营，其从事更多的传统服务。第一、二类影子银行凭借其金融牌照迅速进行业务扩张，尤其是第一类影子银行利用混业经营优势实施监管套利；而第三类影子银行虽然数量不断扩张，但是制度给予其限制较为严苛、优惠政策偏少，其想要发展壮大实属不易。从以上层面来看，影子银行体系不具有"命运共同体"意识形成的内部因素。但是，从另一个角度来看，影子银行体系不断创新的金融产品日益复杂，逐渐使传统的金融行业界限变得模糊，大量金融监管相互关联、共担风险达到空前程度。在影子银行市场，多种渠道收集来的资产汇成资金池，不同性质的金融机构充当金融风险的买卖方，这些行为使影子银行主体被绑定在一个巨大的金融网中，风险在金融主体中渗透和蔓延。例如，美国大型投资银行雷曼兄弟的破产和美国国际集团的倒闭导致 2008 年全球金融危机的例子就能充分说明，金融体系是一个紧密联系的整体，其间的风险传递已达到了难以预测的程度。[①] 因此，根据影子银行体系的产业结构、利益同质性和多元合作的情况来看，目前影子银行业至少是一个模糊的状况：一方面，它的异质性、内部分化看似不能产生命运共同体心理；另一方面，影子银行机构逐渐复杂和相互依赖可能产生实际上的命运共同体。

---

① See Justin Fox, Why the Government Wouldn't Let AIG Fail, TIME, Sept. 16, 2008, http：//www. time. com/time/business/article/0，8599，1841699，00. html（explaining that the government decided to bail out AIG because the financial market's interconnec-tedness rendered the consequences of its collapse uncertain and potentially chaotic）; Neha Singh, AIG May Take Huge Markdowns on Lehman Impact, REUTERS, Sept. 15, 2008.

三、防止金融安全网产生的道德风险

金融安全网（Financial Safety Net）是为维护整个金融系统稳定，在个别金融机构发生流动性不足或经营困难时，采取的紧急防护措施，以防止局部危机向其他金融机构或整个金融体系蔓延的防御措施。金融安全网主要包括央行最后贷款人和存款保险制度，其对于稳定金融秩序、维持公众信心，维护经济发展具有重要的作用。但是金融安全网又会促使金融机构产生道德风险，个别金融机构倒闭具有很大的系统外部性，对金融稳定和安全产生严重威胁，故在金融机构发生经营困难时，政府往往启动金融安全网，防止金融机构面临破产。正是由于金融机构产生政府保护的预期，因此在日常经营中其往往为追逐利益而放弃风险规避，个别金融机构的这种心理萌发金融行业的道德风险。

近期发生的全球金融危机就强有力地证明了这一问题的存在。在已过去的 2008 年，由于金融市场混乱和投资者恐慌迅速蔓延，美国政府实施大量救市措施，向濒临破产的金融机构注入资金，通过第三方担保和补充公开市场回购快速贬值或流动性丧失资产的形式提高他们的信用评级。[①] 然而，近年来专家学者一直在激烈的争论这种做法对全球金融信誉和资金市场危机的短期利益和长期影响。逐渐积累的经验清晰的显示了一个非常重要的教训：利用公共基金救助超大型金融集团的做法将释放一个清晰的信号，即金融机构"太大而不能倒"，并导致这些金融机构更

[①] See generally Ana Petrovic & Ralf Tutsch, National Rescue Measures in Response to the Current Financial Crisis（Eur. Cent. Bank, Legal Working Paper Series No. 8, 2009）, available at http：//papers. ssrn. com/abstract_ id = 1430489（discussing the responses of various governments to the financial crisis）.

加贪婪。①

嵌入式自我监管模式在影子银行体系中推行的又一结构性要件是防止金融安全网产生这种道德风险。试想，若影子银行机构预期在自己出现经营困难时，总会获得官方的救助，而不会遭受倒闭或引发危机，那么，他们则不会对自己的冒险行为有所收敛，更不会为了防止危机的发生而自愿约束自己的盈利行为。可见，嵌入式自我监管模式推行的一个重要的激励因素是使影子银行监管明白其纯粹追求利润将损害整个行业的长期生存，防止金融安全网的道德风险。

第四节　嵌入式自我监管机制的实施路径

嵌入式自我监管作为政府监管的重要补充，能够弥补政府监管失灵、专业化赤字和管制俘获等不足，为推进嵌入式自我监管在影子银行体系中顺利实施，需要分别从影子银行机构层面和体系层面设计符合嵌入式自我监管特性的实施工具。在影子银行机构层面引入原则监管和"自我承诺"类监管工具；在影子银行体系层面首先根据风险程度区分影子银行子体系，然后对可能造成系统性风险的影子银行子体系施行强制性"共同自我保险"机制。

一、影子银行体系引入原则导向监管

原则导向监管是监管机构在对金融业实施监督和管理时，通过"君子协定"的方式，而较少颁布成文法或运用量化标准、指标。这种原则导向监管模式的特点是具有灵活性和弹性，而少

---

① In late 2008, for the first time since its establishment in 1913, the Federal Reserve used its statutory power under section 13 (3) of the Federal Reserve Act, 12 U. S. C. § 343 (2006), to grant nondepository financial institutions access to its liquidity-support facilities, thus significantly expanding the federal safety net. See Meena Thiruvengadam, Investment Bank Borrowing at Discount Window Hits Record, WALL ST. J. (Sept. 26, 2008), http://online. wsj. com/article/SB122237806611776365. html.

颁布法规、少制定标准，对待不同问题具有不同的处理标准。[①]
但是，这种原则导向监管模式虽然运用规则、标准较少，也并不
意味着在金融监管中没有硬性标准或法律法规。这种原则导向监
管模式适用于金融创新较快、业务水平较高的金融领域，其针对
于监管套利动机明显、促发系统性风险概率较高的金融行业具有
独特的效力。从原则导向监管以上的特征来看，将其引入影子银
行体系监管中将达到事半功倍的效果。

从金融监管与影子银行套利博弈的过程来看，金融监管只有
跟上影子银行创新的步伐，才能对其监管套利行为进行规制。但
是，影子银行的复杂性使政府监管新规总滞后于金融创新。想要
有效的规制灵活多变的影子银行监管套利行为，金融监管模式也
要加强其灵活性，原则导向监管模式就具有此特点，较之于规则
导向监管，其能够更好地应对不断翻新的监管套利行为。美联储
主席伯南克于 2007 年发表的演讲中就提道："监管最好的选择就
是用持续的、原则导向和以风险为本的监管方法来应对金融创
新。"[②] 监管当局若采取以原则导向而非针对具体套利行为的规
则导向监管模式，则能有效减少影子银行针对具体规则进行规避
监管、寻求套利的动机。监管当局根据原则导向实施结果监管，
而不是将目光锁定在与影子银行的监管博弈中，这种模式不但使
监管当局脱身于不断制定反套利新政的困境，节约立法和执法成
本，而且也符合法律法规应具有持续性和稳定性的原则。

嵌入式自我监管就可以划分到原则监管的范畴，首先，嵌入
式自我监管并未脱离政府监管，而是嵌入政府对影子银行体系管
理的统一立法、执法规划中；其次，嵌入式自我监管具有灵活性，
各类影子银行机构可以根据自身的经营特点，与政府进行协商立
法，而不是由政府进行"一刀切"式的统一立法，这种灵活具体

---

① 史纪良：《银行监管比较研究》，中国金融出版社 2004 年版，第 35～49 页。

② 廖岷：《从美国次贷危机反思现代金融监管》，载《国际经济评论》2008 年
第 7 期。

的立法方式，也有利于后期执法的顺利进行；最后，嵌入式自我监管以风险为导向，着重监管具有系统性风险的影子银行子体系，并对其进行分类监管和重点监管。从以上嵌入式自我监管的特征分析可以看出，其符合原则监管的方向，开展嵌入式自我监管可以遵循原则导向的监管模式，逐渐改变以前规则导向的监管方式。

二、引入"自我承诺"类监管工具，实现分类监管

"自我承诺"类监管是嵌入式自我监管模式中的一种重要工具，其是影子银行机构层面上的自我监管方式，对于影子银行体系中监管套利行为具有明显的作用。如上文指出，政府监管存在专业化赤字和信息不对称等问题，其影响对影子银行体系的监管实效。自我承诺类监管激励影子银行机构进行自我约束，利用机构内部人士的专业知识和充分信息制定规则，正好弥补政府监管专业和信息方面的不足。此外，要确立在影子银行体系中推行自我承诺类监管工具的标准，并非所有的影子银行机构都有必要实行自我承诺，此种监管工具在监管套利动机强的影子银行机构中推行效果最为明显。

因此，对于影子银行监管套利行为的频发区域，如银信、银证、银保合作和金融控股公司等业务交叉领域，可推行自我承诺类监管工具。要求金融交叉领域易出现套利行为的机构承诺：在开展的新业务中实施适当的风险管理，不单纯为追求套利而设计新产品。同时，监管机构通过指标跟踪和测算，在承诺期结束后对于金融机构的承诺履行情况进行评估。评估结果能够给监管者提供有效的分类监管信息，使监管重点和监管效率得以提高。对于完成承诺的金融机构给予激励，而对于未完成承诺的机构采取严厉的监管和矫正措施。这种自我承诺类监管工具，不但能够对影子银行的监管套利行为形成威慑，又能激励金融机构进行自我约束，降低监管机构的执法成本。

三、对高风险影子银行引入强制性"共同保险"机制

嵌入式自我监管模式除了激励单个影子银行机构进行自我约束以外，还要向具有高风险、可能诱发系统性风险的影子银行子体系植入强制性"共同保险"机制，以防止系统性风险。一种强制性"共同保险"体系的介入将是一种激励私人公司将自己看作命运共同体的方法。[①] 根据前文对影子银行子体系风险的分析，可以筛选出需要移植强制性共同保险的机构主要分散在具有较高风险的第一类影子银行子体系中，如金融控股公司。各金融控股公司之间通过交易所和清算组织实现风险交叉，可以在金融控股公司范围内建立一个共同保险基金，当其中的任何一家公司面临破产时，共同保险基金给予其流动性支持。

强制性"共同保险"主要具有以下特点：其一，共同保险的基金来源由加入保险的影子银行机构成员缴纳，并由加入共同保险的企业集体一同确定定期向保险基金的缴纳金额以及额外需要退补的金额；其二，此种合同保险具有强制性，共同保险是在监管当局的监督下，由参保成员共同磋商成立的，之所以实施强制性投保，是为了防止出现诸多高风险银行积极参保，而低风险银行不参保的"逆向选择"问题，迫使那些经营业绩好、风险低的影子银行机构更好地协助监管部门监控高风险机构；其三，这种保险机制具有保费部分返还功能，即在保险期内，未发生共同保险基金使用的情况，作为鼓励将部分保费退还给投保人。

在共同保险机制中，任何被保险影子银行机构的破产都将直接影响其他被保险成员，这将产生对参保的影子银行机构强烈影

---

① The Dodd-Frank Act mandates the establishment of an Orderly Liquidation Fund within the Treasury Department that is not prefunded by the industry and from which the FDIC may borrow funds to carry out its new mandate to resolve systemically important financial companies. See Dodd-Frank Wall Street Reform and Consumer Protection Act, Pub. L. No. 111 – 203, § 210 (n), 124 Stat. 1376, 1506 (2010) (to be codified at 12 U. S. C. § 5390).

响，激励他们对彼此的冒险活动和商事行为给予相互的监督。共同保险机制对参保影子银行机构从两方面增强相互监督的激励：一方面，若在一个保险期内，未发生参保成员营业困难的情况，被保险人可以获得一定数额的返还保费；另一方面，若在保险期内，发生参保成员破产的情况，被保险人不但不能得到返还保费，而且还要用所交保费建立的基金救助破产企业，甚至可能需要追加保费来充实基金。这两方面的激励促使参与共同保险的成员之间产生"命运共同体"意识，并使参保成员具备了对其他成员进行监督的权利和动力。此外，这种共同保险的设计将使金融投资者在一定程度上得到保护。此外，在日益复杂的金融投资中，金融服务的提供者最清楚如何控制和避免金融产品的风险，而金融投资者处于专业和信息的劣势地位，共同保险能够给予金融交易弱势方一定的保障。

四、引导准金融机构完善行业协会，强化自我约束

监管当局对于中国影子银行体系中的准金融机构的监管尚处于摸索阶段，还没有成熟的可供借鉴的经验，更没有设立法律法规层次的监管规范，当前最主要的监管依据就是银监会、人民银行、国务院、商务部等出台的通知、意见，以及各地方政府及其职能部门根据中央文件制定的暂行条例、办法等。目前，对于小额贷款公司、融资性担保公司、典当行等准金融机构的监管机构和监管技术专业化赤字等方面的问题非常突出。另外，准金融机构的数量和规模在近几年内迅速扩张。2005年开始在山西、陕西、内蒙古、四川、贵州五省建立小额贷款公司，经过8年多的时间，从最初的7家迅速扩张，截至2013年6月末已经发展到7086家小额贷款公司，贷款余额高达7043亿元。[①] 融资性担保公司的发展势头更猛，自2010年3月银监会、发改委、工信部

---

① 数据来源：中国人民银行 http：//www.rzdb.org/loan/news/yw/30394.html 2014/1/22。

等七部委联合发布《融资性担保公司管理暂行办法》以来，截至 2013 年 6 月末融资性担保法人机构已有 8349 家。[①]

政府机关在执法资源稀缺和专业性赤字的情况下，并不能够有效应对准金融机构的飞速扩张。涉猎小贷或担保业务的公司鱼龙混杂，部分小贷、担保公司也在私下接触高利转贷、地下钱庄等业务。由于业务性质具有隐蔽性，在高额利润的驱动下，部分金融机构绕过监管政策，造成政府失灵和市场失灵。"在现代市场经济体制中，社会中间层主体是基于弥补市场缺陷和政府缺陷的需求而出现的。一般来说，市场缺陷可以由政府弥补，政府缺陷则由市场弥补，但市场和政府都难以弥补的缺陷仍存在，此时社会中间层主体既能履行了原来由政府承担的某些职能，也替代了原来由市场主体享有的某些职能，在一定程度上可以弥补双重缺陷。"[②] 相较于市场失灵与政府失灵，作为中间层主体的行业协会在有效配置市场资源方面存在明显的优势："行业协会有助于较少因信息不对称而引发的政府失败"；"有助于精简机构，防止政府官僚机构数量的膨胀"；"有助于政策的实施减少法律运营成本"。[③] 为了弥补政府监管专业化赤字和执法资源稀缺的缺陷，需要准金融机构成立行业协会来协助政府监管。

国际经验表明，当一个经济群体高速发展，并且面临着许多共性问题和困难时，就有必要成立一个由该群体成员组成的协会，协助会员解决普遍面临的热点、难点问题，协助政府制定和实施有关的政策，维护会员的合法权益，为会员提供各类社会化服务，规范会员的市场行为。在实践中，随着准金融经济实体的快速发展，中国省市级地方已经开始建立本群体的行业协会，协

---

① 数据来源：中国人民银行 http：//finance. sina. com. cn/money/bank/bank_hydt/20140111/005517917674. shtml 2014/1/22。

② 王全兴：《经济法基础理论专题研究》，中国检察出版社 2002 年版，第274 页。

③ 鲁篱：《论行业协会自治与国家干预的互动》，载《西南民族大学学报（人文社会科学版）》2006 年第 9 期。

会一般有自律、维权、组织、协调、服务、监管六大职能，具体职责是规划本行业的发展布局，研究拓展准金融实体的金融产品，以及进行风险资产管理、规章制度制定和从业人员培训等。[①] 自 2010 年 6 月 4 日，中国首家小额贷款行业协会在山西晋中成立以来，全国大多数省、市级的小额贷款行业协会纷至沓来。2013 年年初，民政部正式批复同意筹备成立中国典当业协会，4 月 17 日，召开中国典当业协会筹备组第一次会议。同年 9 月 17 日，经国务院同意，民政部正式批准中国融资担保业协会成立登记。至此，多数省市级的地方性典当业协会和融资担保协会已经逐步建立起来。

从数量上来看，准金融机构的行业协会在各省市陆续建立、不断攀升，但是行业协会的总体框架有所欠缺，规范章程不成熟，自律监管缺位。首先，准金融机构中各类行业协会体系不健全。虽然在 2013 年陆续成立了典当行业、融资性担保业全国性的行业协会，但是行业协会在组织制定自律公约及技术标准、业务规范等操作层面上还存在许多欠缺之处，需要一个更为详尽、实用的规范流程。在行业协会体系建构中更为落后的是小额贷款行业，虽然近几年地市级小贷行业协会发展迅速，但是目前为止，全国性的小额贷款公司行业协会还未建立，这就造成了各地方小贷行业协会各自为战，缺乏统一规划。其次，准金融机构中行业协会发展的法律制度不完善。"完善的法律体系是行业协会发展的重要支撑，"准金融机构监管法律的缺失，"使得行业协会的发展也同样面临着法律制度缺位的障碍，行业协会的法律性质、地位、组织机构、设立程序、具体职责缺乏法律法规来予以明确，行业协会的自律监管效能难以发挥。"[②] 更为明显的是，

---

① 李治：《小贷公司期待行业协会成立，许多共性问题要解决》，载《三湘都市报》2010 年 12 月 16 日。

② 廖检文：《小额贷款公司监管的机制创新——基于广东民间金融街的启示》，载《金融经济学研究》2013 年第 5 期。

准金融机构中的行业协会具有浓厚的行政属性，严重影响自律监管效率。中国准金融机构中已成立的行业协会，多以政府牵头，由相应政府监管部门发动辖区内成立行业协会，在日常运作中作为政府监管的延伸，受到政府部门的行政干预。嵌入式自我监管虽然也是要求行业自律具有政府监管的威慑作为基础，但是依然需要划定政府机关对于行业协会的干预界限，并要赋予行业协会适当的监管权限，充分发挥行业协会独立的自我监管的作用。

为了进一步发挥行业协会在准金融机构中的作用，应当赋予行业协会以下监管权限：一是建立行业规则的权利。例如，小额贷款行业协会可以制定小贷业务指引和准则、小贷行业标准和规范、议事程序和管理规范以及纠纷解决规则。二是收集与发布信息的权利。行业协会有权收集或发布小贷公司、融资性担保公司或典当行的"经营资质、经营范围、注册资本、累计交易金额、被投诉违约的事由和次数、违反行业规范遭受处罚的事由和次数、监管评分或评级等重要信息，并通过历史数据的追踪、记录、及时更新，建立成员及其从业人员的资信档案，为非法律激励与惩戒机制提供基础数据"。[1] 三是合规性考核的权利。行业协会可以根据所收集的信息进行合规性评估，针对发现的问题对小额贷款公司、融资性租赁公司或典当行进行现场检查，或者要求问题机构提交专项报告。还可以要求这些准金融机构按照特定要求定期出具合规性报告。四是量化评级的权利。行业协会有权对小额贷款公司、融资性租赁公司或典当行等准金融机构的产品或服务质量，根据合法性、合规性、风险性等指标量化为评定标准，将评级结果公示，作为激励或惩戒准金融机构行为规范的动力。五是对违规准金融机构惩罚的权利。行业协会对于违规的小额贷款公司、融资性租赁公司或典当行可以采取声誉罚、警告、剥夺会员身份、集体抵制，甚至罚金，但是由于行业协会不是准

---

① 陈蓉：《论中国小额贷款公司委派监管模式的构建——兼评江苏省小额贷款公司的监管创新》，载《上海金融》2013 年第 7 期。

金融机构的准入机构，因此不能享有资格罚的惩处方式。

行业协会对准金融机构的监管权来源于政府监管机关和被监管机构的让渡，难以由法律进行清晰界定，其导致行业协会在行使监督权时具有较大的自由裁量性。在行业利益和成员竞争的驱动下，行业协会可能为了维护局部的行业利益而牺牲社会公共利益，放任准金融机构行使损害客户权益，阻碍行业公平竞争的行为。因此，行业自我监管需要有政府部门的监控和督促。相关政府监管部门要对行业协会给予指导和监管：首先，相关政府监管部门要对行业协会针对小额贷款公司、融资性担保公司或典当行制定的管理文件进行审查，如小额贷款行业协会和融资担保行业协会制定的章程、业务规范、自律性规章须经相应金融办审查批准后，典当行业协会的管理文件须经商务部门审查批准后才能适用。其次，相应政府监管部门有权对行业协会故意不履行或怠于履行职责的行为给予检查，如金融办可检查小额贷款行业协会和融资贷款行业协会的相关账目、服务记录以及日常运营情况。最后，对于行业协会的违规行为可以给予罚款、暂停部分或全部业务、解聘高管、撤销主体资格等措施进行处罚。

第七章　完善市场约束机制优化影子银行体系监管绩效

　　"市场约束"（Market Discipline）作为提高政府监管效率的重要制度进入我们的视野。市场约束，是指银行的存款人、债权人、股东及交易对手等利益相关者从自身利益出发，考察银行的经营情况和风险状况，根据自身所了解的信息，通过金融市场对银行的经营产生约束作用，最终将管理不善、经营不稳健的银行驱逐出金融市场以实现银行业稳定的过程。[①] 市场约束作为银行业监管的一种外部力量，对于促进市场监控和市场影响，有效稳定金融业具有不可或缺的作用。市场约束的运作机制主要是"依靠利益相关者的利益驱动，包括存款人、债权人、金融机构股东等在内的金融机构利益相关者出于对自身利益的关注，会在不同程度上关注其利益所在金融机构的经营情况，并根据自身掌握的信息和对于这些信息的判断，在必要的时候采取一定的措施"。[②]

　　市场约束作为《新巴塞尔协议》的"三大支柱"之一已被国际银行界广泛认可，市场约束在建立高效的金融监管体系，弥补政府传统监管的不足等方面的重要性日益凸显，即逐步在以政府监管为主的体系中恢复市场约束，以实现政府监管与市场约束的最佳配合。以市场约束理论切入，将对影子银行体系监管套利

---

　　① Demirgüc—Kunt & Huizinga. Market Discipline and Financial Safety Net Design, Dec. 1999. http：//papers. ssrn. com/sol3/papers. cfm？ abstract_ id＝223081.
　　② 巴曙松：《巴塞尔新资本协议研究》，中国金融出版社 2003 年版，第 168 页。

行为给出具有制度实践意义的学理回应：影子银行凭借其创新性、灵活性开拓了一条"创新—监管制止—再创新"的监管套利路径，而政府监管又存在固有的滞后性。制度设计上应充分利用市场约束的高效性弥补政府监管的缺陷。借助市场约束机理，激发利益相关人对金融机构进行监督的动机，以降低监管成本并提高监管效率。

第一节　市场约束机制实施的必要性

随着金融自由化、市场化的深入，金融产品创新会使政府监管失灵。但是，在金融监管中，一旦引入市场约束规则，市场的作用就可以发挥。市场约束作为《新巴塞尔协议》的"三大支柱"之一已被国际银行界广泛认可，市场约束在建立高效的金融监管体系，弥补政府传统监管的缺陷等方面的重要性日益凸显，即逐步在以政府监管为主的体系中发挥市场约束，以实现政府监管与市场约束的最佳配合。

一、政府监管效率不高

金融监管效率是达到金融监管目标的成本和收益的比较，即消耗一定单位金融成本获得的监管收益。金融监管收益分为两个方面，即直接收益和间接收益，直接收益是金融机构给金融机构、投资人和存款人带来的直接收益；间接收益属于金融监管所带来的社会效益或外部效应。[①] 目前，中国的金融监管主要是采取政府主导的金融监管模式，强调政府对金融机构的监督和管理，而往往忽视市场约束和行业自我约束，同时政府监管立法不完善、执法不协调，对于金融监管效率的提高产生很大的影响。在金融监管框架布局方面，过分强调政府职能，未能充分发挥金

---

① 曹建华：《混业经营与金融监管：基于效率的视角》，载《山东社会科学》2012 年第 8 期。

融机构治理和内控职能，从《中华人民共和国银行业监督管理法》的条文可以发现，该法大量规定监管者的措施和职能，对于金融机构内部控制和治理的内容几乎未提及。可见，金融监管的思路主要是从外围对金融机构实施管理，具有很强的行政管理色彩。

从金融监管内容上来看，一方面，法律未规定监管机构检查的具体内容，使监管可能的针对性不足，随意性增加，有可能影响监管实效；另一方面，监管当局侧重于合规性检查，而忽视风险性检查，那么监管在风险控制方面将存在欠缺，同样影响监管实效。[①] 例如，《银行业监督管理法》第 34 条规定："银行业监督管理机构根据审慎监管的要求，可以采取下列措施进行现场检查：（一）进入银行业金融机构进行检查；（二）询问银行业金融机构的工作人员，要求其对有关检查事项作出说明；（三）查阅、复制银行业金融机构与检查事项有关的文件、资料，对可能被转移、隐匿或者毁损的文件、资料予以封存；（四）检查银行业金融机构运用电子计算机管理业务数据的系统。进行现场检查，应当经银行业监督管理机构负责人批准。现场检查时，检查人员不得少于二人，并应当出示合法证件和检查通知书；检查人员少于二人或者未出示合法证件和检查通知书的，银行业金融机构有权拒绝检查。"

由于影子银行具有高效、复杂等方面的特征，因此相对于影子银行的变化而推出的政府监管对策就凸显出滞后性来。金融活动始终在创新，监管当局总在试图修正监管规则来适应最新的金融产品结构和业务的变化，金融监管总是滞后于金融活动。面对混业经营特征日益明显的影子银行体系，分业监管的管理机构更是凸显出专业技术的不足。中国监管当局按行业被划分为银监会、证监会、保监会，专司对银行业和信托业、证券业、保险业的监督管理。当今的影子银行将以上银证保信业务交叉运营，业

---

① 霍洪涛：《论我国金融监管效率》，载《金融理论与实践》2004 年第 7 期。

务的交叉意味着监管机构需要具备金融各行业的综合知识，但是监管当局工作人员在处理交叉业务监管问题经验和专业还不足。影子银行的金融创新、自由化和复杂化帮助金融机构能够很容易地绕过相关监管当局的现行政策。例如，银信合作通过引入第三方信托受益权、收益权信托、交换购买信贷资产等方式来掩盖"变相放贷"的目的，监管当局即使察觉这些监管套利行为，也往往无法对违法的金融机构进行及时惩处。我国的金融监管现状侧重于官方监管，金融机构一出现问题，社会各方都强调加大监管力度，但往往忽视监管效率。如果政府监管机构一味将本应由市场发挥作用的问题揽于一身，则不但消耗巨大的监管成本，而且会催生金融机构更加强烈的监管套利行为。

二、公共执法资源稀缺

相对于金融机构和产品日趋繁多，金融监管的另一个硬约束是：公共执法资源颇为稀缺。从机构设置到工作人员，各地金融监管机构的实际配置普遍反映执法资源对于监管绩效的严重掣肘，地方金融办人员编制少、权力配置不足和监管基础能力建设经费投入不足。以四川省金融办为例，四川省政府授权省金融办负责小额贷款公司和担保公司的审批和行业管理。截至 2013 年2 月四川省已批准的小额贷款公司共 255 家，到 3 月担保公司共509 家企业，但金融办的机构编制为 20 人，实际检查人员也不过半数，即每个金融办的业务监管人员要对至少 80 家的小贷公司或担保公司进行监督检查，而每家公司的差异性较强，业务组成、资金来源和交易对手等复杂，监管效果可想而知。

银行业监管机构对于银行理财产品具有审查的责任，银监会以及派出机构共 37 家要面对发行数量与日俱增的理财产品。普益财富数据显示，2012 年，针对个人发行的银行理财产品数量达 28239 款，2013 年一季度理财产品的发行量每周有 400 ~ 500款，4 月理财产品数量有所下降，每周新发行的理财产品也达到300 多款。可见，已告不足的公共执法资源，与纷繁复杂的金融创新相叠加，则更显稀缺。截至 2010 年年底，银监会以及派出机构担负着 25 部法律、16 部行政法规、46 部规章以及 569 份规范性文件，还有最高人民法院发布的司法解释 93 份，共计 749 部银行业监管相关法律法规文件的监管执法任务。[①]

三、市场约束提高影子银行政府监管效率

影子银行体系监管出现套利行为的一个重要原因是政府监管效率不高和公共执法资源稀缺。那么，在公共执法资源紧缺的约束条件下，如何提高政府监管实效将是破解规制监管套利行为的关键。按照预防论的分析路径，监管效果取决于查处的概率和处罚的严厉程度。两个变量之间具有此消彼长的反向关联：如果查处的效率不高，就需要有严厉的处罚相匹配，这样才能保持威慑力；只有当查处的效率提高时，才能降低处罚的严厉程度。[②] 厘清这一点对于提高金融监管实效具有突出的现实意义。金融监管是一项针对复杂、重要经济主体的执法活动，监管放松会引起金融风险，而监管过于严厉或扼杀金融创新、阻却金融业发展，或激发影子银行监管套利频发。可见，运用严厉处罚提高监管实效具有较大难度。那么，通过制度构建来增强另一变量——监管效率，则可以将监管的威慑力提高到合理的水平，阻却潜在的机会型套利。而效率的提高又取决于一系列复杂的制度、技术、人员要素，在现有物质技术水平的制约下，分业监管盲区、执法资源稀缺、政府发现监管套利行为滞后等状况，难以在短时间内得到实质性变化。问题的关键在于，如何提高金融监管效率？

有效的市场约束在一定程度上可以弥补官方监管面临的缺陷。一方面，会激发利益相关人对金融机构进行监督的动机降低

---

① 中国银行业监督管理委员会：《中国银行业监管法规汇编（修订版）》，法律出版社 2011 年版。

② ［美］理查德·A. 波斯纳：《法律的经济分》，蒋兆康译，中国大百科全书出版社 1997 年版，第 292～301 页。

监管成本；另一方面，还可弥补官方监管滞后于金融创新的不足。Kane 认为，恢复市场约束的核心任务在于向社会和监管者提供金融机构及时而准确的信息。[1] Flannery 指出政府监管中充分运用市场是必需的，其中主要是市场信息与政府监管信息的系统结合，这样可以缩短认识和行动的时滞。[2] 根据 Flannery 的理论对于影子银行业务监管套利行为的分析如下（见图 7 - 1）：

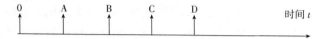

图 7 - 1　监管当局对影子银行监管套利行为的反应时间

图 7 - 1 反映了市场约束所提供的信息到金融监管机构中后，监管当局对影子银行监管套利行为的反应时间的变化。A、B、C、D 分别表示引入市场约束后监管当局认识发现问题的时间、单纯官方监管发现问题的时间、引入市场约束后监管当局采取行动的时间、单纯官方监管采取行动的时间。在时间 t 为 0 时，影子银行采取了一项监管套利行为，当时监管当局对此毫不知情，但金融监管部门力图对套利行为尽早发现问题并采取措施。假设监管当局在时间 t = B 时发现问题，则监管当局认识问题的时间滞后为 B。但是，由于影子银行产品或工具具有复杂性，监管当局并不会在发现问题的当下，即 B 时，就采取行动，而是当监管当局将其问题甄别清楚且研究出对策之时，如在时间 D 点时采取行动，从 B 到 D 之间的时滞可能是由于法律法规的原因，或是实施监管的程序限制。

市场约束是利益相关者从自身利益出发，考察金融机构的经

---

① Kane, E. J. Three Paradigms for the Role of Capitalization Requirements in insured Financial Institutions［J］. Banking and and Finance, 1995,（19）: 431 - 459.

② Flannery, M. J.. Using Market Information in Prudential Banking Supervision : A Review of the U. S. Empirical Evidence［J］. Money, Credit and Banking, 1998,（8）: 273 - 305.

营情况和风险状况，根据自身所了解的信息，通过金融市场对金融机构的经营产生约束作用,[1] 市场具有极强的敏感性，能够早于监管机关认识到金融机构经营状况的变化。[2] 若将影子银行监管套利的信息引入监管当局的认识范畴，则时滞将缩短到 A（A <
B），加之市场主体的反应要比监管当局迅速且准确。因此，致使监管部门作出对策的时滞从［B，D］缩短为［B，C］（C <
D）。可见，市场约束在建立高效的金融监管体系，弥补传统政府监管的缺陷等方面的重要性日益凸显。尤其在影子银行和金融创新不断深化的时期，政府监管和市场约束在影子银行金融监管的过程中互为补充，相互促进和优化。

第二节　市场约束机制有效性的结构性条件及中国现状

虽然市场约束机制对于监管影子银行，优化金融监管具有重要的作用，但是正如 Bliss 和 Flannery[3]、Hamalainen[4] 所指出的，市场约束要发挥作用需满足两个前提条件：一是市场监控存在，即利益相关者能够根据银行经营风险的信息给予评价并使这些评价对投资导向产生影响；二是市场影响存在，即银行管理层针对利益相关者的投资导向作出反应，采取措施来减轻或改善银行营业的不利环境。但是，我国市场约束机制在金融监管中被弱化。

---

① Demirgüc — Kunt & Huizinga. Market Discipline and Financial Safety Net Design, Dec. 1999. http：//papers. ssrn. com/sol3/papers. cfm? abstract_ id = 223081.

② Berger, Davies & Flannery. Comparing Market and Supervisory Assessments of Bank Performance：Who Knows What When? 1998：106 - 123.

③ Bliss. R. R., Flannery. M. J.. Market discipline in the govermance of Us bank holding companies：momitoring vs. influencing［J］. Europ. Finan. Rev. , 2002, (6)：361 395.

④ Paul harnalainen. Mandatory subordinated Debt and the Corporate Governance Of Banks?［J］. Corporate Governances, 2004, (12)：93 - 106.

一、结构性条件

(一) 市场监控有效

市场监控是利益相关者能够及时获得有关银行的有效信息，并根据信息分析，对银行的不利行为采取措施以形成对银行的外部监督。市场监控的措施是通过存款资金价格（存款利率）和资金的可获得性来实现的。许多文献基本上检验了存款利率与银行风险之间的正相关关系（Ellis and Flannery，1992；Cook and Spellman，1994；Flannery，1998；Park and Peristiani，1998；等等）①；银行的存款规模的变化与银行的风险成负相关关系（Park，1992；Park and Peristiani，1998）②。即如果某银行风险增大时，其存款利率也会增加且获得的存款量会减少。进而，当存款人发现银行经营状况恶化时，可以通过市场提高存款利率或者提前支取存款，以对银行实施惩罚性措施，对银行日常经营行为产生威慑，促使银行从事审慎经营。

(二) 市场影响有效

市场影响是银行管理层对于市场监控的结果及时作出反应，纠正银行营业的不利行为，提高银行的经营绩效。在信息公开程度高的环境下，存款人可以通过利率渠道和存款渠道对银行从事过度风险行为进行约束，在未引入存款保险且利率处于市场化的

---

① Ellis, D. , & M. Flannery, Does the Debt Market Assess Large Banks' Risk? [J]. Monetary Economics, 1992, 29 (3): 481–502. Cook, D. , & L. Spellman, Repudiation Risk and Restitution Costs: Toward Understanding Premiums on Insured Deposits [J]. Money, Credit, and Banking, 1994, 26 (3): 439–459. Flannery, M. J. , Using Market Information in Prudential Banking Supervision: A Review of the U. S. Empirical Evidence [J]. Money, Credit and Banking 1998, (8): 273–305. Park, S. , & S. Peristiani, Market Discipline by Thrift Depositors [J]. Money, Credit and Banking, 1998, 30 (3): 347–360.

② Park. S. , Contegion of bank failures: the relation to deposit and information [J]. Garland Publishing inc, Newyork & London, 1992: 155–175.

情况下，银行风险与存款利率以及存款的可获得性具有相关性，银行风险与存款价格存在正相关关系，与存款的可获得性具有负相关性。① 具体而言，一方面，利率渠道反映了存款人对于银行风险行为的影响，利率上升意味着银行吸收存款成本增加，银行为了获得低利率而主动采取低风险行为；另一方面，由于银行的存款规模的变化与银行的风险成负相关关系，存款渠道可以反映存款人"用脚投票"的作用，银行为了吸收更多存款而主动进行风险约束。

二、金融安全网对于市场约束的影响

金融安全网是政府用以预防和应对金融业遭受不利冲击导致传染性挤兑破坏的一组政策制度设计。② 金融安全网使用的制度工具主要有存款保险制度、最后贷款人制度、流动性支持政策等。存款保险和最后贷款人制度是一国重要的金融基础设施，可以被看作金融机构放开市场准入以及放开利率管制的基础之一。中国酝酿出台存款保险制度逾10年之久，2015年终于出台了《存款保险条例》，而在推出《存款保险条例》之前一直实行以"国家信誉"为担保的隐性存款保险制度。2007年，中央决定推行存款保险制度，但由于全球金融危机爆发，这一制度处于搁置。2012年央行再次提出："存款保险制度此前的准备工作是有效的，需要寻找合适的时机，择机出台。"2013年5月《国务院批转发展改革委关于2013年深化经济体制改革重点工作意见的通知》（国发〔2013〕20号）明确提出，要"推进制定存款保险制度实施方案"。随即，有关存款保险制度的讨论之声四起。

---

① Martinez Peria 和 Schmukier（2001）运用阿根廷、智利和墨西哥三国危机前后的历史数据验证了银行风险和存款利率之间正相关关系，银行风险与存款再配置之间存在负相关关系。See Martinez Peria, M. s. & Schmukler, S. L., Do depositors punish banks for bad behavior? ［J］. Journal of Finance, 2001, 56：1029 - 1051.

② 唐黎军：《谈如何完善我国的金融安全网》，载《浙江金融》2009年第5期。

从设立意图来看，存款保险制度和市场约束机制的目标具有一致性，巴塞尔委员会、世界银行、国际货币基金等组织均认为，存款保险制度的建立和市场约束机制的形成，都会提高金融稳定水平，并增进社会福利。[①] 但是，从实施效果来看，存款保险作为公共安全网的重要组成部分，存在道德风险的固有缺陷，有可能降低存款人和银行对风险的关注，进而抵消市场约束的作用。金融危机后，各国加强金融监管，存款保险作为金融监管的重要手段导致了市场约束的损伤，市场约束失效造成了存款保险运行的制度成本。可见，虽然存款保险与市场约束具有同样的设立意图，但未达到预想的效果，传统存款保险制度可能催生道德风险、破坏市场效率，甚至弱化市场约束。那么，我们将产生以下追问：存款保险与市场约束之间是不是一种此消彼长的关系呢？存款保险的弊端何以得到有效矫正？如何促进存款保险与市场约束的激励兼容？从市场约束理论入手，本书就存款保险对于市场约束的影响因素和机理进行学理剖析，认识到存款保险对于市场约束的挤出和替代效应需要通过合理的制度设计和相关配套机制才能得到改善，尝试建构与市场约束相兼容的显性存款保险制度。

此外，中国虽然一直没有明确的最后贷款人制度，但是人民银行一直担负着最后贷款人的职责，进而导致人民银行救助金融机构没有严格的标准。在实践中，人民银行的救助对象"从农村合作基金会的关闭、农村信用社的风险处置到城市信用社的停业整顿、商业银行的关闭、信托公司的清理整顿和破产清算、证券公司经营黑洞的弥补，不管这些机构是不是合法的金融机构，不管是流动性风险还是清偿性风险，是非系统性风险还是系统性

[①] 具体而言，两者的设立目标均是保障金融稳定，存款保险制度对于保障存款人利益和维护金融稳定具有重要作用；市场约束利用利益相关人对自身利益的关注，来迫使银行放弃冒险行为，进而促进金融稳定。参见杨谊、陆玉：《存款保险、市场约束与国有商业银行对策选择》，载《改革》2011年第9期。

风险，是否具有抵押担保，也不管这些金融风险形成的原因如何，只要是出现了支付问题，人民银行就掏钱埋单"。① 在金融危机中，金融投资者通过挤兑使金融机构的稳定性遭遇打击，金融安全网是增强存款人信心，降低银行危机损失的重要工具。② 但是，由于金融安全网给存款人和银行提供一定程度的担保，就金融投资者和金融机构的角度而言，金融安全网也产生了明显的道德风险。在金融监管中，金融安全网对于市场约束的挤出效应、替代效应和异化作用明显。

（一）金融安全网对市场约束的挤出效应

市场约束作为金融业监管的一种外部力量，对于促进市场监控和市场影响，有效稳定金融业具有不可或缺的作用。但是，金融安全网弱化了金融投资者和金融机构的市场约束。由于存款保险给存款者提供完全的存款保障，存款者对于存款银行实施的过度投机行为所产生的风险"漠不关心"，即使存款保险为存款者提供部分保障，存款者对银行的监督动机也会减少。当未实施存款保险之前，银行因经营不善而倒闭将会给存款人带来巨大的损失。据美国存款保险公司统计，在美国经济大萧条时期，银行停业或倒闭数量达9000多家，储户的直接损失约达13亿美元。但是，当引入存款保险后，储户的存款就会受到存款保险机构的担保，存款人对于银行的市场约束趋于放松。同理，最后贷款人和流动性支持也给予金融机构一定的资金支持，防止其破产，强化了金融机构以风险换取收益的倾向，产生其冒险经营的道德风险，导致了金融机构风险收益和风险成本的失衡。

当没有金融安全网时，金融投资者在选择投资项目时将格外关注金融机构营业风险，那些资本充裕、运营稳健的金融监管成为投资者的首选。金融机构为了保障资金来源，也会自觉地根

---

① 唐黎军：《谈如何完善我国的金融安全网》，载《浙江金融》2009 年第 5 期。
② Douglas Diamond & Philip Dybvig, Bank Runs, Deposit Insurance, and Liquidity [J]. Political Economy, 91 1983（3）：401－419.

据金融投资者的偏好，通过对风险收益和风险成本进行衡量，筛选贷款项目，在追求利润与稳健经营的博弈中寻求平衡。可见，金融投资者的市场约束对于银行的风险控制具有促进作用。但是，金融安全网诱导金融投资者、金融机构产生道德风险，破坏市场约束有效性的发挥，金融安全网对于市场约束的挤出效应明显。因此，金融安全网弱化了金融投资者对于金融机构施加市场约束的动力，对于投资者和金融机构的市场约束产生挤出效应。

（二）金融安全网对市场约束的替代效应

在利率市场化和信息披露制度完善的国家或地区，风险越高的金融机构吸纳资金的成本越高，而运营稳健的金融机构获得资金的成本相应较低。投资回报率作为信号显示，可以将风险低、运营好的金融机构从风险高、管理差的金融机构中分离出来。金融投资者可以根据投资回报率这一信号指引，并结合金融机构其他风险指标因素，对金融机构风险评估和运营状况进行甄别，使投入的资金流向更为稳健的金融机构，而那些想要获得资金或降低融资成本的金融机构不得不控制风险、审慎营业，进而实现市场约束。

尽管制度发展水平较高的国家市场约束起作用的力度较强，但是 Demirgüc—Kunt 和 Huizinga 认为在有些国家制度发展水平越高，设计不良的金融安全网将妨碍市场约束的作用。[1] 例如，隐性存款保险或全额保险制度的确立，将会弱化存款利率和银行风险的关系。因为，在隐性存款保险或全额保险的作用下，就存款人而言，银行的经营风险都转移到或大部分转移到国家或存款保险机构，而存款人不承担或极少承担存款风险，其将对银行的高风险经营"视而不见"，而是仅盯银行高利率，存款流向高利

---

[1] Demirgüc-Kunt & Huizinga. Market Discipline and Financial Safety Net Design ［R］. http：//papers. ssrn. com/sol3/papers. cfm？abstract _ id = 223081 December 1999.

率银行；就银行而言，为追求更多存款和高回报，银行将存款投放到利润大、风险高的领域。可见，存款保险的引入切断了存款利率、存款的可获得性与银行风险的关系，造成了对市场约束的替代效应。

（三）中国语境下存款保险对市场约束的异化

现有的理论模型，如 Gropp 和 Vesala 已经在其论文中提出，显性和隐性存款保险制度在对市场约束影响方面具有差异。[①] 隐性存款保险制度导致市场约束无效，Matutes 和 Vives 认为设计不良的显性存款保险制度在保护存款人利益的同时也引发了道德风险，诱导银行从事过度风险经营，解决这一问题的有效方案是建立显性限额保险制度。[②] 这一制度设计能使存款人的预期资产暴露在风险之中，从而使市场约束产生作用。那么，在中国商业银行特殊股权结构的背景下，即使中国实施显性存款保险，是否能够达到稳定金融市场的效果？是否够能够实现与市场约束的激励兼容？限额存款保险制度激励市场约束的有效性能否实现？这些都是需要进一步考察的问题。

以前，中国政府长期以来为银行提供一种基于国家信誉的隐性担保，这种隐性担保严重削弱了存款人对于银行市场风险的敏感度，进而导致市场约束失效，这一点已经得到了理论界和实物界的共识。在中国，银行存款保险制度已经实现了从隐性到显性，从国家信誉向市场信誉的变革。从国外的经验来看，显性限额保险制度将存款人的部分存款暴露于风险之中，这能够有效修正存款人的风险预期，激励市场约束渠道来规制银行风险。从理论上来看，这种设计能够有效纠正隐性存款保险制度的弊端。

---

① Gropp, Reint & Vesala, Jukka, Deposit Insurance, Moral Hazard and Market Monitoring. European Central Bank, Working Paper Series 302, 2004: 15 – 25.

② Matutes. C., & Vives. X., Imperfect Competition, Risk Taking, and Regulation in Banking [J]. European Economic Review, 2000, (44): 1 – 34.

但是，中国银行业具有自身的特殊性，商业银行中国有股份"一股独大"的股权特征，政府长期以来向国有银行注资以及进行不良资产剥离等手段，事实上已诱使公众形成了"大而不倒"（too big to fail）的预期和存款人的"规模偏好"。[①] 这个"大而不倒"的预期，将导致存款人不再关注银行资产的风险，而是认为银行资产运营的安全性与银行的资产规模正相关，即银行规模越大，存款的安全性越高。因此，形成存款人对于银行的"规模偏好"，阻断了风险与利率的正相关关系。即使实施显性限额存款保险，也不能实现存款保险与市场约束激励兼容，反而造成市场约束的严重异化。

三、金融安全网减弱市场约束的作用机理

市场约束要发挥作用需满足两个前提条件：一是市场监控存在，即利益相关者能够根据金融机构经营风险的信息给予评价，并使这些评价对融资成本和资金流向产生影响；二是市场影响存在，即金融机构管理层对融资成本和资金流向作出反应，采取措施来减轻或改善银行营业的不利环境。[②] Boot 和 Greenbaum，Matutes 和 Vives 的相关理论研究表明，设计不良的金融安全网可能对银行业市场造成两方面的影响，即一方面，由于金融安全网保护了金融投资者少受或免受损失，使其对风险不再敏感，导致市场约束减弱或失效；另一方面，引发了金融机构的道德风

---

① 马草原、王岳龙：《公众"规模偏好"与银行市场约束异化》，载《财贸经济》2010 年第 2 期。

② Bliss, R. R. & Flannery, M. J. , Market Discipline in the Governance of US Bank Holding Companies: Monitoring vs. Influencing [J] . European Finance Review, Vol. 6 2002, (3): 361 – 395.

险，促使金融机构进行高风险运行，致使市场影响失效。① 金融安全网削弱市场约束的机理，通过扭曲市场控制、弱化市场影响以及由金融投资者的"规模偏好"替代"风险偏好"而实现。

（一）金融安全网扭曲市场监控

市场监控是利益相关者能够及时获得有关金融机构的有效信息，并根据信息分析，对金融机构的不利行为采取措施以形成对其的外部监督。市场监控的措施是通过融资成本和资金的可获得性来实现的。例如，许多文献基本上检验了存款利率与银行风险之间的正相关关系（Ellis and Flannery，1992；Cook and Spellman，1994；Flannery，1998；Park and Peristiani，1998；等等）；②银行的存款规模的变化与银行的风险成负相关关系（Park，1992；Park and Peristiani，1998）。即如果某银行风险增大时，其存款利率也会增加且获得的存款量会减少。进而，当存款人发现银行经营状况恶化时，可以通过市场提高存款利率或者提前支取存款，以对银行实施惩罚性措施，对银行日常经营行为产生威慑，促使银行从事审慎经营。

然而，当引入金融安全网后，其给金融投资者提供了保障，使投资者进行外部监督的激励大大减弱甚至消失。金融安全网降

---

① Boot. A. W. A. & Greenbaum. S. I. , . Bank-regulation, Reputation and Rents: Theory and Policy Implication [M] . Mayer, C. , and Vives, X. , Capital Markets and Financial Intermediation. Cambridge University Press. 1993: 269 – 303. [21] Matutes. C. , & Vives. X. , Competition Insurance, Risk, and Market Power in Banking [J] . American Economic Review, 1996 (80): 1183 –1200.

② Ellis, D. , & M. Flannery, Does the Debt Market Assess Large Banks' Risk? [J] . Monetary Economics, 1992, 29 (3): 481 –502. Cook, D. , & L. Spellman, Repudiation Risk and Restitution Costs: Toward Understanding Premiums on Insured Deposits [J] . Money, Credit, and Banking, 1994, 26 (3): 439 –459. Flannery, M. J. , Using Market Information in Prudential Banking Supervision: A Review of the U. S. Empirical Evidence [J] . Money, Credit and Banking 1998, (8): 273 –305. Park, S. , & S. Peristiani, Market Discipline by Thrift Depositors [J] . Money, Credit and Banking, 1998, 30 (3): 347 – 360.

低了金融机构倒闭的可能性，一个可信的金融安全网降低了金融投资者监督金融机构的动机。Thomson 和 Kaufma 的研究证实，金融安全网使利益相关者不关心银行的经营风险状况，造成对于市场激励作出反应的懈怠。① 因而，金融机构风险作为市场控制的信号显示被扭曲，即当金融机构风险升高时，投资者依赖于金融安全网的保障，怠于对金融机构的高风险经营实施惩罚措施（提高资金价格和减少资金的可获得性），有效的市场监控将明显减弱。

就中国影子银行体系的市场监控方面而言，一方面由于金融业信息披露数量和质量远不能达到市场的需求，另一方面由于影子银行产品和业务本身的复杂性，利益相关者不能获得金融机构营业风险的足量信息，因而不能对影子银行产品做出准确的评价。加之，政府为金融机构实行隐性担保，弱化金融消费者的投资风险意识，脱胎于国有经济的金融体系受到政府更多的庇护，我国长期实行的隐性保险制度形成国家信誉保障，致使公众意识到把钱"存入"银行比存进自己的保险柜更保险，从而引起投资者对于银行实施的过度投机所产生的风险降低敏感性，投资者对银行的监督动机也会减弱，因此造成市场监控激励失效。

（二）金融安全网弱化市场影响

市场影响是金融业管理层对于市场监控的结果及时作出反应，纠正金融机构营业的不利行为，提高其经营绩效。在信息公开程度高的环境下，金融投资者可以通过提高融资成本和抑制投资流向对金融机构从事过度风险行为进行约束。以存款保险为例，在未引入存款保险且利率处于市场化的情况下，银行风险与存款利率和存款的可获得性具有相关性，银行风险与存款价格存

---

① Thomson, J., Using Market Incentives to Reform Bank Regulation and Federal Deposit Insurance [J]. Economic Review (Federal Reserve Bank of Cleveland), Vol 26 1990, (1): 28 – 32. Kaufman, G. G., Bank Failures, Systemic Risk, and Bank Regulation [J]. CATO, Vol. 116 1996, (1): 17 – 45。

在正相关关系，与存款的可获得性具有负相关性。① 具体而言，一方面，利率渠道反映了存款人对于银行风险行为的影响，利率上升意味着银行吸收存款成本增加，银行为了获得低利率而主动采取低风险行为；另一方面，由于银行的存款规模的变化与银行的风险成负相关关系，存款渠道可以反映存款人"用脚投票"的作用，银行为了吸收更多存款而主动进行风险约束。

在没有金融安全网时，市场约束在一定程度上对于金融机构的控制风险运营具有激励作用。实证中，Crabbe 和 Post 对大金融控股公司在降级后的融资状况进行研究，发现降级导致控股公司未清偿商业票据额度大幅度下降17.74%，信用恶化的机构被迫缩减资产总额，因此金融机构为了获得更多资金往往自主控制风险。② 然而，金融安全网的出现，一方面，可能减弱了风险与利率、资金可获得性的关联性。投资者的资金得到了保障，可能降低了其约束金融机构冒险行为以及金融机构进行风险暴露的动机；另一方面，由于金融安全网会为金融机构提供流动性支持，金融机构可能减少或免于因为自己的冒险行为而遭受到应得的损失。因此，金融安全网可能导致金融机构管理层产生代理问题，管理层为了赢得更多利润而将资产投入高收益、高风险的领域，主动追求过度的风险暴露，而不能及时纠正其经营的不利行为，致使市场影响失效。

就中国影子银行体系的市场影响方面而言，市场约束是通过影响金融机构的成本和收益，从而影响其利润率而发挥作用的，进而加强金融业市场约束最为核心的条件是金融机构要追求自身利益最大化，并能够自主经营。有效的市场约束需要金融机构成

---

① Martinez Peria 和 Schmukier（2001）运用阿根廷、智利和墨西哥三国危机前后的历史数据验证了银行风险和存款利率之间正相关关系，银行风险与存款再配置之间存在负相关关系。See Martinez Peria, M. s. & Schmukler, S. L. , Do depositors punish banks for bad behavior?［J］. Journal of Finance, 2001, 56：1029 – 1051.

② Crabbe, L. & Post, M. A. , The Effect of a Rating Downgrade on Outstanding Commercial Paper［J］. Journal of Finance, Vol 49 1994：38 – 56.

为真正的市场主体，而政府控股金融机构的治理模式会钝化金融机构对市场的敏感性。以上问题突出体现在国家控股商业银行上，目前，中国银行业具有自身的特殊性，商业银行中国有股"一股独大"的股权特征，政府长期以来向国有银行注资以及进行不良资产剥离等手段，事实上已诱使银行经理人形成了"大而不倒"（too big to fail）的预期，[①] 这就使银行经理人缺乏银行因经营不善而倒闭的危机感，为了取得更高的投资回报，经理人有动力突破监管壁垒投资于风险大、收益高的影子银行产品。

（三）"规模偏好"替代"风险偏好"

公众的"规模偏好"通过市场约束的两个渠道反映在金融投资者的行为上。一方面，通过"利率渠道"要求规模小的金融机构提供更高的利率。以银行业为例，我国实行规定上限的浮动存款利率，在银行业实践中国有商业银行的存款利率一般低于小型股份制商业银行。[②] 同时，由于我国存款利率未市场化，存款利息只能在规定上限内浮动，规模小的银行时常运用"高息揽储"政策吸引存款，如有部分城市商业银行为吸收存款，采用给客户"好处费"的方式。[③] 可以想见，若存款利率一旦市场化，规模较大与规模较小的银行之间的存款利差将有将进一步扩大，"规模偏好"可能愈加明显。

另一方面，金融投资者在选择投资对象时，更偏向于大型金融机构，使得规模越大的金融机构更易吸引来资金。规模较大的

---

① 马草原、王岳龙：《公众"规模偏好"与银行市场约束异化》，载《财贸经济》2010 年第 2 期。

② 2013 年 1 月各大银行最新存款利率统计，一年期存款利息除五大国有银行和邮政银行为 3.25% 以外，其他股份制银行和地方商业银行均为 3.3%；两年、三年、五年存款利息除五大国有银行、邮储银行、股份制银行和规模较大的北京、上海、江苏城市商业银行为基准利率外，其他地方商业银行的利息均有所上浮，上浮幅度分别均为 0.375%、0.425%、0.475%（详细数据见附件）。

③ 如储户存 1 万元，银行先付 30～50 元的"好处费"，到期利息依然按此银行存款利息给付，这样就相当于存款利息提高了 0.3～0.5%，以变相提高存款利率吸纳存款。

金融机构自然分支机构要多一些，资金要雄厚一些，金融投资者会基于存款安全和便利方面的考虑，在回报率持平的情况下，存款人更愿意到规模较大的金融监机构进行投资。例如，大型国有银行销售理财产品的种类和数量远远超过于其他银行。特别是在银行业，中国银行特殊股权结构以及长期隐性国家信誉担保的双重作用下，"银行规模"已经替代"银行风险"，作为确定融资成本和资金流向的"信号显示"，指引着资金的流向，即存款人并不是根据"银行风险"而是根据"银行规模"来要求存款利率和确定存款流向。因此，金融投资者对于金融机构的市场约束已经异化为其对"银行规模"的过度依赖。

在这种"规模偏好"的指引下，实施设计不良的金融安全网不但不能提升市场约束的作用，反而可能使市场约束异化更加严重。因为，未有安全网保护的状态使金融投资者的部分资产暴露在风险中，以提高其对金融机构风险行为的敏感度。这一点在银行业表现的更为明显，在国有银行股权过度集中且国家对国有银行特殊支持的背景下，存款人认为具有政府"关照"的国有银行的持续运营能力必定高于小银行，限额保险的存款人风险意识的提供只会使他们强化"大而不倒"的预期和"规模偏好"，进而致使银行业市场约束的异化进一步加重。就银行方面而言，由于存款人"规模偏好"将激励银行不断进行规模扩张，而漠视运营风险和经营绩效，一方面导致银行间规模竞争，影响微观绩效；另一方面造成存款从小规模银行向大银行迅速集中，大银行垄断存款而小银行处于不利竞争地位，影响规模不等银行间的公平竞争，加剧银行规模替代银行风险作为存款流向指引的倾向，导致市场约束在银行业的进一步异化。

第三节　在中国语境下市场约束机制发挥作用的社会条件

市场约束机制除了要满足内生性的结构性条件以外，其在金融市场中有效性的正常发挥还需要有严格的外部社会条件，概言之有三：信息要件、能力要件、时间要件。

一、信息要件

信息是指有目的地标记在通信系统上的信号，是通讯系统传输和处理的对象。信息论创始人克劳德·艾尔伍德·香农（Claude Elwood Shannon）在其论文《通讯的数学原理》中指出，"信息是用来消除随机不定性的东西"。从信息经济学的视角来看，金融作为一种信息符合经济，是市场渐渐地高级表现形式。[①] 金融经济的复杂性和信息操纵性是当代符号经济和信息社会的重要特点。[②] 影子银行体系作为金融创新的产物其复杂性和信息操纵性的特征更为明显，日益复杂、技术性强、杠杆率高的影子银行体系，由于高度的进入壁垒，导致严重的信息垄断和操作。2008 年爆发的金融危机就是有力实证，危机爆发的重要原因之一就是金融衍生品的高度复杂性、信息壁垒的层出不穷以及金融投资者对信用评级机构的过度信赖、信用评级机构给部分金融机构和产品过高的信用评级。市场约束在影子银行体系中发挥作用的前提首先是市场主体能够清楚的了解影子银行机构和产品的具体运行状况，只有清楚的掌握影子银行机构的盈利模式、创新原理、风险等级，才能通过市场约束的方式规制影子银行体系的行为。因此，在影子银行监管体系中发挥作用的必要社会条件之一就是，影子银行产品或业务的收益和风险的信息必须能够及时进入金融投资者的认知结构，能够成为投资选择的公共信息。

---

① 许多奇：《信息监管：我国信贷资产证券化监管之最优选择》，载《法学家》2010 年第 1 期。

② 张晓晶：《符号经济与实体经济——金融全球化时代的经济分析》，上海三联书店、上海人民出版社 2002 年版，第 32 页。

二、能力要件

这里的"能力"是指金融投资者逆转博弈对手的成本—收益对比关系的能力，如果众多金融投资者获知购买影子银行产品的实际风险，就能够以自己的投资选择使金融机构减轻产品风险、改善经营环境。此外，信息要件与能力要件之间存在前后顺序，能力要件是在假设信息要件成立的条件下发挥作用，倘若信息要件不能满足，能力要件也就无从谈起。即如果金融投资者不能准确及时了解影子银行机构或产品的真实风险，则不能做出正确地投资选择，金融消费者"用脚投票"的效用不能发挥，风险规避的投资者不能准确识别金融机构风险或筛选风险低的金融机构，则市场主体通过投资选择倒逼金融机构主动控制产品风险、改善经营环境的权利自然丧失。由此可见，信息要件作为能力要件实现的前提，在影子银行的市场约束的实现中具有不可或缺的先导地位。

三、时间要件

金融机构和投资者之间进行重复博弈，影子银行机构经营不利的行为可以借助双方再次相遇而得到惩罚。在博弈论中，重复博弈（repeated game）是同样结构的博弈重复多次。在只有一次的博弈中，参与者只看重一次性的成本收益，而在不特定的多次博弈中，参与者可能为了获得更多的长远利益而放弃眼前利益，从而选择不同于单次博弈的均衡策略。由于长期利益的存在，参与方在当前博弈阶段所执行的均衡策略要防止对方在后面阶段对其采取制裁、报复或抵制措施，因此参与方在当前博弈中往往采取合作状态，以在后面阶段获得对方的合作。影子银行体系存在于一定范围的金融领域中，中国第一类和第二类影子银行子体系具有较高的准入标准，故而其数量是一定的；第三类影子银行目前具有地方性，因此，在这三类影子银行机构与投资者的博弈中，很可能再次相见，为了取得投资者的信任，影子银行机构一般更倾向于保持良好的信誉形象。然而，上述的重复博弈顺利进行，必须建立在信息要件满足的基础上，即投资者要具有对影子银行机构真实盈利能力和风险评估信息的认知能力，由于普通投资者的专业知识有限，这就需要专业评估机构或信用评级机构为其提供真实准确的信息。

四、社会条件缺失的要件分析

从时间维度来看，企业本身就是重复博弈的组织安排，与投资者之间无法回避的、未来再次相遇的前景保证了后者实施惩罚的可能性，[①] 金融机构作为企业与金融投资者之间形成重复博弈。从能力维度来看，绝大部分金融机构的产品处于竞争市场中，具有种类繁多的替代性和近似性产品，金融投资者可以采取"退出投资"、转向其他竞争者的策略来制裁某一金融机构的违约行为。吸收融资是影子银行业务获取利润的生命线，"退出投资"的策略一旦从个体延及群体，不异于颠覆影子银行业务的成本—收益对比关系，甚至殃及退出此影子银行业务的金融机构的其他业务。

那么，问题的关键就在于信息要件是否具备，信息的集中发布并不必然意味着符合前述的信息要件。以银行理财产品的信息披露为例，据2013年普益财富银行理财数据显示，第一季度进入排名的67家银行中，有35家银行未对旗下运行期内产品公布任何投资运作信息。未披露理财产品投资运作信息率为52.2%，并有接近六成的银行在产品运作期间未通过公开渠道对运行期内的产品信息进行披露。即使银行对新发售理财产品进行说明，也仅侧重对理财计划本身的表述，而对可能影响投资者决策的信息（如与该理财挂钩的资产内容比例等），未作全方位充分地阐述，

---

① Robert. Ellickson. Order without Law：How Neighbors Settle Disputes ［M］. Cambridge and London：Harvard Unicersity Press，1991：178 – 180.

甚至存在故意隐瞒、遗漏的行为。可见，中国金融业的信息披露状况不理想，缺乏必要的信息要件，市场约束作用有效发挥的社会条件部分缺失。

第四节　制度完善

金融业的市场约束能够弥补政府监管盲区，促进金融机构信息披露，提高政府监管效率，但目前我国金融业的市场约束状况不佳。将中国金融业嵌入市场约束的结构性条件和社会条件进行考察，就不难发现中国的金融监管效率仍未获得市场约束的提速作用，其问题的关键就在于金融市场信息还未能够流动顺畅和发布均匀。因此，想要市场约束在中国金融业市场发挥作用，提高政府监管效率，改进监管机构对影子银行监管不力的现状，就要充分构建信息环境。

一、建立信息共享机制

建立信息共享机制，加强影子银行信息披露。充分发挥中央银行、金融监管机构、政府职能部门、交易所和各行业协会的作用，定期监测、汇总和分析市场数据。提高金融产品和金融市场的透明度，针对各类金融消费人群，借助广泛的信息发布平台，向利益相关者和公众公布影子银行机构的系统性信息。且注意避免信息渠道过窄的缺陷，在现有的专业性信息发布平台之外，还应该选择金融消费者最经常接触的媒介，进一步扩大信息流动渠道。

二、信息披露规范化

按照共享程度的高低，信息可分为专业型与常识型两类。当前的金融机构多采取专业型信息的发布模式，这种模式对于大多数普通金融消费者来说，如果没有恰当的注解和说明，他们的信息接收成本必定十分高昂。从知识社会学的规律来看，能否正确理解某一信息，能否对之正确解码，关键取决于对问题的熟悉程度。[①] 在日常的信息披露中，金融机构和监管部门应当避免过度专业化，对于专业术语加以必要的常识性说明，使金融信息清晰、易懂，确保投资者了解基础产品的风险、交易结构以及相互关联性。

三、加强信用评级机构监管

加强对信用评级机构的监管，维护投资者的合法权益。影子银行产品具有专业性和复杂性的特性，金融企业信用认定过程不可观察，普通的投资者想要了解不断创新的金融产品具有一定的难度，大部分公众对于自己职业知识以外的其他信息都存在一定的认知盲点。进而，投资者想要深入、正确了解金融机构和产品，对于信用评级机构的依赖度较高。本属于"公共物品"的信用信息变成了信用评级机构可以操控的"私人信息"，其可能借助选择性地公布对金融机构有利信息，或调整金融机构信用评级，寻求非法的信息租金。因此，应当建立公众、监管机构、上级主管部门三方共同组成的监管体系，定期对信用评级机构的运行情况进行公开监督和评判。

激励市场约束的核心任务在于向社会和监管者提供金融机构、存款保险机构、监管部门的及时而准确的信息。[②] 在《有效存款保险制度核心原则》中，信息披露作为存款保险设立的先

---

① ［美］理查德·A. 波斯纳：《超越法律》，中国政法大学出版社 2001 年版，第 588 页。

② Kane. E. J. , A Market Perspective on Financial Regulation, CATO, 1994, 113：333 – 338.

决条件①被明确指出。由监管机构提供金融机构的信息，可以说是一项效率型的举措：如果信息可以被一部分人以相对更低的监督成本察觉到，由这部分人提供信息无疑会是更优的选择，② 监管身份优势和信息收集能力决定了监管机构应当在货币市场的信息基础上扮演积极的角色。

同时需要监管当局提供的信息应清晰、易懂，不能过于专业化。按照共享知识的高度，信息可分为常规型和专业型两类，所谓专业型信息，是具有自己独特的范畴和定义，对其正确解码必须具备达到临界点的知识存量。由是观之，当前的金融监管信息多采用"专业型信息"的发布模式。例如，监管机构在披露银行风险时可能采用"资本金 + 准备金与呆滞贷款比例、贷存款比例、流动性资产与总资产比例、资本金 + 长期存款与长期资产比例、稳定资金来源与贷款总额比例"等专业指标进行比较。这种专业表述对于大多数普通存款者而言，信息接收成本必定非常高昂。而公众获得及时而准确信息的要义是在于有清晰的信息评级作为支撑，想要使银行风险信息更简便易行的进入公众的认知结构，可将银行风险、资产、盈利能力等指标采用统一的评级标准，呈现出简单信用等级，公众对此更能够有效解码。

因此，要加强信息披露，完善信息评级制度，使存款人及时了解银行的风险水平，减少存款人与银行之间的信息不对称。从而，使银行的经营状况及时、准确进入公众的认知结构，利益相关人根据有效的信息及时采取行动，对银行施加市场监控和市场影响的作用，促使市场约束更好的发挥效力。

---

① 2009 年 6 月，国际存款保险协会（IADI）与巴塞尔银行监管委员会（Basel Committee of Banking Supervision，BCBS）共同发布了《有效存款保险制度核心原则》（以下简称《核心原则》），其明确了建立有效存款保险制度的先决条件：运行的独立性、可问责制、透明度和信息披露，以及正当自主经营。参见李卉：《后金融危机时期国际存款保险法律制度研究》2011 年第 12 期。

② Armen A. Alchian and Demserz, "Production, Information Costs and Economic Organization," The American Economic Review, Vol. 62, No. 5（December 1972）：792.

四、消解金融安全网对市场约束的反功能

虽然金融安全网对于市场约束起到削减的作用，但是金融安全网对金融体系的保护作用还是不言而喻的，因此不能因噎废食，不能够排除金融安全网的适用。从上文论述可以看出，设计不良的金融安全网可能对市场约束产生挤出或者替代效应，造成市场约束的异化。因此，为了金融业在有效市场约束下稳健运行，需要平衡金融安全网和市场约束的关系，金融安全网制度性设计应与市场约束相一致，从而实现一定条件下的金融安全网与市场约束的激励兼容。

（一）剔除影子银行的流动性支持

政府或央行运用流动性供给救助行为本质是使用全体纳税人的钱为部分人犯的错误买单，这种救助行为将助长金融机构的道德风险。进而，对于流动性支持的范围要严格把关，影子银行在运行方式方面往往类似于银行：以短期和流动的方式借款，借短贷长，运用流动性转换、期限转换，进行高杠杆化操作。但是，没有类似于银行存款准备金率和存贷比额度的限制。为防止流动性支持激励影子银行追求高利润而实施高风险运作，所以要尽量明确将影子银行排除在流动性支持之外。

（二）明确央行最后贷款人的实施标准，限制最后贷款人的救助范围

最后贷款人制度是为了防御和克制系统性的金融风险和保障整个金融系统稳定，其救助对象往往是可能促发系统性风险的金融机构，以清晰的标准明示最后贷款人贷款数额的最高限额、最长期限和最低利息等救助手段。同时，赋予最后贷款人以"自由裁量权"，即最后贷款人具有不予救助的权利，用"模棱两可

原则"防范金融机构的道德风险。①

（三）进一步完善存款保险制度

我国制定的存款保险制度具有一定的先进性，在制度实施中要切实从制定风险调整保险费率、限制存款保险额度、控制存款保险范围、实行强制性投保等方面进行约束，从而，实现存款保险与市场约束的激励兼容。

第一，制定风险调整保险费率。在存款保险费率的设定上，风险调整费率较之固定费率具有明显的优势。风险调整费率，即根据银行风险状况缴纳不同的费率，其优势体现在强化市场约束的有效性上。一方面，高风险高费率，低风险低费率，风险费率提供了一种信号传递，存款人根据此信号显示和风险偏好审慎选择银行，存款人一般是风险规避者，往往将资金存入低风险银行，存款流向更安全的银行，从而实现了对银行冒险行为的市场约束；另一方面，对银行收取高费率相当于提高存款成本，银行为了降低融资成本被迫抑制过度的冒险行为，因而激励了银行管理层的自我约束，促进市场影响的有效性。

第二，限制存款保险额度。在全额存款保险体制下，储户不必根据信用来选择银行以保障资金安全，而是看哪家银行利率高，储户就自然选择那些风险最高的银行，因为他们提供的存款利率可能最高，结果使高风险银行吸收更多存款。对单个存款人的存款账户保险实行限额，既能起到保护小额存款人、防止银行挤兑的作用，又能激励大额存款人监督银行运营风险。限制存款保险额度大小的确定原则是寻找到防止系统性挤兑与减少道德风险之间的均衡点，既不能为了追求金融稳定而不顾道德风险的产生，也不能因防止道德风险而影响市场稳定。

第三，限定存款保险范围。建立存款保险制度时，既要保护存款人的利益，又要激励单位储户根据信用自主选择存款银行，

---

① 莫恺：《我国最后贷款人制度若干问题研究》，载《改革与战略》2009年第3期。

以防止道德风险。需控制存款保险范围，通常的保障范围以居民等小额存款人为主，一般排除同业存款、外汇存款、内部人存款、政府存款等。其中，特别是排斥同业存款，有利于促进银行间互相监督，银行间的监督正是市场约束力量的重要来源。

第四，施行强制性存款保险。强制性存款保险取代自愿性保险已是大势所趋，据统计，1995 年实行自愿和强制存款保险的国家或地区比例为 55∶45，而到 1999 年两者的比例变化为 19∶81，[①]实现强制保险的数量上升 36 个百分点。之所以实现强制投保制度，是为了防止出现诸多高风险银行积极参保，而低风险银行不参保的"逆向选择"问题，迫使那些经营业绩好、风险低的银行更好的协助监管部门监控高风险银行。

（四）调整国有银行股权结构，厘清政府与国有银行关系

国有银行股权过于集中且国家对国有银行存在特殊支持，公众形成国有银行机构"大而不倒"的预期。[②] 在这种情况下，即使实施显性存款保险制度使存款人的部分资产暴露在风险中，也不能提高存款人对银行风险的敏感度，因为存款人会认为具有政府"关照"的国有银行更加安全，而不去考虑银行真正的风险。那么，想要通过限额保险暴露存款人风险以提高市场约束的预期将落空，显性存款保险对于稳定金融安全的作用将大打折扣。

要想让银行业的市场约束在优化后的显性存款保险中有效发挥作用，还需要处理好政府与国有银行的关系。一方面，要改造中国银行业特有的股权结构问题，继续推进国有银行股权多元化，降低国有股权比重，增加国有商业银行进行影子银行活动的风险防御意识。且有效矫正由于金融安全网嵌入公众意识中的"大而不倒"的预期，特别是增加大额投资者、机构投资者的风

---

① Carcia. Deposit Insurance：A Survey of Actual and Best Practice. IMF Working Paper，WP/99/54，1999：4.

② 马草原、李运达：《限额存款保险与中国银行业的市场约束》，载《金融论坛》2010 年第 8 期。

险意识，进而激励他们进行市场监控，促使金融机构监管与市场约束实现激励兼容；另一方面，政府要淡出国有银行经营，政府的主要任务是为银行业发展创造高效公平的环境，使国有银行和中小银行实现公平竞争。逐步矫正由于隐性存款保险嵌入公众意识中的"大而不倒"的预期，特别是增加大额储户、机构储户的风险意识，进而激励他们进行市场监控，促使显性存款保险制度与市场约束实现激励兼容。

（五）推进利率市场化改革

目前，中国实行规定上限的浮动性存款利率，虽然银行之间产生存款利息的差别，但这种差别基本是依据银行股权结构来确定。其不能反映出银行风险与利率的关系，中国并未真正实现存款利率市场化。利率市场能够建立风险和利率的相关关系，市场可以通过利率激励银行控制风险，即风险低的银行获得利息低且更多的资金，风险高的银行想要获得低成本资金，必将控制其风险。

在市场利率反映银行风险的条件下，存款保险机构可以参照各银行的存款利率判断银行风险，以确定存款保费额度，银行为获得低保费自然会尽力约束自己的高风险行为。进而，市场化利率作为信号显示，通过市场约束的作用，利用银行想要降低存款保费的心理来激励银行约束自身的风险运营行为，促进存款保险与市场约束实现激励兼容。因此，要渐进式推进利率市场，逐步扩大存贷款利率浮动幅度，建立健全市场基准利率体系。使银行逐步脱离根据银行股权结构确定利息的模式，进入真正意义上的市场化竞争环境。

结束语

　　影子银行具有少监管或不受监管、复杂性、创新性等特征，而我国的金融监管侧重于官方监管，金融机构一出现问题，社会各方都强调加大监管力度，但往往忽视监管效率。如果政府监管机构一味将本应由市场发挥作用的问题揽于一身，则不但消耗巨大的监管成本，而且会催生金融机构更加强烈的监管套利动机。影子银行的产品和业务为获得更大的利润空间始终在创新，以实现监管套利，监管当局总在试图修正监管规则来适应最新的金融产品结构和业务的变化，金融监管总是滞后于金融活动。在金融监管与影子银行套利的博弈中，政府监管往往处于不利地位。我们从监管模式和效率的角度切入，分别提出改革监管模式和引入市场约束机制，以提高法律规制对影子银行监管套利行为的实效。因此，我们要一改规则导向、微观审慎和单纯政府监管的传统模式，在完善官方监管的基础上适当引入市场约束机制，加强信息披露、建立信息共享平台、完善信息评级制度、防御金融安全网对市场约束的副作用并逐步改造中国银行业特有的股权结构问题，充分发挥市场约束机制对于政府监管的辅助作用。

　　存款保险制度作为金融系统"安全网"的重要组成部分，市场约束也作为《新巴塞尔协议》的"三大支柱"之一已被国际银行界广泛认可，存款保险制度与市场约束均是促进金融市场稳定的有利推手。但是，存款保险易引发道德风险，对市场约束可能产生挤出和替代效应。同时，由于我国国有银行股权过度集中，且国家对国有银行特殊支持，公众形成对银行机构"大而不倒"的预期和"规模偏好"。"银行规模"取代"银行风险"

作为存款流向的信号指引，使存款流向规模大的银行。银行为获得存款盲目进行规模扩张和规模竞争，进而扭曲市场监控、削弱市场影响，市场约束发生异化。可见，我国长期以来实施的隐性存款保险对市场约束具有明显的消极影响，虽然现在我国已经出台《存款保险条例》，但是在该条例的推行过程中，依然要注意存款保险制度应与市场约束相匹配，存款保险制度在贯彻落实中应对制定风险调整保险费率、限制存款保险额度、控制存款保险范围、实行强制性投保等方面进行约束，从而，实现存款保险与市场约束的激励兼容。基于我国银行业特有的情况，在优化显性存款保险制度的同时，还要加强信息披露和完善信息评级制度、改造中国银行业特有的股权结构问题、推进利率市场化机制，以实现配套制度的改革。

参考文献

一、报告类

1. IMF Global Financial Stability Report, October 2009.

2. Bank of England. Financial Stability Report , No. 2007a.

3. FCIC. Shadow Banking and the Financial Crisis . Preliminary Staff Report, May 4, 2010.

4. Zoltan Poasar, Tobias Adrian, Adam Ashcraft and Hayley Boesky, Shadow Banking, Staff Report NO. 458.

5. FSB. Shadow Banking: Scoping the Issues. Background Note of the Financial Stability Board. 2011.

6. Bank for International Settlements, Credit Risk Transfer: Development from2005 to2007, April 2008.

7. BIS. Annually Report 2008, 2009.

8. Pozsar, Zoltan. Institutional Cash Pools and the Triffin Dilemma of the U. S. Banking System . IMF Working 9. Paper, No. WP/ 11/190, August, 2011.

9. Demirgüc-Kunt & Huizinga. Market Discipline and Financial Safety Net Design. December 1999.

10. Kaufman G. G. Bank Failures , Systemic Risk , and Bank Regulation1. CATO , 1996 , 16.

11. FSB, Shadow Banking: Strengthening Oversight and Regulation, October 27, 2011.

12. M. F. , Initial Lessons of the Crisis, February 6, 2009.

13. Tobias Adrian，and Hyun Song Shin. The Shadow Banking System：Implications for Financial Regulation. FRB of New York Staff Report No. 382，2009.

二、著作类

1. 辛乔利：《影子银行》，中国经济出版社 2010 年版，第 6 页。

2. 保罗·克鲁格曼：《萧条经济学的回归和 2008 年经济危机》，中信出版社 2009 年版。

3. 何小锋等：《资产证券化，中国的模式》，北京大学出版社 2002 年版。

4. 胡启志、高晋康等：《新视域金融领域法律规制》，法律出版社 2008 年版，第 1 页。

5. Lall 等：《金融体系如何影响经济周期》，载《世界经济展望》，中国金融出版社 2006 年版。

6. 恩格尔曼：《剑桥美国经济史（第三卷）》，中国人民大学出版社 2008 年版。

7. 唐红娟：《影子银行体系、功能、脆弱性与监管改革》，知识产权出版社 2012 年版。

8. 郭春松：《金融危机、影子银行与中国银行业发展研究》，经济管理出版社 2013 年版。

9. 张炜：《中国金融制度结构与制度创新》，中国金融出版社 2004 年版。

10. 张晓晶：《符号经济与实体经济——金融全球化时代的经济分析》，上海三联书店、上海人民出版社 2002 年版。

11. 丹尼尔·F. 史普博：《管制与市场》，余晖、何帆、钱家骏、周维富译，格致出版社，上海三联书店，上海人民出版社 2008 年版。

12. 卡塔琳娜·皮斯托、许成钢：《不完备法律：一种概念性分析框架及其在金融市场监管发展中的应用，比较》，中信出版社 2002 年版。

13. 杨日然教授纪念论文集编辑委员会：《法理学论丛——纪念杨日然教授》，月旦出版社股份有限公司出版社 1997 年版。

14. 李建军、徐赛兰、田光宁主编：《中国影子金融体系研究报告》，知识产权出版社 2012 年版。

15. 殷剑锋、王增武主编：《影子银行与银行的影子》，社会科学文献出版社 2013 年版。

16. 春松：《金融危机、影子银行与中国金融业发展研究》，经济管理出版社 2013 年版。

17. 刘明康主编：《中国银行业改革开放 30 周年（上册）》，中国金融出版社 2009 年版。

18. 安德烈·施莱弗：《理解监管、比较》，吴敬琏主编，中信出版社 2005 年版。

19. 董延林：《经济法原理问题》，中国方正出版社 2004 年版。

20. 陈建华：《金融监管有效性研究 》，中国金融出版社 2002 年版。

21. 张荔：《发达国家金融监管比较研究》，中国金融出版社 2003 年版。

22. 史纪良：《银行监管比较研究》，中国金融出版社 2004 年版。

23. 王全兴：《经济法基础理论专题研究》，中国检察出版社 2002 年版。

24. 巴曙松：《巴塞尔新资本协议研究》，中国金融出版社 2003 年版。

25. 中国银行业监督管理委员会：《中国银行业监管法规汇编（修订版）》，法律出版社 2011 年版。

26. 理查德·A. 波斯纳：《法律的经济分析》，蒋兆康译，中国大百科全书出版社 1997 年版。

27. Gropp, Reint & Vesala, Jukka, Deposit Insurance, Moral Hazard and Market Monitoring. European Central Bank, Working Paper Series 302, 2004.

28. Pozsar Z. Institutional cash pools and the Triffin dilemma of the US banking system. International Monetary Fund Press, 2011.

29. Baily M. N. , Litan R E, Johnson M S. The origins of the financial crisis. Initiative on Business and Public Policy at Brookings Press, 2008.

30. Tobin J. An essay on the principles of debt management. Cowles Foundation for Research in Economics at Yale University Press, 1963.

31. Diamond Douglas W, Dybvig PhilipH. Bank Runs, Deposit Insurance, and Liquidity, Journal of Political Economy, University of Chicago Press, 1983.

32. Thomson A, Stanc life R J. Diagenetic controls on reservoir quality, eolian Norphlet Formation, South State Line Field, Mississippi in Sandstone Petroleum Reservoirs//Bar wis JH, McPherson J G, Stud lick J R J. Springer Vrlag Press, 1990.

33. John Chipman Gray, The Nature and Sources of the Law, The Macmilian CompanyPress, 2ed, 1931.

34. Bodie, Z. and Merton, R. C. Pension Benefit Guarantees in the United States: A Functional Analysis, in R. Schmitt, Ed., the Future of Pensions in the United States, Philadelphia, PA, University of Pennsylvania Press. 1993.

35. Henry T. C. Hu, Review Essay, Misunderstood Derivatives: The Causes of Informational Failure and the Promise of Regulatory Incrementalism, 102 YALE L. J. Press, 1993.

三、论文类

1. 高弘:《基于私人部门债务通缩视角的欧债危机成因新

解》，载《上海金融》2013 年第 4 期。

2. 本·伯南克：《系统重要性金融机构、影子银行与金融稳定》，载《中国金融》2012 年第 12 期。

3. 袁增霆：《影子银行体系发展与金融创新》，载《中国金融》2011 年第 12 期。

4. 王浩云：《对我国影子银行的产生、现状与法律监管的思考》，载《福建农林大学学报》2012 年第 15 期。

5. 鲁比尼：《影子银行体系正逐步瓦解》，载《英国金融时报（中文版）》2008 年 9 月刊。

6. 李波、伍戈：《影子银行的信用创造功能及其对货币政策的挑战》，载《金融研究》2011 年第 12 期。

7. 袁达松：《对银子银行加强监管的国际金融法制改革》，载《法学研究》2012 年第 2 期。

8. 邵延进：《影子银行资金流向图谱及风险——以河北省为例》，载《中国金融》2011 年第 18 期。

9. 龚明华、张晓朴、文竹：《影子银行的风险与监管》，载《中国金融》2011 年第 3 期。

10. 袁增霆：《中外影子银行体系的本质与监管》，载《中国金融》2011 年第 1 期。

11. 周莉萍：《论美国影子银行体系国际监管的进展、不足、出路》，载《国际金融研究》2012 年第 1 期。

12. 刘扬：《宏观审慎监管框架下中国金融监管的政策选择：基于巴塞尔协议Ⅲ的视角》，载《新金融》2011 年第 7 期。

13. 杜亚斌、顾海宁：《影子银行体系与金融危机》，载《审计与经济研究》2010 年第 1 期。

14. 卢川：《中国影子银行运行模式研究——基于银信合作视角》，载《金融发展评论》2012 年第 1 期。

15. 巴曙松：《加强对影子银行系统的监管》，载《中国金融》2009 年第 14 期。

16. 吴晓灵：《从美国金融监管改革看"大而不倒"问题的

处置》，载《中国金融》2010年第16期。

17. 钟伟、谢婷：《影子银行系统的风险及监管改革》，载《中国金融》2011年第12期。

18. 刘俊山：《美国的影子银行系统》，载《中国货币市场》2011年第7期。

19. 王达：《论美国影子银行体系的发展、运作、影响及监管》，载《国际金融研究》2012年第1期。

20. 周莉萍：《影子银行体系的信用创造：机制、效应和应对思路》，载《金融评论》2011年第4期。

21. 李扬：《影子银行体系发展与金融创新》，载《中国金融》2011年第12期。

22. 易宪容：《"影子银行体系"信贷危机的金融分析》，载《江海学刊》2009年第3期。

23. 晓凡：《美国的影子银行系统》，载《中国金融》2011年第20期。

24. 廖岷：《对危机后银行业"行为监管"的再认识》，载《金融监管研究》2012年第1期。

25. 宗良：《美国金融监管体制：特征与改革趋势》，载《银行家》2011年第7期。

26. 鲁比尼：《影子银行体系正逐步瓦解》，载《英国金融时报（中文版）》2008年第9期。

27. 李扬：《中国影子银行体系发展与金融创新》，载《中国金融》2011年第12期。

28. 杨西水、赵相华：《打造金融体系玻璃体构建无影灯式监管体系》，载《财政监督》2012年第4期。

29. 雷曜、祝红梅、王亮亮：《客观看待影子银行体系的风险》，载《中国金融》2013年第4期。

30. 中国人民银行杭州中心支行办公室课题组：《影子银行问题研究——以浙江为例》，载《宏观经济研究》2012年第4期。

31. 周莉萍：《影子银行体系的机制及其脆弱性》，载《金融市场》2010 年第 10 期。

32. 赵华：《我国商业银行信用中介功能缺失与中小企业融资难》，载《财政研究》2012 年第 5 期。

33. 中国人民银行调查统计司与成都分行调查统计处联合课题组：《影子银行体系的内涵及外延》，载《金融发展评论》2012 年第 8 期。

34. 袁卫秋：《债务期限结构理论综述》，载《会计研究》2004 年第 10 期。

35. 彭兴韵：《流动性、流动性过剩与货币政策》，载《经济研究》2007 年第 11 期。

36. 陈道富：《提高我国银行流动性风险监管》，载《浙江金融》2011 年第 8 期。

37. 卢聪：《简析亚洲发展中国家的信贷配置》，载《亚太经济》1987 年第 4 期。

38. 陈南辉：《影子银行监管的国际经验及对我国的启示》，载《武汉理工大学学报（社会科学版）》2012 年第 12 期。

39. 尹振涛：《影子银行监管更需要顶层设计》，载《中国金融》2013 年第 17 期。

40. 黎友焕：《加强监控民间金融发展状况》，载《中国金融》2012 年第 3 期。

41. 王晓雅：《次贷危机背景下影子银行体系特性及发展研究》，载《生产力研究》2010 年第 11 期。

42. 郭永强等：《影子银行体系的内涵及外延》，载《金融发展评论》2012 年第 8 期。

43. 蔡真：《中国影子银行：特征、模式与监管》，载《银行家》2012 年第 11 期。

44. 何德旭、郑联盛：《影子银行体系与金融体系稳定性》，载《经济管理》2009 年第 11 期。

45. 比尔·格罗斯：《支持核心资产价格》，载《证券周刊》

2009 年第 4 期。

46. 王浩云：《对我国影子银行的产生、现状与法律监管的思考》，载《福建农林大学学报》2012 年第 15 期。

47. 张田：《影子银行体系的脆弱性、监管改革及对我国的启示》，载《南方金融》2012 年第 1 期。

48. 周卫江：《影子银行的发展及其监管》，载《财经理论与实践》2012 年第 5 期。

49. 王达：《论美国影子银行体系的发展、运作、影响及监管》，载《国际金融研究》2012 年第 1 期。

50. 屈庆：《揭秘中国影子银行》，载《证券导刊》2013 年第 3 期。

51. 姚军、葛新峰：《我国影子银行的发展现状及其对信贷调控政策的影响》，载《金融纵横》2011 年第 10 期。

52. 张全兴等：《影子银行问题研究——以浙江为例》，载《宏观经济研究》2012 年第 4 期。

53. 易宪容：《"影子银行体系"信贷危机的金融分析》，载《江海学刊》2009 年第 3 期。

54. 王东风：《国外金融脆弱性理论研究综述》，载《国外社会科学》2007 年第 5 期。

55. 李成：《金融监管理论的发展演进及其展望》，载《西安交通大学学报》2008 年第 4 期。

56. 李杨：《宏观审慎监管框架下中国金融监管的政策选择：基于巴塞尔协议 Ⅲ 的视角》，载《当代经济管理》2011 年第 6 期。

57. 彭玉镏：《金融约束理论对中国金融改革的启示》，载《生产力研究》2008 年第 13 期。

58. 项卫星：《金融监管中的信息与激励——对现代金融监管理论发展的一个综述》，载《国际金融研究》2005 年第 4 期。

59. 何德旭、郑联盛：《影子银行体系与金融体系稳定性》，载《经济管理》2009 年第 11 期。

60. 邵延进：《影子银行资金流向图谱及风险》，载《中国金融》2011 年第 18 期。

61. 中国人民银行调查统计司与成都分行调查统计处联合课题组：《影子银行体系的内涵及外延》，载《金融发展评论》2012 年第 8 期。

62. 蒋大兴：《商事关系法律调整之研究——类型化路径与法体系分工》，载《中国法学》2005 年第 3 期。

63. 施强：《银保经营的第五种模式》，载《中国金融》2011 年第 16 期。

64. 石兴：《试析我国银保合作及其发展取向》，载《国际金融研究》2007 年第 17 期。

65. 王自力：《金融控股公司监管的比较与借鉴》，载《武汉金融》2008 年第 7 期。

66. 杨东、石富元：《论次贷危机对金融控股公司法制的影响》，载《社会科学》2009 年第 9 期。

67. 候雅丽：《金融控股公司的内部交易及其风险防范》，载《金融理论与实践》2008 年第 4 期。

68. 李建军、田光宁：《影子银行体系监管改革的顶层设计问题探析》，载《宏观经济管理》2011 年第 8 期。

69. 余四林：《论我国私募基金的发展现状及展望》，载《财会通讯》2009 年第 4 期。

70. 艾西南、周军：《本土私募股权基金——产业整合资本的新通道》，载《现代管理科学》2008 年第 5 期。

71. 张杰：《后危机时代加快私募股权基金发展之策》，载《现代财经》2010 年第 2 期。

72. 王劲屹、张全红：《小额贷款公司跨越困境之路径探析》，载《管理现代化》2013 年第 1 期。

73. 朱乾宇、徐健鹏、吕成哲：《我国小额贷款公司的发展与效果评价》，载《投资研究》2012 年第 6 期。

74. 张翼：《小额贷款公司的区域差异及其成因——基于省

际数据的比较分析》，载《上海金融学院学报》2012 年第 6 期。

75. 财政部金融司：《加强监督管理促进融资性担保行业健康发展》，载《中国财政》2010 年第 9 期。

76. 张启阳：《规范融资性担保公司发展》，载《中国金融》2013 年第 6 期。

77. 李雪：《新式典当行：不为生计为理财》，载《中国商贸》2009 年第 8 期。

78. 宋婷婷：《交叉性金融创新的监管套利路径与博弈策略》，载《上海金融》2012 年第 10 期。

79. 主父海英、白钦先：《国际金融危机中的金融负外部性考察》，载《上海金融》2010 年第 1 期。

80. 西南财经大学课题组：《我国非银行金融机构重整制度研究》，载《金融研究》2001 年第 4 期。

81. 何一峰：《准金融机构监管现状、问题及对策初探》，载《上海金融》2011 年第 6 期。

82. 张晓艳：《监管改革能有效降低金融危机吗？次贷危机后美国对影子银行体系的监管及可能效果》，载《武汉金融》2011 年第 9 期。

83. 钟伟、谢婷：《影子银行系统的风险及监管改革》，载《中国金融》2011 年第 12 期。

84. 谢平、邹传伟：《金融危机后有关金融监管改革的理论综述》，载《金融研究》2010 年第 2 期。

85. 陈管彬：《境外影子银行监管制度的新进展及其启示》，载《商业研究》2013 年第 2 期。

86. 尹振涛：《影子银行监管更需顶层设计》，载《中国金融》2013 年第 13 期。

87. 隋平、陈平凡：《美国金融监管改革的缺陷应引以为鉴》，载《经济纵横》2013 年第 9 期。

88. 刘荣、崔琳琳：《金融稳定视角下国际影子银行监管改革框架研究》，载《财经问题研究》2013 年第 5 期。

89. 龚明华、张晓朴、文竹：《影子银行的风险与监管》，载《中国金融》2011 年第 3 期。

90. 张田：《影子银行体系的脆弱性、监管改革及对我国的启示》，载《南方金融》2012 年第 1 期。

91. 赵善华：《分业经营向混业经营转变条件下的金融监管》，载《经济问题》2009 年第 4 期。

92. 高秦伟：《混业经营与中国金融监管体系的发展演进》，载《中央财经大学学报》2007 年第 3 期。

93. 王勇、韩雨晴：《对我国影子银行的思考及建议》，载《国际金融》2012 年第 4 期。

94. 朱小川：《近年银信合作监管政策的变化、效果及挑战》，载《上海金融》2011 年第 7 期。

95. 伍戈：《信贷规模规避与货币政策调控》，载《财经科学》2010 年第 9 期。

96. 李勇：《构建信托公司积极业务模式之探索》，载《现代财经》2010 年第 3 期。

97. 廖强：《制度错位与重建：对我国信托业问题的思考》，载《金融研究》2009 年第 2 期。

98. 徐文平：《准金融机构发展路径选择——鹰潭实例》，载《海南金融》2013 年第 4 期。

99. 陈太玉、黄辉、卓佳：《准金融机构发展中存在的问题及对策——以海南为例》，载《时代金融》2012 年第 12 期。

100. 莫怩我：《国最后贷款人制度若干问题研究》，载《改革与战略》2009 年第 3 期。

101. 人民银行安顺市中心支行课题组：《欠发达地区准金融机构发展存在的问题及对策》，载《西南金融》2009 年第 12 期。

102. 何一峰、江翔宇：《准金融机构监管现状、问题及对策初探》，载《上海金融》2011 年第 6 期。

103. 陆小康：《影子银行体系的风险及其监管：基于流动性风险为视角》，载《金融纵横》2011 年第 9 期。

104. 陈雨露，马勇：《宏观审慎监管：目标、工具与相关制度安排》，载《经济理论与经济管理》2012 年第 3 期。

105. 邵延进：《影子银行资金流向图谱及风险——以河北省为例》，载《中国金融》2011 年第 18 期。

106. 沈庆劼：《监管套利的动因、模式与法律效力研究》，载《江西财经大学学报》2011 年第 3 期。

107. 周晖：《金融风险的负外部性与中美金融机构风险处置比较》，载《管理世界》2010 年第 4 期。

108. 许华伟：《银行业综合化经营与金融安全问题——兼论我国金融防火墙的设置》，载《学术论坛》2012 年第 7 期。

109. 杨小平：《我国影子银行体系及影响》，载《中国金融》2012 年第 16 期。

110. 束兰根：《商业银行兼营投行业务的防火墙机制研究》，载《上海金融》2013 年第 6 期。

111. 温思美：《"小对称信息"经济理论的开创性研究——2001 年诺贝尔经济学奖述评》，载《学术研究》2001 年第 11 期。

112. 王伯成、万俊毅：《证券监管规范化：理论、证据与实践》，载《企业经济》2003 年第 11 期。

113. 徐捷：《商业银行规则导向监管与原则导向监管的比较》，载《财经科学》2010 年第 2 期。

114. 昌忠泽：《我们需要什么样的金融监管——对美国金融危机的反思》，载《学术月刊》2010 年第 10 期。

115. 鲁篱：《论行业协会自治与国家干预的互动》，载《西南民族大学学报》2006 年第 9 期。

116. 廖检文：《小额贷款公司监管的机制创新——基于广东民间金融街的启示》，载《金融经济学研究》2013 年第 5 期。

117. 陈蓉：《论中国小额贷款公司委派监管模式的构建——兼评江苏省小额贷款公司的监管创新》，载《上海金融》2013 年第 7 期。

118. 曹建华，混业经营与金融监管：《基于效率的视角》，载《山东社会科学》2012 年第 8 期。

119. 霍洪涛：《论我国金融监管效率》，载《金融理论与实践》2004 年第 7 期。

120. 唐黎军：《谈如何完善我国的金融安全网》，载《浙江金融》2009 年第 5 期。

121. 马草原、王岳龙：《公众"规模偏好"与银行市场约束异化》，载《财贸经济》2010 年第 2 期。

122. 许多奇：《信息监管：我国信贷资产证券化监管之最优选择》，载《法学家》2010 年第 1 期。

123. 杨洋：《我国非银行金融监管退出规制改革研究》，辽宁大学 2010 年博士学位论文。

124. 熊伟：《银行监管权边界问题研究》，载《西南财经大学 2013 年博士学位论文》第 133 页。

125. Douglas Diamond & Philip Dybvig, Bank Runs, Deposit Insurance, and Liquidity. Political Economy, 91 1983（3）.

126. Matutes. C., & Vives. X., Imperfect Competition, Risk Taking, and Regulation in Banking. European Economic Review, 2000,（44）.

127. Bliss, R. R. & Flannery, M. J., Market Discipline in the Governance of US Bank Holding Companies：Monitoring vs. Influencing. European Finance Review, Vol. 6 2002,（3）.

128. Ellis, D., & M. Flannery, Does the Debt Market Assess Large Banks' Risk？［J］. Monetary Economics, 1992, 29（3）.

129. Cook, D., & L. Spellman, Repudiation Risk and Restitution Costs：Toward Understanding Premiums on Insured Deposits. Money, Credit, and Banking, 1994, 26（3）.

130. Flannery, M. J., Using Market Information in Prudential Banking Supervision：A Review of the U. S. Empirical Evidence ［J］. Money, Credit and Banking 1998,（8）.

131. Park, S., & S. Peristiani, Market Discipline by Thrift Depositors. Money, Credit and Banking, 1998, 30 (3).

132. Thomson, J., Using Market Incentives to Reform Bank Regulation and Federal Deposit Insurance. Economic Review, Vol 26 1990, (1).

133. Kaufman, G. G., Bank Failures, Systemic Risk, and Bank Regulation. CATO, Vol 116 1996, (1).

134. Crabbe, L. & Post, M. A., The Effect of a Rating Downgrade on Outstanding Commercial Paper. Journal of Finance, Vol 49 1994.

135. Martinez Peria, M. s. & Schmukler, S. L., Do depositors punish banks for bad behavior?. Journal of Finance, 2001, 56.

136. Gorton G, Metrick A. Regulating the Shadow Banking System. Brookings Papers on Economic Activity, 2010 (2).

137. Krugman P R. Trade and wages, reconsidered. Brookings Papers on Economic Activity, 2008, 2008 (1).

138. Geithner. Reducing Systemic Risk in a Dynamic Financial System, Federal Reserve Bank of New York. 2008.

139. FSB. Shadow Banking: Scoping the Issues. Background Note of the Financial Stability Board. 2011.

140. Adrian T, Shin H S. Financial intermediary balance sheet management. Annu. Rev. Financ. Econ., 2011, 3 (1): 289 – 307.

141. Epstein, Gerald A., ed. Financialization and the world economy. Edward Elgar Publishing, 2005.

142. Gorton, Gary B., and Andrew Metrick. Haircuts. No. w15273. National Bureau of Economic Research, 2009.

143. La Porta, R·Lopez-de-Silanes, F·Shleifer, A·Vishny R·W. Legal determinants of external finance. Journal of Finance, 1997.

144. Dyck, Alexander and Zingales, Luigi. "Private Benefits of Control: An International Comparison." NBER Working Paper

W8711, National Bureau of Economic Research, Journal of Finance, forthcoming. 2003.

145. Demirg – Kunt A. and Maksimovic V. Law, Finance and Firm Growth. Journal of Finance, 1998, 53（6）.

146. Martinez Peria, M. s. & Schmukler, S. L. , Do depositors punish banks for bad behavior? . Journal of Finance, 2001.

147. Claessens, S. , & Laeven, L. (2003). What Drives Bank Competition? Some International Evidence. World Bank Policy Research Working Paper 3113 .

148. Pistor K, Xu C. Incomplete law. NYUJ Int'l L. & Pol. , 2002, 35: 931.

149. McCulley. Paul: Teton Reflections, PIMCO Global Central Bank Focus, Sept. 2007.

150. Geithner. Reducing Systemic Risk in a Dynamic Financial System, Federal Reserve Bank of New York. 2008.

151. Emery G W. Cyclical Demand and the Choice of Debt Maturity. Journal of Business, 2001.

152. Mishkin, F. S. , , International capital movements, financial Volatility and financial instability , NBER Working Paper , 1998.

153. Barry, R. , Chai, J. & Schumacher , L. , Assessing financial system vulnerabilities, IMF Working Paper , 2000.

154. Keeley M C. Deposit Insurance, Risk, and Market Power in Banking . American Economic Review , 1990 , 80.

155. Thomson A, Stanc life R J . Diagenetic controls on reservoir quality , eolian Norphlet Formation , South State Line Field , Mississippi in Sandstone Petroleum Reservoirs //Bar wis JH, McPherson J G, Stud lick J R J . Springer Vrlag , 1990 .

156. Kaufman G G. Bank Failures , Systemic Risk , and Bank Regulation1 ［R］. CATO , 1996 , 16.

157. Flannery Mark J . Using Market In formation in Prudential

Bank Supervision : A Review of the U. S . Empirical Evidence . Journal of Money . Credit and Banking, 1998 (8) .

158. Ctr. For Fin. Mkt. Integrity, Cfa Inst, Sele-Regulation in Today' s Securities Markets 2007 (1) .

159. Wolfgang Schulz, Thorsten Held, Hans Bredow Inst. For Media Research at the Univ. of Hamburg, Regulated Self-regulation, Modern Government B – 12 – B – 13 2001.

160. Julia Black, Decentring Regulation: Understanding the Role of Regulation and Self-Regulation in a 161. ' Post-Regulatory' World (footnote omitted), in 54 Current Legal Prob-lems 2002, 103, 115.

161. Park. S. , Contegion of bank failures: the relation to de-posit and information . Garland Publishing inc, Newyork & London, 1992.

162. John Braithwaite, Responsive Regulation for Australia, in-Business Regulation and Australia' s Future 81, 93 Peter Grabosky & John Braithwaite eds. , 1993.

163. Kregel J. A. Margins of Safety and Weight of the Argumen-tin Generating Finaneial Fragility. Journal of Economic Issues, 1997, (6) .

164. Cristie L. Ford, New Governance, Compliance, and Princi-ples-Based Securities Regulation, 45 AM. BUS. L. J. 1, 28 (2008) .

165. Darren Sinclair, Self-Regulation Versus Command and Control? Beyond False Dichotomies, 19 LAW & POL' Y 1997.

166. Saule T. Omarova, Rethinking the Future of Self-Regula-tion in the Financial Industry, 35 BROOK. J. INT' L L. 2010.

167. Miriam Hechler Baer, Governing Corporate Compliance, 50 B. C. L. REV. 2009.

168. Kimberly D. Kra-wiec, The Return of the Rogue, 51 ARIZ. L. REV. 2009.

169. Jonathan R. Macey & Maureen O' Hara, From Markets to Venues: Securities Regulation in an Evolving World, 58 STAN. L. REV. 2005.

170. Cary Coglianese & David Lazer, Management-Based Regulation: Prescribing Private Management to Achieve Public Goals, 37 LAW & SOC' Y REV. 2003.

171. Neil Gunningham & Joseph Rees, Industry Self-Regulation: An Institutional Perspective, 19 LAW & POL' Y 1997.

172. Sean M. Flanagan, The Rise of a Trade Association: Group Interactions Within the International Swaps and Derivatives Association, 6 HARV. NEGOT. L. REV. 211 (2001).

173. Basel II: International Convergence of Capital Measurement and Capital Standards: A Revised Frameword-Comprehensive Version, Basel Comm. on Banking Supervision, 2006.

174. Robert F. Weber, New Governance, Financial Regulation, and Challenges to Legitimacy: The Example of the Internal Models Approach to Capital Adequacy Regulation, 62 ADMIN. L. REV. (forthcoming 2010),

175. Orly Lobel, The Renew Deal: The Fall of Regulation and the Rise of Governance in Contemporary Legal Thought, 89 MINN. L. REV. 342 (2004); Scott Burris, Michael Kempa & Clifford Shearing, Changes in Governance: A Cross-Disciplinary Review of Current Scholarship, 41 AKRON L. REV. 1 (2008).

176. Darren Sinclair, Self-Regulation Versus Command and Control? Beyond False Dichotomies, 19 LAW & POL' Y 529, 531 - 532 (1997).

177. Julia Black, Decentring Regulation: Understanding the Role of Regulation and Self-Regulation in a "Post-Regulatory" World, 54 CURRENT LEGAL PROBS. 103, 106 (2001).

178. Chris Brummer, Post-American Securities Regulation, 98

CALIF. L. REV. 327 (2010) .

179. Financial Stability Board [FSB] & Int' l Monetary Fund [IMF], The Financial Crisis and Information Gaps 4 – 8 (Oct. 29, 2009) .

180. Communication from the Commission: European Financial Supervision, COM (2009) 252 final (May 27, 2009) .

181. George G. Kaufman, Bank Failures, Systemic Risk, and Bank Regulation, 16 CATO J. 17, 1996.

182. Neil Gunningham & Joseph Rees, Industry Self-Regulation: An Institutional Perspective, 19 LAW & POL' Y at 391 – 392.

183. Justin Fox, Why the Government Wouldn' t Let AIG Fail, TIME, Sept. 16, 2008.

184. Neha Singh, AIG May Take Huge Markdowns on Lehman Impact, REUTERS, Sept. 15, 2008.

185. Ana Petrovic & Ralf Tutsch, National Rescue Measures in Response to the Current Financial Crisis Eur. Cent. Bank, Legal Working Paper Series No. 8, 2009.

186. Meena Thiruvengadam, Investment Bank Borrowing at Discount Window Hits Record, WALL ST. J. (Sept. 26, 2008) .

187. Kane, E. J. Three Paradigms for the Role of Capitalization Requirements in insured Financial Institutions. Banking and and Finance , 1995, (19) .

188. Flannery, M. J.. Using Market Information in Prudential Banking Supervision : A Review of the U. S. Empirical Evidence [J] . Money, Credit and Banking, 1998, (8) .

189. Demirgüc — Kunt & Huizinga. Market Discipline and Financial Safety Net Design, Dec. 1999.

190. Paul harnalainen. Mandatory subordinated Debt and the Corporate Governance Of Banks? Corporate Governances, 2004, (12) .

191. Cook, D. , & L. Spellman, Repudiation Risk and Restitu-

tion Costs: Toward Understanding Premiums on Insured Deposits. Money, Credit, and Banking, 1994, 26 (3).

192. Flannery, M. J., Using Market Information in Prudential Banking Supervision: A Review of the U. S. Empirical Evidence. Money, Credit and Banking 1998, (8): 273 – 305.

193. Park, S. , & S. Peristiani, Market Discipline by Thrift Depositors. Money, Credit and Banking, 1998, 30 (3).

194. FSA, the Turner Review: AR egulatory Response to the Global Banking Crisis (March 2009), available at www. the fsa. Gov. uk/pubs/other/turner_ review. Pdf.

195. The Joint Forum, Review of the Differentiated Nature and Scope of Financial Regulation, January 2010, available at www. Bis. Org/publ/joint24. Pdf.

196. IMF, Initial Lessons of the Crisis, February 6, 2009, available at www. imf. Org/external/np/pp/ehg/2009/020609. pdf.